Berna
Soladüirn
underwalden
Sempach

WILLIBALD
PIRCKHEIMER

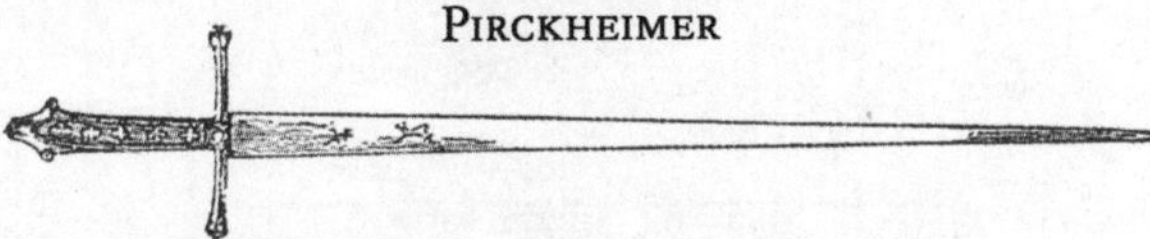

Der Schweizerkrieg

ראשית חכמה יראת יהוה
ΑΡΧΗ ΣΟΦΙΑΣ, ΦΟΒΟΣ ΚΥΡΙΟΥ
INICIVM SAPIENTIAE TIMOR DOMINI.
SIBI ET AMICIS P.
LIBER BILIBALDI PIRCKHEIMER

WILLIBALD PIRCKHEIMER

Der Schweizerkrieg

MIT EINER HISTORISCH-BIOGRAPHISCHEN STUDIE HERAUSGEGEBEN VON

DR. WOLFGANG SCHIEL

ÜBERSETZT AUS DEM LATEINISCHEN VON ERNST MÜNCH

Militärverlag der Deutschen Demokratischen Republik

Erstes Buch

Die Anfänge und Freiheitsschlachten der Eidgenossen

Einleitung

Die meisten, welche die Taten der Könige, Reiche und Völker zu beschreiben beginnen, sind gewohnt, das Lob der Geschichte voranzuschicken, sie eine Beobachterin der Zeiten, eine Leuchte der Wahrheit, eine Bewahrerin der Erinnerung, eine Lehrerin des Lebens und Freundin des Rechtes zu nennen, durch deren Hand die großen Taten der Menschheit vor der Unbild der Zeit gerettet und der Unsterblichkeit übergeben werden. Ich aber scheine mir keine Vorrede dieser Art erlauben zu dürfen, wohl aber klagen zu müssen über das Unglück oder vielmehr das Schicksal des deutschen Volkes, daß ihm so wenig, ja ich darf kühn sagen, keine Schriftsteller zuteil geworden, welche seine bewunderungswürdigsten und ruhmvollsten Taten, wie es sich doch geziemt hätte, auf die Nachwelt gebracht haben; indem wirklich der Maßstab der größten Unternehmungen immer so bleibt, wie ihn treffliche Geister durch die Schrift bestimmen, nach der richtigen Bemerkung jenes Schriftstellers. Deshalb sind auch die hochherrlichen, unsterblichen Kriegstaten jener ältesten Germanenvölker, als der Franken, Sueben, Goten, Alanen, Vandalen, Heruler, Langobarden und all der übrigen unzählbaren Volksstämme, von fremden Geschichtsschreibern entweder minder treu und würdevoll aufgezeichnet oder größtenteils in ewige Nacht begraben worden, so zwar, daß obgleich sie nach allenthalben durchbrochenen Grenzen die römischen Weltherren besiegten und Rom selbst, die Königin der Erde, und beinahe ganz Europa ihrem Machtgebot unterwarfen, dennoch indes verschwiegen wird, was in Asien, was in Afrika durch Männer deutschen Stammes vollbracht worden.

Übrigens wollen wir dies, als uralt und längst verschollen, mit Stillschweigen übergehen und mit der Roheit des Jahrhunderts Einsehen tragen: Aber der Tadel scheint mir mehr als gerecht, daß kein Deutscher, höchstens der eine und andere ausgenommen, es bis dahin über sich gewinnen konnte, eine *Geschichte seiner Zeit* zu schreiben, während es doch nicht wenige gab, welche die Taten aller Völker, und zwar von Anfang der Welt an, zusammenzuschreiben bemüht waren und oft nicht erröteten, die Überlieferungen anderer für ihre eigenen auszugeben, nicht als ob es ihnen an Stoff gemangelt hätte, da Deutschland kaum jemals ohne Krieg und in gänzlichem Friedenszustand war, sondern weil sie nichts hatten, woraus sie Auszüge machen und fremde Arbeiten benutzen konnten. Daher geschah es, daß ausländische Geschichtsschreiber, so oft irgendein Handel oder eine Fehde zwischen ihren Landsleuten und den Deutschen vorkommt, immer jenen den Sieg zulügen oder die von unserm Volk erfochtenen Triumphe und selbst die glanzvollsten Taten dergestalt verkleinern, daß sie oft statt Tapferer Feiglinge, statt Verfolger Flüchtige, statt Sieger gänzlich Besiegte aus ihnen zu machen kecklich sich unterstehn. Denn wir sehen dies als einen angebornen Zug an, daß jeder mehr zum Preise *seines* Volkes als eines fremden geneigt sei, obgleich die Geschichte nichts so sehr wie Wahrheit kleidet und schmückt, weil sie sonst im Gegenteil, wenn diese letztere nicht mehr geehrt wird, in Fabeln und Märchen sich auflöst.

Deshalb erachtet' ich es der Mühe wert, jenen Krieg zu beschreiben, welchen man den *Schweizerkrieg* nennt, damit nicht auch dieser, wie so viele übrige, aus dem Gedächtnis der Menschen schwinde, da er doch der größte und beweinenswerteste von all denjenigen ist, die bei unserm und unserer Väter Gedenken geführt worden, nicht nur von wegen der Größe der Waffenrüstungen und Zahl der Kriegsvölker, sondern auch der Wildheit der Schlachten und der Reihe von Niederlagen willen, indem während des Zeitraums von einem nicht vollen Jahr mehrere Haupttreffen geliefert wurden, der kleinen unregelmäßigen Gefechte nicht zu gedenken, in denen oft nicht weniger als in ordentlichen Schlachten Menschen fielen. Denn beide Teile glänzten ehrenvoll durch Streitkraft und Macht. Beiden standen große Kriegshilfen zu Gebot. Zu diesem kam noch die Hartnäckigkeit der Gemüter und die Erbitterung der Streitenden, die nicht so fast [sehr] für kriegerischen Ruhm kämpften, als von wechselseitigem Haß getrieben wurden; die Schweizer, weil sie alles anwandten, den von ihren Vätern in so vielen Feldschlachten erworbenen Kriegsruf nicht zu verlieren; die Kaiserlichen, damit es nicht schiene, als wären sie an Mut und Macht schlechter denn jene.

Ich aber schreibe hier nicht bloß dasjenige, was ich durch Überlieferung anderer oder durch das Gerücht vernahm, sondern auch das, was ich selbst gesehen und erfahren, nieder, da ich in diesem Krieg nicht unbeträchtliche Scharen Reiter sowohl als Fußvolk angeführt, und ich werde daher nicht so fast auf Zierlichkeit des Ausdrucks, als auf Darstellung der Wahrheit sinnen, damit es nicht den Anschein gewinne, als hätt ich mehr der Leidenschaft der Parteiung als der Tapferkeit der Feinde gehuldigt, und ich will infolgedessen so getreu als mir möglich mit Unterdrükkung aller persönlichen Neigung die Erzählung jener Ereignisse unternehmen.

Bevor ich aber den Hergang dieses Krieges schildere, achtet ich es notwendig, der Helvetier Ursprung und Kriegstaten aus älterer Zeit etwas umständlicher nachzuholen, mit Übergehung der ältesten Begebenheiten und dessen, was an Fabeln grenzt, damit entnommen werden möge, durch welche Anfänge sie zu also großer Macht erwachsen, mit der sie nicht nur allen ihren Nachbarn furchtbar geworden, sondern selbst dem Kaiser zu widerstehen es wagen konnten. An diese Darstellung sodann werd ich die Veranlassungen, den Samen und den Anfang jenes Krieges reihen und auf solche Weise zuletzt zur Zergliederung der Ereignisse des Tages schreiten.

Der Eidgenossen frühere Taten und Bündnisse

Die Schweizer also, denn unter diesem Namen sind alle Eidgenossen begriffen, rühmen sich, von Schweden, einer Halbinsel des Baltischen Meeres, ursprünglich herzustammen. Von dort, erzählen sie, sollen ihre Landsleute einst in Masse aus- und in jenen Landstrich eingewandert sein, den sie nun gegenwärtig innehaben. Wie sie aber diese Aussage mit der historischen Glaubwürdigkeit versöhnen, ist von ihnen noch zu erwarten; denn es ist ausgemacht, daß sie keineswegs zu Schiffe in dies Land kommen konnten, da es allzu entfernt vom Meere liegt. Wer aber wollte so viele Gefahren auf einer so großen Wegstrecke bestehen und durch so manche kriegerische Nation sich durchschlagen, um endlich in einem unfruchtbaren Erdwinkel, unter einem so rauhen Himmelsstrich sich anzusiedeln, wie der ihrige ist? Denn niemand pflegt wohl seinen heimatlichen Boden zu verlassen, um einen schlechtern in Besitz zu nehmen, sondern um aus einer segenlosen, unwirtbaren, in eine üppigere und glücklichere Gegend zu ziehen. Nun aber übersteigt der Ertrag des schwedischen Bodens, ob er gleich dem Nordpol sich nähert, dennoch an Fruchtbarkeit weit die unergiebigen Gefilde der Schweiz, vorzüglich jener Bewohner, so an den Alpen hausen und beinahe immerwährend vor Kälte starren. Die übrigen Eidgenossen aber behaupten, teils von den Hunnen und Etzels Heer, teils von den Goten, so weiland Galenland besetzt, abzustammen.[1] Woher nun aber immer ihr Ursprung hergeleitet werden mag, so liegt dennoch klar am Tage, daß ein großer Teil ihres Landes ehedem zähringischen Herzögen[2] gehorcht hat; sodann unter Grafen und Edle jener Gegend, bald da- bald dorthin verteilt worden, endlich aber unter die Oberherrlichkeit der Habsburger [an Graf Rudolf III. von Habsburg, von 1273 bis 1291 deutscher König] gekommen ist, so nachher das Herzogtum Österreich an ihr Geschlecht brachten.

Da jedoch die neuen Untertanen mit den härtesten Lasten von Abgaben gedrückt und von den unleidlichsten Bewältigungen tyrannischer Vögte heimgesucht wurden, so huben zuerst die Schwyzer, sodann auch die Urner und Unterwaldner an, das Joch abzuschütteln und sich die alte Freiheit zu erringen; sie töteten die Vögte und Junker, so ihnen in die Hände fielen; den übrigen brachen sie ihre Festen und trieben sie von ihren Burgen aus.

Die Schweizer selbst erzählen das Nähere dieser Volksbewegung in langer Reihe her. Uns wird es genügen zu zeigen, von welchen Anfängen sie zu jener Stufe von Macht emporgestiegen, die sie jetzt behaupten.

Nachdem die Zwingvögte und Edlen verjagt waren, schlossen sich alle, deren Frauen oder Kindern war Gewalt angetan worden oder die von irgendeiner Seite bedeutenden Schimpf erlitten, den Schweizern an, im festen Glauben, daß die Zeit gekommen, wo sie für alle empfangenen Kränkungen Rache holen könnten. Ihre Zahl nahm in kurzer Frist dergestalt zu und stieg zu solcher Bedeutung, daß sie auch den Fürsten anfing furchtbar zu werden. Es glaubte daher Leupold, Graf zu Habsburg, der damals von Österreich Herzog war [Leopold I., führte das habsburgische Ritterheer], daß eine so gefährliche Gärung, bevor sie weiter um sich greife, erstickt werden müsse,

sammelte ein furchtbares Kriegsheer und fiel in die Landmarken der Schwyzer ein. Auch der Graf von Strasberg fiel von einer andern Seite mit nicht minder beträchtlicher Truppenmacht die Unterwaldner an, in der Absicht, durch Zerstreuung der feindlichen Streitkräfte des Sieges um so leichter teilhaft zu werden. Allein beide wurden an einem und demselben

Bauer mit Korb
unbekannter Künster

Tage überwunden und mit großer Einbuße von Kriegern in die Flucht geschlagen. Es heißt, ein Verrückter, der wegen seiner Gemütseinfalt der Witzlust des Fürsten zur Unterhaltung diente, habe im Kriegsrat, wo der Angriff des Feindes beraten wurde, ein schallendes Gelächter erhoben und auf die Frage über die Ursache seines Lachens geantwortet: »Soll ich nicht lachen, da ich euch alle nur darüber ratschlagen sehe, wo ihr hinein-, und niemand darüber nachdenkt, wo ihr – falls die Not euch dazu zwingt – herauskommen könnt?« Dies Wort wurde, wie es zu geschehen pflegt, damals mit Lachen aufgenommen, verwandelte sich aber, nachdem sie die Niederlage empfangen, in ein böses Wahrzeichen. Die Schweizer hatten, nachdem die Feinde den Einfall bewerkstelligt, nichts mehr für sich als ihre Gebirgspässe. Diese waren von den letztern aus Verachtung [Unterschätzung] unbesetzt gelassen worden. Auf dem Rückzug dahin erlitten daher jene noch den empfindlichsten Teil der Niederlage. Es war aber gedachte Schlacht am eintausenddreihundertfünfzehnten Jahr unsers Heils vorgefallen.[3]

Nach diesem Siege beschworen die von Schwyz, Uri und Unterwalden einen neuen Bund. Nicht lange darauf traten ihm die von Luzern [1332], Zürich [1351] und Zug [1352] bei, endlich auch die Berner [1353], welche dadurch die Fürsten und die von Adel zu den erbittertsten Feinden erhielten. Freiburg hingegen nahm diese letztern auf. Ob nun gleich dieselben durch nicht geringe Unglücksfälle belehrt worden, wie daß Gewalt nichts verfange, so glaubten sie doch etwas ihrer Altvorderen Würdiges zu tun, daß sie den Bernern Krieg ankündigten. Als diese weder durch Sühne noch durch Bitten einen Frieden erlangen konnten und aller Billigkeit und Gerechtigkeit den Weg versperrt sahen, riefen sie die von Schwyz, Uri und Unterwalden um Beistand an, welche keinen Augenblick zauderten, sondern unverdrossen ihnen Zuzug sandten. Indessen hatten die Fürsten und Edlen mit übergroßer Macht das im Berner Gebiet gelegene Städtchen Laupen belagert. Heftig setzten sie ihm zu, aber mit nicht mindrer Tapferkeit ward es von der Bernschen Besatzung verteidigt. Die Berner also, nachdem sie von den Schweizern Hilfe und auch einige Edle, jedoch wenige zu Pferd, an sich gezogen hatten, rückten geradenwegs auf den Feind los, ob sie gleich bei weitem die Minderzahl bildeten. Denn in dem feindlichen Lager waren außer einer zahllosen Reiterei wohl über 30 000 Fußknechte versammelt. Ihre Anführer waren die Grafen von Kyburg, von Fallendis, von Neuenburg, die Freiherren

Schlacht
Rud. von Ems' Weltchronik

von Fürstenberg, Nidau und mehrere andere an der Spitze einer sehr großen Anzahl edler Berner. Auch Ludwig, Graf von Savoyen, befand sich in ihrer Reihe, mehr gezwungen, denn aus Herzensantrieb. Die Kriegsvölker der Berner befehligte der Ritter von Erlach, ein Mann, tüchtig erprobt im Kriegshandwerk. Der sprach den Seinigen zu, »daß sie nur mit festgeschlossenen Gliedern vorrücken und sich nicht fürchten möchten vor der Überzahl der Feinde; würden sie dies tun, so sei der Sieg in ihren Händen, denn ihm sei der Prahlmut der Widersacher nicht unbekannt, welche ihre kleine Zahl verachten und ohne Ordnung gegen sie anstürmen würden. Sie möchten daher wacker standhalten und mit dem Mut, der sie jetzt beseele, kämpfen, eingedenk, daß sie nicht nur sich selbst, sondern auch Weib, Kind und Freiheit zu verfechten hätten. Gott lasse es übrigens gerechter Sache nie an seinem Beistand fehlen.«

Durch diese und ähnliche Reden begeisterte er die Gemüter der Seinigen zu solchem Grade, daß sie kampfentbrannt den Feinden entgegenrückten. Als die Schweizer den Feind im Gesicht hatten, begehrten sie von den Bernern, daß ihnen die Ehre des Angriffs auf die Ritter gestattet würde. Es ward ihnen unschwer zugestanden. Denn da sie wußten, welch geschworne Todfeinde sie an jenen hätten, verfolgten auch sie dieselben mit gleichem Haß. Ihr Wunsch ward ihnen daher gewährt, und alsbald griffen sie die Ritter, welche bereits auch schon mit verhängten Zügeln auf sie angesprengt kamen, erfüllt mit solcher Verachtung an, daß es den edlen Herren ein Lachen entlockte, gleich als könnten sie dieselben schon mit den Pferdehufen zertreten. Die Berner indes kämpften, von nicht geringerer Erbitterung getrieben, mit dem Fußvolk. Jetzt erhebt sich ein furchtbares Treffen; mit aller Macht wird gestritten. Endlich dringen die Berner, durch des Feldherrn Zuruf sowohl als ihre eigene Tapferkeit gespornt, hitziger ein, machen die Erststehenden nieder, und nachdem die übrigen mit weggeworfenen Bannern zur Flucht sich gewendet, verfolgen sie die Besiegten. Die Schweizer aber hatten einen viel heißeren Stand einer so trefflich gerüsteten Reiterei gegenüber; so blieb denn nach einem sehr großen Verlust von Menschen sowohl als Pferden das Treffen lange zweifelhaft, bis die Berner, welche das Fußvolk bereits besiegt hatten, ihnen zu Hilfe eilten. Die Ritter hielten ihren Andrang nicht aus, sondern begaben sich, nachdem ein großer Teil von ihnen gefallen war, auf die Flucht. Von den übrigen vermißte man den Grafen Johann von Savoyen, nicht ohne großen Schmerz der Berner selbst, indem ihnen wohl bewußt war, welch ein edler Mann er gewesen und daß er keineswegs aus persönlichem Groll Partei genommen. Es waren auch zugleich mit ihm gefallen: sein Sohn Ludwig, Graf von Nidau, der Graf von Fallendis, der hauptsächlichste Anstifter dieses Krieges, nebst unzähligen andern Freiherrn und Reisigen, so daß man beim Plündern mehr als 4000 Erschlagene fand. Siebenundzwanzig Feldzeichen wurden erbeutet und das Lager erstürmt. Doch nicht unblutigen Kampfes hatten die Berner und ihre Streitgenossen gesiegt. Aus den Schweizern war jeder Tapferste gefallen oder schwer verwundet aus der Schlacht gekehrt.

Übrigens mehrte dieses Waffenglück den Ruhm der Schweizer in bedeutendem Grade, nicht so fast, weil eine kleine Zahl so zahllose Scharen von Feinden besiegt, als weil sie auf offenem Felde die Reiterei zu empfangen gewagt und so tapfer sie in die Flucht geschlagen hatte. Es geschah dies im Jahr 1330.[4] Jene von Adel, welche der Schlacht entronnen waren, unterließen nicht, ob sie gleich nach dieser derben Schlappe die Berner mit offenem Krieg zu überziehen sich nicht mehr getrauten, nach ihrer Weise auf heimlichen Raubzügen sie zu necken; und mit Befehdung der Berner nicht zufrieden, suchten sie auch die Zürcher mit den nämlichen Praktiken heim, so daß zuletzt auch diese die Hilfe der Schweizer anflehen mußten. Beide Städte wurden daher in die Eidgenossenschaft aufgenommen, und nicht lange hernach traten auch die von Zug und Glarus in ihre Fußstapfen, und durch die Befehdung der Edlen wuchs die Macht der Eidgenossenschaft dergestalt empor, daß niemand mehr sie zu vergewaltigen getraute. Die Fürsten und Barone, welche bereits verzweifelten, den Schweizern widerstreben zu können, lockten daher die Engländer, welche damals Frankreich durchhausten, mit großen Verheißungen zu ihrer Hilfe herbei. Diese, nicht so fast durch ihre Bitten, als durch die Hoffnung der Beute bewogen, nahten mit großen Heeresscharen und verheerten das Berner Gebiet, einem Gewitter ähnlich, auf schaudervolle Weise. Die Burgen und kleineren Orte plünderten sie aus und ließen sie in Rauch aufgehen. Aber nicht immer und überall blieb ihr Hohn ungerächt; viele wurden von den Bernern bei Ausfällen und in leichten Treffen getötet; denn der ungeheuren Übermacht wegen getrauten diese sich nicht, in offenem Kampf sich mit ihnen zu messen. Endlich wurden die Engländer, ihren Bundgenossen nicht minder denn ihren Feinden beschwerlich und unerträglich, durch Mangel an Lebensmitteln zum Rückzug gezwungen.[5] Nach dieser Zeit ließen die Habsburger und die übrigen Edlen nie ab, die Eidgenossen zu beunruhigen, so daß viele Jahre hindurch die Waffen nicht aus den Händen gelegt und große und zahlreiche Niederlagen bald empfangen, bald zugefügt wur-

Landsknecht
Franz Brun

den, desgleich zu lang wäre zu erzählen. Im Jahr 1386 nach Christi Geburt endlich zog Herzog Leopold II. von Österreich [richtig: Leopold III.] großes Kriegsvolk zusammen, warb eine gewaltige Zahl edler Herren um Beistand und fing an, das Städtchen Sempach zu belagern. Die Eidgenossen aber, sobald sie des Feindes Unternehmen vermerkten, beschlossen, eine Besatzung in die Stadt zu werfen. Sie sandten daher 1200 auserlesene Krieger zum Schirm des Städtchens, und es traf sich, daß an einem und demselben Tag der Herzog Sempach zu belagern anhub und der Schweizer Zuzug anlangte. Der Herzog, nachdem er der Feinde Ankunft vernommen, verachtete ihre geringe Zahl so sehr, daß er all sein Fußvolk im Lager zurückließ und nur mit der Reiterei zu streiten beschloß, in der Meinung, er würde bloß durch die große Anzahl Pferde schon die Gegner überrennen können. Es war aber wirklich diese Reiterei nicht nur wegen ihrer Waffen und ihres Mutes vortrefflich, sondern auch ihre Anzahl furchtbar, indem sie nämlich das Fußvolk der Feinde wohl um die Hälfte überstieg. Das eidgenössische Besatzungsheer ward jedoch durch die feindliche Übermacht keineswegs zaghaft gemacht, sondern begann der Stadt sich zu nähern, bereit, durch alle, welche den Weg versperren wollten, mit dem Schwert sich durchzuschlagen, oder wenigstens, wenn es dies nicht vermöchte, in ehrenvollem Kampf zu unterliegen.

Nicht zerstreut und ungeordnet, sondern in wohl geregelter Schlachtordnung rückte es vor; denn jeder hatte während des langen Kriegführens sich angewöhnt, Kriegszucht und der Hauptleute Befehl zu achten und vor allem streng an Ordnung in den Gliedern sich zu halten.

Die Ritter nun, als sie des Haufens der Eidgenossen ansichtig geworden, sprengten mit verhängten Zügeln und vorgehaltenen Speeren auf ihren Mittelpunkt los; die Schweizer aber streckten ihre noch längeren Spieße entgegen und empfingen trotzig den Feind. Jetzt erhob sich mörderischer Kampf, da jene durchzubrechen sich bestrebten, die andern aber lieber auf der Stelle sterben als weichen wollten. Der Herzog währenddessen begann die Seinigen bald zu mahnen und zu bitten, bald zu strafen, bisweilen das Treffen an einigen Punkten wiederherzustellen und jede Pflicht eines trefflichen Feldherrn und tapfern Kriegers zu erfüllen. So lang er gegenwärtig war, wich kein Ritter. Als er aber mutvoll kämpfend erschlagen worden, fielen auch mit ihm beinahe an 400 Grafen, Freiherrn und Edle mit unzählbarem Kriegsvolk. Nach der Niederlage so vieler Edler retteten sich die Ritter, so noch am Leben waren, durch die Flucht, ihnen folgte das Fußvolk, das in dem Lager zurückgeblieben war. Alles Kriegsgeschütz aber und eine Menge Feldzeichen wurden erbeutet. In dem eroberten Lager machte man ungeheure Beute. Von den Siegern fielen ungefähr zweihundert; viele aber trugen Wunden. Weil es ihnen an Reiterei gebrach, vermochten sie nicht, die Flüchtigen länger zu verfolgen. Der Herzog mit den meisten übrigen Fürsten ward in dem Kloster Königsfelden beigesetzt. Die Schweizer, nachdem sie solch furchtbare Schlacht bestanden, kehrten zu den Ihrigen heim und schlossen neue Verbündnisse unter sich, in welchen manche Zusätze zu den frühern gemacht und die meisten erneuert wurden. Auch ward sehr vorsichtig dafür gesorgt, daß sobald ein Feind die Grenzen beunruhigen würde, alsogleich alle freundnachbarlich sich Hilfe leisten sollten; denn Leopold, des erschlagenen Herzogs Sohn, trachtete mit frischer Streitmacht den Krieg zu erneuern und wegen seines getöteten Vaters Rache zu nehmen. Da ward endlich durch etlicher Freunde Vermittlung zwischen dem Herzog und den Eidgenossen ein Waffenstillstand zuwege gebracht. Aber die Ruhe dauerte nicht lange, denn die Schweizer wurden allenthalben von den Edlen angegriffen, wenn sie des Handels wegen nach

Der Fahnenträger
Lucas von Leyden

benachbarten Städten reisten, gefänglich angehalten [gefangen genommen] und ihrer Güter beraubt; wogegen sie hinwiederum, durch diese Unbilden zur Rache entflammt, allmählich die größern und kleinern Städte der Adligen einnahmen, ausplünderten und die Räuber daraus verjagten. Mittlerweile ward rings in der Runde alles mit Feuer und Schwert verwüstet, und ununterbrochen lieferte man sich kleine Treffen. Da warben die Grafen von Toggenburg und von Werdenberg ein ungeheures Kriegsvolk und fielen die Grenzen der Glarner an. Aber die Glarner rückten mit ihrer kleinen Mannschaft unverzagt entgegen, schlugen den Feind, der innert diesen Bergen seine Reiterei nicht entwickeln konnte, vollständig in die Flucht und jagten ihn über die Grenzen zurück [Schlacht bei Näfels 1388]. Eine große Anzahl Edler fiel in dieser Schlacht; übergroß war die gemachte Beute und der erworbene Ruhm. Indessen setzten die von Bern und Freiburg mit wechselndem Glück ihre Fehde fort, mehr um zu verwüsten als nach Kriegsbrauch fechtend. Letzteres war an Reiterei überlegen; denn viele Edlen waren ihm aus Haß gegen die Eidgenossen zu Hilfe gekommen, die Berner hingegen vermochten mehr zu Fuß. Endlich schloß man einen Waffenstillstand auf sieben Jahre, welcher noch vor seinem Ablauf auf zwanzig Jahre verlängert ward. Aber kaum hatte man von dieser Seite die Waffen aus Handen gelegt, als plötzlich ein neuer Krieg ausbrach. Es war dazumal der Abt von St. Gallen einer der mächtigsten Herren, an Städten und Burgen reich; doch drückten seine Landvögte die Untertanen durch täglich erhöhte Auflagen und fügten ihnen zahllose Plagen zu. Als nun diese wahrgenommen, welch günstigen Ausgang der Eidgenossen Aufstand[6] genommen, und als sie die so beschwerlichen Lasten länger nicht tragen konnten, wenn sie auch noch so bereit dazu gewesen wären, so setzten sich nach dem Beispiel der Eidgenossen auch die Appenzeller in Freiheit. Der Abt begehrte von Konstanz, mit dem er verburgrechtet war, Beistand. Dasselbe zauderte nicht, sondern zog die verbündeten Städte an sich, und nachdem sie ein Kriegsheer von 5 000 Mann zusammengebracht, eilten sie, den Abt zu unterstützen. Gemeinschaftlich ward nun beschlossen, die Appenzeller anzugreifen, mit welchen sich bereits viele Schweizer, teils der Nachbarschaft wegen, teils weil es der Freiheit Sache galt, verbunden hatten. Die Appenzeller, sobald sie den Feind vor sich sahen, stürzten kühn und trotzig auf ihn an, warfen und schlugen ihn im ersten Anlauf in die Flucht und gewannen, nachdem sie eine Menge Volkes erschlagen, sehr viele Banner und ungeheure Beute. Einen so herrlich erfochtenen Sieg [Schlacht bei Vögelinseck, 1403] ließen sie nicht unverfolgt, sondern gebrauchten ihn bestens zu ihrem Vorteil. Denn sie fielen in das Gebiet von Konstanz ein und verheerten alles mit Feuer und Schwert. Indes schlug sich die Stadt St. Gallen auf Seite der Appenzeller, und dieselben wurden von den Schwyzern in ihr Landrecht aufgenommen. Durch diesen Zuwachs an Kräften noch mehr ermutigt, fügten sie ihren Feinden eine Menge Niederlagen bei, bis diese, nachdem sie Herzog Friedrichs zu Österreich [Friedrich III.] Hilfe angerufen, aufs neue das Kriegsglück zu versuchen sich entschlossen. In dieser Absicht belagerten sie St. Gallen sofort und rückten, nachdem sie hier den Herzog und sämtliche Reiterei zurückgelassen hatten, mit ihren Fußvölkern dem Feind entgegen, durch lauter Gebirge und rauhe Gegenden. Die Appenzeller ohne Zögern stürmten alsbald zum Streit hervor, und ein furchtbares Treffen ward geliefert; endlich erfochten die Appenzeller einen nicht ohne viel Blut erkauften Sieg. Von der Gegenpartei wurden über tausend Menschen vermißt, unter diesen viele Edle oder sonst berühmten Namens. Der Herzog aber, als er durch Flüchtlinge von dem verlorenen Treffen Kunde erhalten, raffte sein Gepäck zusammen und zog sich in Sicherheit zurück. Auf diese Weise ward auch St. Gallen die Belagerung los [Schlacht am Stoß 1405]. Die Sieger ließen für dermal noch ihre Nachbarn ungekränkt und suchten lieber das Gebiet des Herzogs heim, durchzogen es plündernd und verwüsteten das Rheintal, den Bregenzerwald und das Feldkirchische weit und breit. Hierauf setzten sie über den Arlberg, nahmen die Feste Landeck bei den Strömungen des Inn ein und brachten bis zum Städtchen Imbst Schwert und Flamme. Dann aber kehrten sie, nachdem noch eine Menge Menschen gefallen, mit unermeßlicher Beute in ihre Heimat zurück. In diesem Feldzug wurden bei fünfzig Burgen und darüber eingenommen, ihrer dreißig ungefähr gebrochen oder ausgebrannt. Noch zu Anfang Winters belagerten die Appenzeller das Städtchen Bregenz [1408]. Als sie da aber, durch den Sieg allzu zuversichtlich, die Waffen vernachlässigten, wurde ihrer eine große Zahl von den Grafen zu Montferd und Werdenberg erschlagen, die übrigen retteten sich durch Flucht. Aber es fürchtete Ruprecht, der selbst nun Herzog zu Österreich und römischer König war, daß das Aufstandsfieber noch weiter um sich greife, kam deshalb nach Konstanz und glich, nachdem er beide Teile angehört, die Sache dahin aus, daß der wechselseitige Schade aufgehoben wurde und die Appenzeller fortan als freie Leute angesehen werden sollten, die nur die gewöhnlichen Abgaben zu steuern hätten.

Die Eidgenossen wider sich selbst im Kampfe

Die Schweizer, vor äußeren Feinden sicher, kehrten jetzt die Waffen gegen sich selbst. Es hatten nämlich die Untertanen Zugs mit Beistand der Schwyzer gegen die Stadt sich aufgelehnt und ihr den Krieg angekündigt. Es währte nicht lange, so eilten die Luzerner, Urner, Unterwalder und Glarner den Zugern zu Hilfe. Bald schlossen sich auch die Zürcher an, und es fehlte wenig, so wären sie unter sich zum Handgemeng gekommen. Auf das Dazwischentreten der Berner jedoch und anderer Freunde ward dieser Aufstand ohne Blutverguß gestillt. Kaum ruhten auf dieser Seite die Waffen, so entstand auf einer anderen viel heftigere Bewegung. Es hatte nämlich weiland Herzog Friedrichs zu Österreich Gattin, jetzt Witwe, von Grafen und Edlen überredet, denen zu Basel Krieg angekündigt, und, durch ihre eigenen Streitkräfte

Landsknecht mit Bidenhänder
unbekannter Künstler

und jene des Burgundischen Herzogs unterstützt, auf dem Gebiete Basels weit und breit solche Verheerungen angerichtet, daß nichts unverschont vom Kriege blieb. Die Basler, durch dieses plötzliche Unheil bestürzt und ihren Feinden auf keine Weise gewachsen, konnten auf offenem Felde keinen Widerstand leisten, sondern hielten sich innerhalb ihrer Mauern. Wohl aber erflehten sie Beistand von ihren Bundesgenossen, den Bernern, Solothurnern und Strasburgern. Diese eilten ohne Zögerung herbei, und zwar nachdem der Feind schon abgezogen war, fielen in die Lande der Herzogin ein, verwüsteten sie rings in der Runde, eroberten und brannten mehrere Burgen nieder. Endlich, nachdem bald hier, bald dort, blutige Schlappen zugefügt worden, erfolgte ein Friede, aber nicht von langer Dauer, weil die Basler ihrerseits die Verkommnisse [Vereinbarungen] nicht hielten. Alles Volk rückte daher aufs neue aus, und bis zum Städtchen Säckingen trug alles die Spur des Krieges. Da zog die Herzogin abermals Streitmacht zusammen; mit Mühe nur ward durch vermittelnde Freunde zwischen beiden Teilen ein fester Friede zustande gebracht. Dies geschah aber ums Jahr 1412, kurz zuvor, ehe die Kirchenversammlung zu Konstanz eröffnet ward. Dieselbe erklärte, weil Papst Johannes XXII. [Johann XXIII.] mit Hilfe Friedrichs zu Österreich entflohen war, sämtliche Güter des Herzogs in die Acht verfallen, und Kaiser Sigmund mahnte alle benachbarte Städte zum Verderben desselben auf. Es zogen daher auch die Eidgenossen mit vereinigter Macht über ihre Grenzen, nahmen eine Menge Schlösser und Städte, so dem Herzog waren, ein, und brachten die ganze Provinz, welche ob des zahlreichen und hochangesehenen Adels gemeiniglich nur der Aargau (Ergöw) hieß, unter ihre Botmäßigkeit, in welcher sie ihn noch bis auf den heutigen Tag besitzen.

Dies war der Ausgang der vielen höchst traurigen Kriege, welche so viele Jahre hindurch Österreichs Herzöge und Edlen und ebenso auch die Schweizer in den Waffen erhielten, in welchen des Blutes so viel vergossen, der Städte so viel zerstört und so manche Räuberfeste und Zwingburg gebrochen worden, die, wie du's noch sehen kannst, in Schutt und Moder begraben liegen, in welchen endlich eine ganze Adelsgeneration ausgetrieben oder gänzlich vertilgt worden. Denn außer den Herzögen von Österreich und Grafen von Habsburg wurden aus dem Ihrigen verjagt: die Grafen von Kyburg, Toggenburg, Uechtland, Neuenburg, Frohburg, Aarberg, Rapperswyl, Balin, Rothenburg, Sanagaza, Straßberg, Greyerz, Fallendis, Nidau, Montenach, so die Freiherren von Großberg, Wohlhausen, Turre, Rinkenberg, Falkenstein, Bechburg (Rechberg) Spintz, Granson, Illingen, Raron, Semren, Münsingen, Wasserstelz, Logern (Lungern) Degerfeld, Busenau, Bürglen, Schwanden, Friedberg, Wädischwyl, Eschilbach, Schwarzenburg, Freienstein, Hasenburg, Strätlingen, Signau, Egram, Gößgen, Klingen, Homberg, Waren, Regensberg, Salzbüren, Ehrenkingen, Bickelse, Kempten, Sarnen, Aarburg, Seedorf, Weissenburg, Thorberg, Grünenberg, Hasenberg. Vieles auch ward den Grafen von Savoyen, von Werdenberg, Fürstenberg, Hochberg, Diezstein und ebenso den Freiherren von Ochsenstein, Blankenberg und Falkenstein entrissen. Die Familien dieser Edlen aber sind größtenteils verbannt worden.[7]

Indessen hatten die von Sitten, nachdem auch sie gegen den Bischof daselbst, ihren Oberherrn, sich aufgelehnt, mit Luzern, Uri und Unterwalden ein Bündnis eingegangen, hingegen weil sie einige unter Berns Schutz gestellte Burgen eingenommen und gebrochen, die Waffen der Berner gegen sich gereizt, so daß diese die Stadt Sitten belagerten und mit mehreren anderen Orten in Brand steckten. Auf Vermittlung von Freunden ward der Span [Streit, Zwietracht] dahin beigelegt, daß die Sittner an Bern für den zuge-

Die Kämpfenden
Albrecht Dürer

fügten Schaden 100 000 Goldgulden zahlen sollten. Als jene dies zu leisten sich weigerten, ergriffen die

Berner abermals die Waffen gegen sie, stürmten mit großer Verwüstung in das Gebiet der Sittner und äscherten eine Menge Dörfer ein. Die Sittner schlossen eine große Zahl der auf Fütterung [Beute] Ausgegangenen ein, wurden aber, nachdem die Berner den Ihrigen zu Hilfe geeilt, nicht ohne großen Verlust von Menschen zurückgetrieben. Nachdem alles auf diese Weise verheert worden, zogen die Berner sich zurück und waren bereits zu den Bergschluchten gekommen, als plötzlich die Sittner die Nachhut angriffen und in Verwirrung brachten. Alsobald kehrten die Banner sich gegen sie; sie hielten den Angriff nicht aus, sondern flüchteten sich, nachdem sie noch einen kleinen Verlust erlitten, auf die Berghöhen. Ungestört setzten die Berner nun ihren Rückzug fort. Bald schlichteten auch diesmal gemeinsame Freunde den Streit; aber die von Sitten mußten sichs gefallen lassen, zu ihrem ungeheuren Schaden noch um eine schwere Summe den Frieden zu erkaufen.

Während dieses Zeitraums hatten die Eidgenossen, der Plackereien von Seite der Edlen und ihrer Nachbarn quitt, Bellinzona wiederzuerobern versucht. Es hatten nämlich Uri, Schwyz und Unterwalden diese Landschaft von den Steinbergischen Grafen gekauft [1419]; der Herzog von Mailand hingegen, dem es gefährlich schien, ein so unbändiges Volk zum Nachbarn zu haben, hatte ihnen Bellinzona durch Verrat weggenommen. Die Schweizer waren der Kriege willen, von denen sie allenthalben zur Zeit noch gedrängt worden, genötigt gewesen, den Schimpf zu verschmerzen. Nachdem sie aber nunmehr über alle ihre Feinde gesiegt hatten, rückten sie mit Heeresmacht über die Alpen und fielen ins Gebiet von Bellinzona ein. Bald stießen sie auf die Statthalter Herzogs Philipps von Mailand und lieferten ein Treffen. Da einerseits die welschen Reiter zu tollkühn auf den Feind sich warfen, anderseits aber die Schweizer die Welschen als feige Hunde zu sehr verachteten, geschah es, daß beide Teile einander wechselseitig großen Verlust zufügten und erlitten. Blondus von Friaul, dem auch die übrigen italienischen Geschichtsschreiber folgen, wie denn dies Volk im Selbstlob ungeheuer verschwenderisch ist, schreibt den Sieg den Mailändischen zu, die Schweizer aber sich und weisen zum Zeugnis dessen eine Menge erbeuteter Feldzeichen vor.

Die Welschen behaupten, daß die Schweizer an 2000 Mann verloren, hingegen verbergen sie schlau die Zahl ihrer Gefallenen. Wohl gestehen sie, daß viele, und zwar die Tapfersten, geblieben oder verwundet, an 400 Pferde aber ertränkt worden seien. Die Schweizer geben ihrerseits vor, daß von den Ihrigen 500, von den Feinden 1000 geblieben. Wie sich immer nun die Sache verhält, so war dies eine äußerst blutige Schlacht, obgleich die Schweizer kaum mit der Hälfte ihrer Kriegsmacht an diesem Tag gestritten haben. Weil sie nämlich fürchteten, den Sieg aus den Händen zu verlieren, und zugleich es nicht der Mühe wert hielten, ihr ganzes Heer in die Schlacht aufzustellen, griffen sie bloß mit 4000 Mann so zahllose Massen von Reiterei und Fußvolk an und erlitten deshalb keine kleine Einbuße. Die Schweizer zogen auf dieses Treffen nach Hause und ruhten eine Zeitlang vom Streit aus [Arbedo, 30. Juni 1423].

Herumziehende Leute
Lucas von Leyden

Die Adligen aber, als sie die Schweizer mit Waffen unüberwindlich erkannt hatten, suchten Samen der Zwietracht unter sie auszustreuen, und hierin gelang ihnen ihr Fürhaben. Denn der Graf von Toggenburg brachte die Zürcher und Schwyzer so gegeneinander auf, daß ein höchst verderblicher Krieg sich entspann. Die Eidgenossen aber, nachdem sie den Span unter den Parteien gütlich auszugleichen vergeblich sich bemüht hatten, fielen alle Schwyz zu.

Als dies die Zürcher sahen, riefen sie die Edlen zu Hilfe, welche denn sehr willig zum Beistand heraneilten, in der sicheren Hoffnung, daß in diesem Bürgerkrieg die Bünde sich auflösen und sie die Macht der Schweizer demütigen würden. Ein furchtbarer Kampf begann daher zu entlodern, welcher volle sieben Jahre währte. Beide Teile erlitten Niederlagen und brachten solche bei; ja Zürich selbst wurde von den Eidgenossen belagert und der sonst mit Weinbergen und Fruchtfeldern besäte Wall greulich verwüstet. Zur gleichen Zeit hatten die Eidgenossen auch die Belagerung von Farnsburg begonnen; als aber der Dauphin, des französischen Königs Sohn, die Kirchenversammlung in Basel auseinanderzujagen drohte, stunden sie von ersterer ab und eilten den Baslern zu Hilfe. Diese, als sie eingesehen, daß die französische Heeresmacht, an die sich auch ein Teil des deutschen Adels geschlossen, bei weitem eine zu große Überzahl bildete, als daß ihr eine so geringe Mannschaft widerstehen könnte, sandten den Eidgenossen Boten entgegen, welche berichteten, daß bei 30 000 Mann unter französischen Bannern sich näherten, und sie baten und beschworen, sich ja doch nicht, da sie kaum über 4 000 Mann stark waren, einer so offenbaren Gefahr entgegenzustürzen [Schlacht bei St. Jakob an der Birs, 1444].

Jene aber verachteten trotzig der Basler und der Ihrigen Mahnung, stellten ihr Volk in Schlachtordnung und rückten dem Feind entgegen, welcher ebenfalls schlachtgerüstet einherschritt. Ein furchtbares Mordgewühl erhob sich, das von Sonnenaufgang bis Niedergang währte. Die Eidgenossen fielen bei diesem Anlaß alle, und der Dauphin errang den Sieg, aber einen höchst blutigen und traurigen. Denn außerdem, daß von den Seinen eine ungeheure und kaum glaubliche Anzahl getötet worden, war eine Menge sehr berühmter Männer gefallen, und es schien beinah an ein Wunder zu grenzen, daß sich eine Handvoll Krieger, und zwar zu Fuß, einem so zahlreichen Heere, das zudem noch größtenteils in Reiterei bestand, so lang und so tapfer habe widerstehen können, vorzüglich da nicht in Gebirgen, sondern auf freiem Felde gestritten ward. Die Eidgenossen aber, welche um Zürich herum noch gelagert waren, hoben auf die Nachricht von dieser Niederlage der Ihrigen, nachdem sie noch alles Übriggebliebene mit Feuer und Schwert verwüstet hatten, die Belagerung auf; die Zürcher folgten den Abziehenden auf dem Fuße in Massen nach und fügten auch dem Gebiet ihrer Feinde keinen geringen Schaden zu. Zweimal noch ward indes mit den Waffen gestritten, und ohne daß der Sieg für einen Teil sich entschieden, ließen sie wieder ab.

Die Basler indes, welche nach des Dauphins Abzug nicht unkundig waren, von welchen er hereingelockt worden, fielen, um den zugefügten Schimpf zu rächen, mit bewaffneter Hand in den Breisgau ein, welchen sie weit und breit verheerten, und sie zündeten wohl bei 100 Dörfer an. Herzog Albrecht von Österreich, durch diesen bedeutenden Schaden erbittert, begann nun den Krieg und belagerte mit zahlreicher Macht Basel; aber bald ward er zurückgeschlagen. Als ihn die Basler verfolgten, lockte er sie in Hinterhalte und erschlug eine Menge. Nachdem so beide Teile sich wechselseitig bedeutenden Schaden zugefügt hatten, ward endlich im siebenten Jahr durch Vermittlung des Pfalzgrafen am Rhein, derer von Strasburg, Nürnberg und Konstanz dieser höchsttraurige Krieg geendigt [Zürich-Krieg, 1436–1450]. Ich darf übrigens eine Anekdote nicht übergehen, so man erzählt hat, daß nämlich die Schwyzer einst, als sie Sieger geworden, die Leichname der Zürcher mit den Zähnen zerfleischt und ihr Blut getrunken.

Die Zeiten der Burgunderkriege 1474–1477

Nun herrschte mehrere Jahre lang Friede, da weder die Eidgenossen gegen sich, noch die Herzöge von Österreich und die Edlen etwas Feindseliges unternahmen. Indessen begab es sich, daß die zu Konstanz alle ihre Nachbarn zu einem Scheibenschießen luden; unter den Eintreffenden befanden sich viele Schweizer. Als aber die Konstanzer, wie's bei solchen Malen sich treffen kann, den Schweizern einige Male Spottreden nachwarfen, wurden diese in Harnisch gejagt, verhielten ihre Erbitterung nicht, und es kam von Worten zu Schlägen. Die Schweizer aber, welche so schlecht

Soldat hält das Pferd eines Fähnrichs an
unbekannter Künstler

hier behandelt worden, klagten den Ihrigen, sobald sie nach Hause gekommen, die erlittene Unbill. Alsobald ward zu den Waffen gemahnt, und es zogen zuerst die Luzerner und Unterwaldner mit einem Kriegshaufen gegen Konstanz; ihnen folgten bald darauf die übrigen Eidgenossen nach der Vorschrift des Bundes. Bevor sie aber noch in das Konstanzische eingefallen waren, ward der Span gütlich beigelegt, und die Konstanzer sahen sich gezwungen, den Frieden um 5000 Goldgulden zu erkaufen. Bald darauf nahm Herzog Sigismund von Österreich den Bischof von Brixen gefangen, welcher zugleich Kardinal der römischen Kirche war. Die Schweizer, durch die Bitten des Priesters zur Hilfleistung bewogen, nahmen dem Herzog sehr vieles weg, unter anderem Diessenhofen und Frauenfeld. Da eilte der Herzog, welcher plötzlich eine größere Gefahr, denn die er abzuwenden vermöchte, herandrohen sah, unter Bedingungen, die man ihm machte, Frieden zu schließen. Den Schweizern ward der Besitz dessen, was sie bereits gewonnen, zugesichert. Die Edlen aber, obgleich eingedenk, was sie und ihre Väter von wegen angetaner Gewalttat für Schlappen erlitten und ob sie gleich der Schweizer Waffen nicht gegen sich aufzureizen sich getrauten, befehdeten dennoch, um von der alten Sitte nicht abzuweichen, unausgesetzt die benachbarten Städte und fügten ihnen mannigfachen Schaden zu. Es schlossen sich deshalb mehrere, wie Mülhausen und Schaffhausen, den Eidgenossen an, so daß täglich der Verbündeten Macht wuchs, ihre Marken sich ausbreiteten und sie bereits für unbezwinglich angesehen wurden. Dies erkannte Herzog Sigismund zu Österreich gar wohl, und da er verzweifelte, seine übrigen Provinzen und Städte von ähnlichem zurückhalten zu können, trat er alles, was er im Elsaß, Sund- und Breisgau und um den Schwarzwald herum besaß, an den mächtigsten und kriegerischsten Fürsten seiner Zeit, Herzog Karl zu Burgund, für eine Schuldverschreibung ab [Vertrag von St. Omer vom 9. Mai 1469]. Dieser versicherte sich aller Städte, Städtchen und Festen, die er in seine Gewalt bekam, durch Besatzungen und verordnete über sie einen Oberlandvogt, der Hagenbach genannt wurde. Der aber spielte keineswegs den Statthalter, sondern den Zwingherrn, und reizte, nachdem er jeder Art von Frevel sich vermessen, diese Provinzen endlich alle zu seinem Verderben auf. Es warfen ihn nämlich Breisachs Bürger in Ketten, verurteilten ihn, weil eine Menge Menschen gegen ihn auftraten und furchtbarer Verbrechen ihn beschuldigten, öffentlich zum Tode durch Schwert [im Mai 1474], und so kehrten sämtliche verpfändete Länder unter die alte Herrschaft zurück.

Weil aber Sigismund die Macht des burgundischen Herzogs fürchtete und besorgte, er möchte mit bewaffneter Hand das gewalttätig Entrissene wieder seiner Herrschaft unterwerfen, so sah er sich genötigt, zu seinen Erbfeinden, den Schweizern, Zuflucht zu nehmen. Er schloß mit ihnen ein Bündnis, wodurch er in ihre Freundschaft aufgenommen und ihm verheißen ward, daß sie, wenn irgendher ihm bedeutendere Gefahr drohe, solche mit allen Kräften von ihm abwenden würden. Dies geschah aber im Jahr 1483 nach Christi Geburt [richtig: 1474].

Der Burgunder nicht so fast darüber, als ob erlittenem Schimpf, denn aus dem Grunde erbittert, daß er, nachdem er in Deutschland nun ausgekriegt und bereits nach Italien zu ziehen gewillt war, in der Hoffnung, nach Besiegung aller Völker bald Herr der Welt zu sein, belagerte Neuenburg, welche Stadt am Rheinufer gelegen und dem Römischen Reich untertan war, mit einer zahlreichen Streitmacht. Siegreich hatten früher seine Banner durch Frankreich geweht, und er kannte keine Macht mehr auf Erden, die der seinigen Widerstand hätte leisten können; denn außerdem, daß er an Macht und Reichtümern unter allen Fürsten seiner Zeit hervorragte, führte er ein zahlloses, trefflich gerüstetes Heer an. Überdies schlug ihm ein ungemein trotziges Herz im Busen, und ein glänzender Kriegsruhm, nach dem er begierig haschte, ging vor ihm her.

Der Kaiser [Friedrich III.] selbst, durch eine so große Gefahr aufgeschreckt, zog die Streitkräfte des Reiches zusammen und führte sie wider Burgund, der schon ein ganzes Jahr lang Neuß belagerte. Als aber beide Kriegsheere einander gegenüberstanden und Furcht sich verbreitete, daß man alles hier auf einen Würfel setze, ward zuerst ein Waffenstillstand geschlossen, und es folgte bald darauf ein Friede unter diesen Bedingungen, daß nämlich die einzige Tochter Burgunds Max [der spätere Maximilian I.], des Kaisers Sohn, zur Gemahlin gegeben, sie aber nach des Vaters Tod Erbin aller seiner Besitztümer werden sollte. Ferner habe Burgund nach Italien, welches Römischem Reich widerspenstig und keineswegs gehorsam mehr sei, zu ziehen, worauf er nach dessen Bezwingung vom Kaiser dasselbe als Königreich erhalten würde. Auch ward beigefügt, daß er durch das Land der Eidgenossen ziehen solle, nicht so fast um seine als des Kaisers Kränkung zu rächen. Dies war ein kluger Staatsstreich. Denn der Kaiser konnte auf keinen Fall verlieren, ob der Burgunder siegen oder besiegt werden würde. Er konnte nämlich in dem einen Fall Rache an den Eidgenossen nehmen, im andern aber, wenn der Herzog überwunden worden, fiel dessen gesamte Herrschaft dennoch an Max und seine Gemahlin heim.

Bevor jedoch noch dieser Vertrag zwischen dem

Kaiser und Burgund zustande gekommen, war Herzog Sigismund zu Österreich auf Befehl des Kaisers in Verbindung mit den Eidgenossen in die Marken von Burgund eingefallen und belagerte und bedrängte Elikurt [Hériecourt 1474] aufs äußerste. Um

Einzug eines Heeres in eine Stadt
Albrecht Dürer

diesen Ort zu entsetzen, sandte der Burgunder ein nicht geringes Heer ab, aber dieses wurde, als es mit den Eidgenossen ins Gemenge kam, bis zur gänzlichen Niederlage geschlagen [23. November 1474]. Burgund, durch diese neue Schmach aufs äußerste erbittert, rüstete eine so ungeheure Kriegsmacht, wie Deutschland sie nie gesehen hat, gegen die Eidgenossen aus. Denn außer einem zahllosen Fußvolk besaß er eine glänzende, mit Pferden und Waffen zierlichst versehene und geschmückte Reiterei. Ihr folgten eine Menge Belagerungswerkzeuge und Leute mancherlei Art, letztere nicht um des Kampfes, sondern des Gewinnes wegen, indem sie da zu sicherm Siege zu schreiten wähnten, wo ein so großes Kriegsheer nicht nur an allen Bedürfnissen Überfluß hatte, sondern noch von Gold, Silber, Prachtkleidern und allen Genüssen strotzte. Es ging stracks nun Grandson zu, welche Stadt die Eidgenossen während dieser Wirren von der Herzogin zu Savoyen erkauft und mit einer Besatzung von 600 Kriegern verwahrt hatten. Die Stadt ward nun eingeschlossen, von allen Seiten mit Geschütz bedrängt und zu wiederholten Malen bestürmt. Sobald die Eidgenossen die Kunde von dieser Belagerung hatten, waren sie eiligst mit ihrer ganzen Macht nach der Stadt Neuenburg aufgebrochen. Auch Herzog Sigismund von Österreich war mit ihnen und die Reiterei der Stadt Strasburg. Sie konnten aber erst, nachdem die Stadt schon übergeben war, sich sammeln, und dem Feind entgegenziehn. Denn da die drinnen täglich heftig bedrängt wurden und den Angriff der Feinde nicht länger abzuschlagen vermochten, auch die Hoffnung glücklicherer Wendung gänzlich geschwunden war, hatten sie sich auf Gnade und Ungnade ergeben, womit sie vermeinten, ihres Leibes geschirmt zu werden. Aber anders legte der Burgunder die Gnade und Ungnade aus, indem er behauptete, es stünde ihm frei, entweder Gnade angedeihen oder sämtliche hinrichten zu lassen. Wirklich befahl er, sie zum Tode zu führen und alle an Bäume aufzuknüpfen, in der Meinung, auf solche Weise den Eidgenossen Furcht einzujagen. Aber es tat gerade die entgegengesetzte Wirkung; denn jene wurden über diesen Mord an den Ihrigen also erbittert, daß sie in der Folge keinem Feinde das Leben mehr schenkten, da sie doch früher allen Überwundenen es erhalten und niemals sie auf irgendeine Weise mißhandelt hatten. Indessen zogen sie mit ihrer ganzen Streitmacht dem Feind entgegen; der Burgunder aber setzte nach Einnahme der Stadt seinen Zug ebenfalls fort, ohne daß die Eidgenossen Kunde von seiner Ankunft erhalten hätten. Auch schien der Herzog sich nicht sehr um die Eidgenossen zu kümmern und wollte als ein solcher angesehen sein, der sie mehr verachte als fürchte. Kein Teil erfuhr daher von der Annäherung des andern etwas, bis sie sich wechselseitig gegenüberstanden. Im ersten Haufen wehten die drei Banner von Schwyz, Bern und Solothurn allen übrigen voran. Als sie des Feindes wahrgenommen, sandten sie eiligst Boten an die Ihrigen, die noch nicht – es war Morgen – aufgebrochen waren, und mahnten sie zur eiligsten Hilfleistung. Sie selbst aber standen gerüstet, die Feinde zu empfangen; fielen auf die Knie und flehten Gott um seinen Beistand an. Als dies der Burgunder sah, rief er ihnen zu: »Mitnichten soll ihnen Gnade werden, wohl aber alle durch den Strick umkommen!« Er glaubte nämlich, sie flehten um Gnade. Einige aber, dieses Gebrauchs der Eidgenossen wohl kundig, sprachen: »Keineswegs, durchlauchtigster Fürst, kommen diese, um Gnade anzuflehn, wohl aber um tapfer zu streiten; denn auf solche Weise rufen sie immer den göttlichen Beistand an, so oft sie in eine Feldschlacht sich einlassen.« Der Burgunder darauf voll Verwunderung: »Wie? Ein so kleiner Haufe kann es wagen, uns den Streit zu bieten?« Es waren ihm nämlich jene, welche nachfolgten, noch nicht zu Gesicht gekommen. Kaum hatte er jedoch dies gesprochen, als er plötzlich die Eidgenossen haltmachen und in geordneten Reihen auf sich anrücken sah. Er gab den Seinigen das Zeichen zum Angriff und zugleich seinen Geschützmeistern den Befehl, Feuer auf das Pulver zu schütten. Diese vollzogen ihn mit großem Eifer und töteten gar manchen aus den Verbündeten. Die übrigen aber, durch den Verlust der Ihrigen nicht im geringsten in Schrecken gebracht, griffen mannhaft ihren Feind an, welcher ebenfalls mit nicht geringer Herzhaftigkeit stritt. Ein merkwürdig Treffen hub nun an, als die Eidgenossen mit ihrem kleinen Haufen so zahllose Heermassen aushielten und lieber zu sterben als zurückzuweichen beschlossen. Während nun mutvoll hier gekämpft ward, war indessen das ganze Heer der Schweizer herangenaht, glühend vor Schlachtbegier, durchaus geordnet und gegliedert, und stürmte alsbald mit allen seinen Bannern ein. Die Feinde vermochten nicht solch wütendem Andrang zu widerstehen, sondern wichen gleich anfangs etwas zurück; als aber die Eidgenossen immer heftiger zusetzten, begaben sie sich vollends auf die Flucht. Der Herzog kam, indem er die Seinen kräftig zum Kampf vermahnte, selbst in offenbare Gefahr, suchte aber gleichwohl auch jetzt die Flüchtigen, teils durch Bitten, teils durch Schelten, in den Kampf zurückzuzwingen. Es gelang ihm an einigen Orten, die Schlacht herzustellen. Einige Flüchtlinge schlug er strafend mit seinem eignen entblößten Schwert. Umsonst, die größere Furcht siegte über die kleinere, und er sah sich selbst gezwungen, einer der letzten den Seinigen zu folgen, rufend und zürnend, daß er solch schmählicher Flucht Zeuge sein müßte. Die Eidgenossen verfolgten unermüdet, so lange sie konnten, den Sieg; da sie aber keine beträchtliche Reiterei hatten und den Feind zu Fuß nicht erreichen konnten, stunden sie endlich von der Verfolgung ab und kehrten ins feindliche Lager zurück, welches mit jeder Art von Pracht, Reichtümern und Schätzen über jede Beschreibung angefüllt war. Es ward dasselbe geplündert und außer dem Kriegsgeschütz eine solche Menge Gold, Silber, Edelgesteine, Prachtgewänder und Prachtgeräte erbeutet, daß sie urplötzlich aus armen sehr reiche Leute wurden. Es hatte nämlich der Burgunder, was er Kostbares besessen, nicht nur um damit zu glänzen, sondern auch zu prahlen mit sich geschleppt. Eben so pflegten es auch seine Großen zu tun. Wirklich bekam ich, als ich einige Jahre darauf als Knabe mit meinem Vater, der, des Herzogs Albrecht zu Bayern Hofrat, als Gesandter zu den Schweizern gesandt wurde, nach Luzern gekommen war, unter andern Merkwürdigkeiten, die uns der Auszeichnung halber vorgewiesen wurden, auch jenen vielberühmten Diamanten zu Gesicht, welchem der Burgunder den Vorzug vor allen seinen übrigen Schätzen eingeräumt hatte. Wirklich ein bewunderungswertes, höchst seltenes Naturschauspiel. Denn außer der ungetrübten Klarheit seines Glanzes hatte er die Größe einer mittelmäßigen welschen Nuß [Walnuß], mit der er auch viel Ähnlichkeit besaß, und achtzehn Ecken.

Die Eidgenossen, hoch jubelnd über einen so bedeutenden Sieg, eilten der Stadt Grandson zu. Aber hier verwandelte sich ihr Siegerjubel bald in herbe Trauer. Denn die Ihrigen, welche sie noch am Leben wähnten, sahn sie an Bäumen schmählich aufgehangen. Der erblickte seinen Vater, ein anderer seinen Sohn, ein Dritter seinen Bruder, Anverwandten, Freund. Reiche Tränen flossen. Sie bestatteten sie sämtlich zur Erde, und indem sie dieses bittere Unglück mit dem kaum erfochtenen großen Sieg zugleich in die Waage legten, erkannten sie, daß selten in den menschlichen Dingen eine reine, ganz trauerlose Freude beschieden sei. Sie hielten die Ihrigen im Blut der Feinde hinlänglich gesühnt. Diese denkwürdige Schlacht aber ist im Jahr des Herrn 1476 geschlagen worden [2. März 1476].

Der Burgunder konnte auf dieser herben und wider all sein Verhoffen erhaltenen Niederlage keineswegs ruhen, sondern trachtete racheschnaubend Tag und Nacht, wie er an seinen Feinden sich rächen möchte, und zog daher ungeheures Kriegsvolk aus französischen und welschen Landen zusammen; außerdem eine große Menge Geschütz und solches Kriegswerkzeug, welches zu Vergewisserung des Sieges ihm nur immer tauglich schien; auch war es ihm ein leichtes, da er an Macht und Reichtum alle Könige und Fürsten seiner Zeit übertraf. Man erzählt, daß er einem seiner Höflinge, der ihn fragte, warum er so ungeheure Kriegsrüstungen gegen eine Herde Bauern betreibe, aus deren Bezwingung ihm doch kein Ruhm erblühn würde, geantwortet habe: »Du kannst, obwohl ich besiegt worden, ruhig schlafen, ich aber keineswegs!«

Nachdem er so seine gesamte Streitkraft zusammengezogen, eilte er, ohngefähr ein Jahr nach erlittener Niederlage, das Städtchen Murten [22. Juni 1476] zu belagern, begann dasselbe alsobald mit Geschütz zu beschießen und Tag und Nacht unausgesetzt in die Enge zu treiben. Es wurde aber von einer Besatzung der Eidgenossen aufs trefflichste verteidigt. Denn diese waren auf die erste Nachricht von des Herzogs Annäherung in Masse aufgebrochen und hatten in Bern sich gesammelt. Diese Stadt ist zwei Meilen nur von Murten entfernt; sie können aber von einem Fußgänger kaum unter sechs Stunden gemacht werden. Auch Herzog Reinhard von Lothringen, von dem Burgunder aus seinem Land vertrieben und allen Besitztums beraubt, fand sich mit einer kleinen Schar Reiter ein, ebenso stießen einige Ritter Herzog Sigismunds von Österreich hinzu. Als das gesamte Kriegsvolk vereinigt war, beschloß man, dem Feind unverweilt entgegenzugehn, nachdem man einige Kundschafter zuvor ausgeschickt, welche über alles berichten sollten. Sie zogen in aller Frühe während eines heftigen Regens aus Bern und schlugen die Straße nach Murten ein. Indes erregten die Kundschafter, welche vorangeritten, keinen kleinen Tumult; denn sie waren auf die Feinde, welche sorgfäl-

Die drei Soldaten und der Hund
Sebald Beham

tig auf ihren Posten lauerten, gestoßen. Diese aber verachteten aber die Eidgenossen nun keineswegs, um so weniger, als sie bereits ihre plötzliche Ankunft vernahmen. Karl also sandte ohne Verzug eine große Abteilung Reiterei und Fußvolk und eine bedeutende Anzahl Geschütz nach jener Seite hin, auf welcher die Kundschafter erblickt worden waren; er selbst ordnete von einer Warte herab, welche er auf eine Anhöhe hatte aufrichten lassen, alles an. Die Ausspäher kehrten zu den Ihrigen und statteten über das Gesehene Bericht ab. Die Heerführer berieten nun unter sich, was zu tun sei; verschiedene Meinungen fielen. Die des Kriegshandwerks kundig waren, hielten dafür, daß man nicht auf der Stelle öden Streit beginnen würde, weil der Krieger noch vom Regen triefe und ermüdet, auch ein großer Teil, da sie noch nüchtern, vor Hunger mutlos wäre. Zudem sei auch der Boden wegen des Platzregens also schlüpfrig geworden, daß das Kriegsvolk keineswegs fest, sondern nur mit Mühe auf dem Schlamm Stand fassen könne. »Wenn auch dies alles nicht wäre«, so sagten sie, »und Gott uns sichern Sieg verleihen sollte, dürfte doch der Tag nicht mehr hinreichend sein, um mit Nachdruck den flüchtigen Feind verfolgen zu können.« Es wäre also am geratensten, auf dieser Stelle ein Lager zu schlagen, den Krieger sich erholen zu lassen und mit dem folgenden Tag den Feind anzugreifen; denn nicht ohne große Gefahr möchten sie mit so zahllosen Heerscharen heute schon ein Gefecht bestehn. Es ging nämlich das Gerücht, daß über 60 000 Männer im burgundischen Lager sich befänden, während das eidgenössische Heer kaum den dritten Teil faßte und zudem an Reiterei sich ganz und gar nicht gewachsen sah. Der andere Teil aber, der nach einer Schlacht brannte, behauptete: Die Sitte hätten sie von ihren Altvordern geerbt, sobald sie des Feindes ansichtig und ihnen Möglichkeit zum Kampf vorhanden sein würde, sich mit demselben zu schlagen; denn nichts möchte wohl den Widersachern schrecklicher sein als plötzliche Ankunft und rascher Angriff. Zudem dürfe gar nicht gefragt werden: Wie stark der Feind, sondern nur: Wo er gelagert; auch seien die Krieger fürwahr noch nicht so müd, daß sie nicht stracks von dem unmenschlichen Feind, der ihre Brüder durch solch grausamen Tod hingerichtet, Rache nehmen möchten. Sie wünschten vielmehr, ohne Säumen gegen ihn angeführt zu werden, um die so heißgewünschte Rache sättigen zu können; denn diese Leidenschaft des Gemüts pflege auch ganz ermattete Körper zu erstärken. Überdies würde die Hilfe Gottes, der alle Hoffärtigen zu vertilgen und die Einfältigen zu erhöhen liebe, mit ihrer gerechten Sache sein. Sie möchten also keck vorangehn und stracks den Angriff beginnen, weil das Kriegsvolk noch in Mut entbrenne und so heftig an dem Feinde sich zu rächen dürste.

Während die Führer dies unter sich erwogen, rief ein Bannerträger mit lauter Stimme: »Wer gemeiner Eidgenossenschaft Rettung wünscht, folge mir nach!«, schritt mit starken Schritten voran, und alles folgte und ließ die Feldherren hinter sich, welche, nachdem sie dies wahrgenommen, kaum noch bewirken konnten, daß wenigstens die Ordnung der Glieder beibehalten wurde. Sie rückten also aus dem Wald, durch welchen man gehen mußte, hervor und scharten sich in drei Heerhaufen. Den ersten hieß man gewöhnlich den Verlorenen, der zweite mußte es mit dem Geschütz aufnehmen, der dritte mit dem Feinde selbst streiten. Die Pfeilschützen stellten sie, wie bräuchlich, auf dem linken, die Reiter auf dem rechten Flügel auf. Kaum waren sie zu ihren Gliedern rückgekehrt, als die Wolken sich zerteilten und die Sonne also schön zu leuchten begann, als hätte es denselben Tag gar nie geregnet. Es stund aber auch der Feind ihnen im Angesicht, trefflich geordnet und schlagfertig. Die Eidgenossen sanken auch jetzt wie-

Zusammenstoß zweier Heere
Weisskunig

der auf die Knie und stürzten nach Anrufung göttlicher Hilfe mit Löwenmut und geschlossenen Reihen auf den Feind. Dieser aber hielt sich mit großer Anstrengung unbeweglich auf derselben Stelle, bis die Eidgenossen auf einen Büchsenschuß ihm nahe gekommen waren. Jene schossen nun ihre Feuergewehre los und brachten den letztern eine nicht geringe Niederlage dadurch bei, vorzüglich den Pferden, gegen welche sie einen großen Teil des Geschützes richteten. Bald flog nun, wie befohlen worden, der zweite Heerhaufe in schnellem Laufe zu den Büchsen und bemeisterte sich, nachdem er die Leiter des Geschützes niedergemacht, alsobald desselben. Indessen griff die feindliche Reiterei mit verhängtem Zügel wütend den Haupthaufen der Eidgenossen an; der Verlorene stritt mit dem Fußvolk. Ein furchtbarer Kampf begann und ein gräßlich Morden. Als aber die Reiter den dichtgeschlossenen und durch das Vorhalten der Speere gut beschützten Haufen der Eidgenossen auf keine Weise durchbrechen konnten, obwohl sie vergeblich alle Kräfte anstrengten, auch eine ungeheure Menge Menschen und Pferde indes fielen, fingen sie zuerst zu wanken an, hernach sich zurückzuziehn, bald aber wurden sie jeder Scham bar und wandten sich zur förmlichen Flucht. Denn sie sahen, daß auch das Fußvolk vor den Verbündeten gewichen. Der Herzog, welcher dies von seiner Höhe herab gewahr wurde, gebot seinem ganzen Kriegsheer, den Flüchtigen zu Hilfe zu eilen, denn er wußte noch nicht, daß die Eidgenossen mit ihrer ganzen Macht dastünden, aber dies war allzuspät; denn außerdem, daß die Seinigen nirgendmehr standhielten, brachten sie auch noch Verwirrung in die Rotten der zum Beistand Eilenden und rissen daher auch diese mit zur Flucht fort. Sowohl Reiterei als Fußvolk der Eidgenossen setzten diesen gewaltig im Rücken zu, so daß sie nicht einen Augenblick der Ruhe genossen. Von allen Seiten wurden sie daher in die Flucht gejagt; ein Teil zog dem Lager zu; einige aber ließen sich, wo immer die Furcht sie hintrieb, zersprengen; der größte Teil stürzte blindlings in den See, welcher in ziemlicher Größe an das Städtchen stieß, noch andere kletterten auf Bäume, um auf diese Weise ihren Feinden zu entkommen. Der Herzog aber, als er dieses sah und erkannte, daß keine andere Hoffnung zur Rettung mehr übrig, begab sich nun selbst auf die Flucht und wechselte so lange von Zeit zu Zeit die Pferde, bis er in Sicherheit sich sah. Die Eidgenossen verfolgten die Flüchtigen unausgesetzt, und wer von den Reitern niedergeritten ward, wurde von den Fußgängern getötet, so daß es keine Schlacht mehr, sondern nur ein grausam Schlachten gab. Keiner ward, in Erinnerung des früher zugefügten Schmerzes, geschont; Edle und Unedle, sämtlich wurden wie das Vieh ohne Unterschied geschlachtet. Viele nämlich bestiegen Schiffe und töteten jene, so sich den Wellen anvertraut, wie sehr sie auch die Hände emporstreckten und mit Tränen um Mitleid baten, andere schossen die, so Bäume bestiegen hatten, wie Vögel mit ihren Büchsen herunter; noch andere zündeten ganze Häuser an, in welche sich Feinde begeben, so daß man allenthalben Geschrei, Geheul, Bitten und Sterbgeröchel vernahm und die Flucht mehr mordete, denn selbst die Schlacht. Endlich ließen die Schweizer, durch die Hitze des Tages ermüdet und im Feindesblut gesättigt, von seiner Verfolgung ab und kehrten zur Plünderung des Lagers zurück, als plötzlich das Gerücht sich verbreitete, der Graf von Romont nahe mit zahlreichen frischen Kriegsscharen. Dieser hatte nämlich auf einer andern Seite der Stadt sein Lager aufgeschlagen, von wo er sie heftig mit Kanonen beschoß, und zwar so ganz seine Gedanken auf dies eine gerichtet, daß er nicht das geringste indes von der großen Schlacht erfuhr. Als man ihm daher die Flucht seines Herrn schon hinterbracht hatte, fuhr er gleichwohl fort, mit vielen Schüssen die Mauern zu erschüttern; denn es schien ihm unmöglich und ganz unglaublich, daß die Eidgenossen mit einer so ungeheuren Feindesmacht und also plötzlich anbinden würden. Und in der Tat wird jeder, der nur einigermaßen die Umstände beurteilt, finden, daß diese und andere Niederlagen des Burgunders seiner Hoffart und blinden Feindesverachtung hauptsächlich zuzuschreiben sind. Als der Graf nun endlich über den ganzen Hergang sichere Kunde erhalten, zog er eiligst seine Völker zusammen und eilte nicht gegen den Feind, sondern nach einer sichern Stelle, nachdem er sämtliche Kanonen und alles Kriegsgeschütz im Stich gelassen. Die Eidgenossen hatten indes neu in ihre Glieder sich gestellt und erwarteten des Feindes Ankunft. Als sie aber hörten, daß er abziehe, und sie wegen Mattigkeit ihn nicht verfolgen konnten, auch bereits die Nacht hereingebrochen war, strömten sie wieder in das mit allem Reichtum frisch angefüllte Lager zurück, um die bereits begonnene Plünderung desselben zu vollenden. Drei Tage brachten sie damit zu, die Beute zu verteilen und die von Mühseligkeit ermatteten Körper zu erquicken. Fahnen und Kriegsgerätschaften wurden als Anteil der Beute überlassen; das übrige nahm, wie es kam, das gemeine Volk zu sich. In jener Schlacht fielen – nach der Eidgenossen Aussage – über 30 000 Menschen. Ich selbst, als ich

Landsknecht mit Mädchen
Jacob Binck

später einmal die Schlachtstätte besichtigte, sah daselbst so ungeheure Beinhaufen, daß mir die Zahl der Getöteten noch zu gering angegeben schien.* Die Eidgenossen vermißten nicht über 200. Mehr waren der Verwundeten. Diese Schlacht fiel am Gedächtnistag der 10000 Märtyrer vor, im Jahr 1467. Die Eid-

* Diese Überreste von Gebeinen wurden in der Folge in einem eigens errichteten Hause aufgeschichtet und folgende Inschrift darübergesetzt: »Das Kriegsheer Karls, des berühmten und streitbaren Herzogs von Burgund, welches Murten belagerte, von den Eidgenossen aber erschlagen worden ist, hat dies Denkmal von sich hinterlassen. Im Jahre 1467.« Richtig: 1476.

genossen taten, bevor sie zu den Ihrigen heimkehrten, noch einen Einfall in das Gebiet des savoyischen Herzogs, dem sie nach Einnahme und Verbrennung vieler Schlösser auch die Stadt Lausanne eroberten. Als sie auf solche Weise das ganze Gebiet, durch welches sie zogen, ausgeplündert und verwüstet hatten, kehrten sie jubelnd zu den Ihrigen, nicht nur von der Sorge vor einem so gefürchteten Feind für die Zukunft befreit, sondern auch an Geld und vielen andern köstlichen Dingen reich geworden.

Auf diese Niederlage fielen viele vor dem Herzog von Lothringen entrissenen Orte von Burgund ab und kehrten unter die Botmäßigkeit des frühern Herrn wieder, unter diesen Nancy selbst, die Hauptstadt des Landes.[8] Der von Lothringen aber, welcher des Burgunders Geist wohl kannte, begann zu fürchten, daß die ganze Last des Krieges gegen ihn nun sich kehren werde, und hielt deshalb bei den Eidgenossen an, daß sie, falls er von diesem Feinde angefallen werden sollte, Hilfe ihm nicht versagen möchten. Gern ward ihm dies zugesichert [7. Oktober 1476], weil er sowohl wegen seiner vorzüglichen im letzten Kampf erzeigten Dienste ihre besondere Liebe erworben, als auch weil die Eidgenossen es sicherer fanden, einem Nachbarn und noch dazu auf seine Kosten beizuspringen, als in ihren eigenen Marken den Feind zu erwarten und zu bekämpfen.

Der Burgunder hatte mittlerweilen seine Überreste aus der Flucht gesammelt, schloß, ohne nur den Frühling abzuwarten, mitten im Winter Nancy ein und schickte sich an, die Belagerung aus allen Kräften betreiben zu wollen. Aber auch der Fürst von

Lothringen säumte nicht, sondern rief schleunigst die Eidgenossen um Beistand, welchen er dann auch gegen Bezahlung eines Soldes unverzüglich erhielt. Er hatte von Frankreichs König Ludwig XI., da er selbst sehr an Geldnot litt, eine sehr große Summe Goldes als Darlehn empfangen. Denn dieser, welcher die Macht Burgunds, so er erst kürzlich noch erfahren, gewaltig fürchtete, begünstigte heimlich den Lothringer und unterstützte ihn; das gleiche taten auch die von Strasburg und die übrigen Bundesgenossen. Nachdem nun dieser letztere den Schweizern einigen Sold bezahlt hatte, führte er sie ins Lothringische durch Orte, welche schon früher vom Burgunder verwüstet worden, und nach einem Marsch von vier Tagen unter furchtbarer Kälte, unbeschreiblichem Hunger und allgemeiner Ermattung der Krieger schlug er nicht weit vom Städtchen St. Nikolaus ein Lager auf. Eine bedeutende Schar Reiterei stieß hier zu ihnen, nicht nur von den Bundesgenossen, sondern auch vom französischen König entsandt. Sie zögerten keinen Augenblick, sondern ordneten des folgenden Tages ihre Reihen und rückten auf St. Nikolaus los. Dasselbe ward von einer starken Abteilung Burgunder besetzt gehalten. Da es aber, obgleich sonst durch schöne Gebäude geziert, keine Mauern hatte, wurde es im Augenblick und ehe nur recht der Feind die Ankunft des Lothringers erfahren, eingenommen. Hier wurde abermals gegen die Burgunder gewütet, so zwar, daß sie nicht nur wie das Vieh abgeschlachtet, sondern großenteils auch in den vorbeiströmenden Fluß gestürzt wurden. In diesem Städtchen ward Nachtruhe gehalten, wobei aber die Krieger äußerst

Hunger litten, und viele von ihnen, welche den zahlreich daselbst aufgefundenen Honig begierig verschlangen, also mit Blähungen gestraft, daß sie nicht nur heftig krank, sondern selbst eine Beute des Todes wurden.

Der Herzog von Burgund indes betrieb, nachdem er des Lothringers und der Eidgenossen Ankunft erfahren hatte, die Belagerung mit äußerster Anstrengung, indem er sich mit der Hoffnung schmeichelte, Nancy, noch ehe der Feind Hilfe zu bringen imstande sein würde, erobern zu können [5. Januar 1477]. Die ganze Nacht hindurch ließ er also weder vom Sturme noch von dem Kanonenfeuer ab, welches auch von den Eidgenossen deutlich gehört wurde. In der Frühe also, am heiligen Dreikönigstage, eilten die Verbündeten in geschlossenen Reihen dem Feind entgegen, welcher sein Lager hinter Gräben und Geschütz trefflich aufgeworfen hatte, so daß er nicht ohne augenscheinliche Gefahr angegriffen werden konnte. Die Eidgenossen, welchen dies nicht unbewußt war, ließen sich durch Wegkundige auf die Rückseite des Lagers führen. Durch Waldungen, Gebüsche und Gießbäche zwangen sie sich durch, besiegten so mit den größten Mühseligkeiten die Hindernisse der Natur und eilten, schnell wieder in Reih und Glieder gestellt, wegemüd und durchnäßt, denn es war ein tiefer Schnee noch gefallen, dem Feind entgegen.

Der Burgunder, als er die Feinde in seinem Rükken verspürte, hieß alsbald das schwere Geschütz dahin richten, aber eh noch dieser Befehl vollzogen werden konnte, hatte das Treffen schon begonnen, und nachdem auch jetzt die Wolken sich zerteilt hatten, trat plötzlich die Sonne hervor. Von beiden Seiten ward nun mit aller Kräfte Anstrengungen gestritten; allein nach furchtbarem Gemetzel wandte sich der Sieg auf Seite der Eidgenossen. Der Herzog selbst, welcher nicht fliehen wollte oder nimmer fliehen konnte, starb, von Wunden durchbohrt; die übrigen flohen auf verschiedenen Wegen, je nachdem sie Furcht oder Hoffnung zur Rettung trieb. Abermals ward hier ungeheure Beute gemacht, und so erst mit des Herzogs Tod endigten die Burgunderkriege.

Herzog Karl war von mittlerer Leibesgestalt, erhabenem Gemüt, hochgesinnt und über die Maßen freigebig; der Gerechtigkeit, Wahrhaftigkeit und Frommheit hold; guter und tugendbegabter Menschen nicht so fast Freund als Bewunderer, auch nach Kräften sie zu unterstützen bemüht. An Reichtümern glänzte er also hervor, daß er in seinem Kriege je an etwas Mangel litt. Deshalb war auch gegen die Seinigen die Herrschaft milde, die Ordnung in allem bewunderungswert. Wegen diesen seinen Fürtrefflichkeiten ward er von seinen Untertanen nicht nur als ein guter Fürst, sondern als ein milder Vater verehrt, so zwar, daß sie anfangs seinen Tod gar nicht glauben wollten und noch lange Zeit seine Rückkehr erwartet wurde, ob es gleich offenkundig war, daß der Herzog von Lothringen ihn zu Nancy habe prachtvoll beisetzen lassen. Nur seine ungezügelte Ruhm- und Herrschbegierde trieb ihn über die Schranken heraus und stachelte ihn zu seinem Verderben gegen die Eidgenossen und die Bauern, welche er gewöhnlich nur Bettler nannte, nachdem er früher dem Könige

Der Aufstand in St. Gallen 1490.
Das Einrücken der vier Schutzorte des Klosters
in die St. Gallische Landschaft
unbekannter Künstler

Frankreichs Gesetze vorgeschrieben, das Reich selbst bekriegt, das Herzogtum Geldern erobert, die Friesen gebändigt, den Lothringer ausgetrieben und alle Nachbarn zu Vollführung seiner Befehle gezwungen hatte.

Nach Karls Regierung empfing König Ludwig von Frankreich das Herzogtum Burgund von dessen Statthalter, dem Herrn von Albret, welchem er in der Folge das Königreich Navarra abtrat. Ebenso fiel Hennegau und ein großer Teil der Pikardie ab, und wenn nicht Maximilian, Kaiser Friedrichs Sohn, welchem Karls einzige Tochter anvermählt war, solch großen Gefahren noch beizeiten entgegenzutreten sich beeilt hätte, würden auch Flandern, Brabant, nebst Holland und Seeland und allen andern Provinzen unter des Franzosen Herrschaft, unter dem Titel eines Reichslehens, wie dieser vorgab, gekommen sein. Es lagen hierin die Anfänge all jener Zwiste, Bewegungen und Kriege, welche bis auf den heutigen Tag bald Burgunds, bald Frankreichs Nachfolger um das Erbrecht erregten.

Die Schweizer indes genossen vor Kriegsstürmen Ruh; denn keine Macht war so stark, daß sie nach Burgunds Fall es hätte wagen dürfen, dieselben zu reizen. Jedoch sandten sie von Zeit zu Zeit bald Max, bald dem Franzosen auf Verlangen Hilfsvölker, nicht so fast deswegen, weil sie ihre Jugend im Kriegswesen zu üben wünschten, sondern weil sie die beiden fürchteten oder vielmehr haßten und das Wachstum jeder Partei ihnen Verdacht erregte. In der Tat haben auch alle Deutschen die Waffen und Kriegsart, deren sie gegenwärtig sich bedienen, von den Helvetiern erhalten, nachdem sie endlich ihre Schilde abgeworfen, die sie so lange nach aller übrigen Nationen Sitte gebraucht hatten; denn Erfahrung belehrte sie, daß man mit denselben einem Keil – Phalanx – und der Gewalt von Speeren keineswegs widerstehen möge. Es wurden daher noch bis zu meinen Zeiten Saraß [großer Säbel]- Hellebarden- und Schwertträger gewöhnlich Schweizer genannt, wenn sie gleich mitten in Deutschland waren geboren worden, bis endlich aus Haß gegen die Schweizer der Name Landsknecht[9] aufgekommen und berühmt zu werden anfing.

ZWEITES BUCH

Der Schwabenkrieg

VERANLASSUNGEN DES KAMPFES ZWISCHEN DEM SCHWÄBISCHEN BUNDE UND DEN EIDGENOSSEN

In dem ersten Buche hab ich der Schweizer Ursprung und Wachstum kürzlich auseinandergesetzt. Jetzt will ich versuchen, die Veranlassungen und Keime dieses Krieges zu entwickeln. Bevor dies aber geschieht, wird es nicht unzweckdienlich sein, über den Zustand, in welchem damals Deutschland sich befand, ein wenig tiefer einzugehen, damit man leichter entnehmen möge, woher so heftige Bewegungen plötzlich entstanden.

Nachdem Maximilian I., Friedrichs Sohn, die Tochter Burgunds zum Gemahl erhalten und ihr sämtliches Erbe seiner Botmäßigkeit unterworfen hatte, wird er rings von den heftigsten Stürmen bedroht.[10] Da nämlich Frankreich die Macht eines ausländischen Fürsten fürchtete, unterließ es nicht, in heimlichem und offenem Kampf ihn zu befehden, die unterworfenen Völker aufzuwiegeln und alles aufzubieten, um einen so mächtigen Gegner aus dem

Kaiser Maximilian I.
Albrecht Dürer

kaum gewonnenen Besitztum zu verdrängen. Dies zu bewirken war auch nicht so schwer, sowohl von wegen des im Volke ruhenden Hasses und angeborenen Leichtsinns, welche beide einen ausländischen Herrscher ungern sahen, als auch von wegen der Unbilden und Erpressungen einiger Günstlinge Maximilians, welche seinen Namen nicht so fast gefürchtet, als allen Untertanen verhaßt machten. Täglich fielen daher Provinzen und Städte ab, und die Untertanen, von Frankreich aufgereizt und angelockt, empörten sich gegen den Fürsten, bis der französische König nach wechselseitigen Siegen und Niederlagen von offener Fehde abstund und die unterworfenen Völkerschaften der frühern Herrschaft sich wieder schmiegten. Wer diese Bewegungen alle beschreiben wollte, würde ein reichhaltiges Geschichtswerk damit füllen, denn sie gaben mehrere Jahre lang beiden Teilen zu schaffen und haben noch in unseren Tagen ihr Ende nicht erreicht.

Während so Maximilian durch Kriege im Ausland beschäftigt war, hub König Matthias von Ungarn [König Matthias I. Corvinus] an, aus Ursachen, deren Auseinandersetzung hier zu weit führen würde, Kaiser Friedrich gewaltig in die Enge zu treiben, und nahm ihm nebst anderem zahlreichen Besitztum beinahe ganz Österreich mit der Hauptstadt Wien hinweg.[11] Zu gleicher Zeit waren die Herzöge von Bayern, des österreichischen Hauses alte Nebenbuhler, zu bedeutender Macht gelangt; diese achteten nun, durch die günstigen Zeitumstände noch mehr aufgebläht, den Kaiser für nichts und eigneten sich täglich ohne Bedenken gar vieles durch Gewaltstreiche zu. So besetzte Herzog Albrecht Regensburg, welches die Bürger übergaben; Georg aber, der reichste und mächtigste, suchte die benachbarten schwäbischen Städte und Gaue beständig mit Fehden heim und verging sich im Übermut so weit, daß er nicht einmal ihren Abgeordneten Gehör gönnte. Die Städte, aller Hilfen entblößt, gingen nun auf Anraten Friedrichs Bündnisse unter sich ein, an welche sich bald auch die Prälaten und die von Adel anschlossen, und Georg, wenn er von seinen Eingriffen nicht abstände, den Krieg anzukünden beschlossen. Als dieser aber plötzlich solche große Macht gegen sich angewachsen sah, legte er nicht nur seinen angeborenen Hochmut ab, sondern wandte sich von der unerträglichsten Hoffart plötzlich zu kriechender Unterwürfigkeit. Es ward ihm daher alles, was er mit Gewalt an sich gebracht hatte, gleich mit Gewalt wieder entrissen; überdies mußte er noch eine ungeheure Geldsumme zur Sühne entrichten. Aber auch Herzog Albrecht dachte, Regensburg gutwillig wieder zurückstellen zu müssen, denn er war Friedrichs Eidam.

Bald aber verfiel der Schwäbische Bund[12] in denselben Übermut, von welchem soeben die bayerischen Herzöge gelassen, und hielt nichts für unübersteiglich seiner Tapferkeit und Macht. Indessen starb König Matthias; ihm folgte auch Friedrich kurz darauf; und es kam also Max nicht nur allein zur vollen Herrschaft seines Vaters, sondern drang selbst in Ungarn ein und gewann mit gewaffneter Hand die Königskrone. Alsdann kehrte er nach Süddeutschland zurück und übergab seinem Sohne Philipp, der nachmals Spaniens Herrscher ward, die Zügel der Regierung.[13] Von da wandte er sich an seinen Ohm Sigismund, Herzog zu Österreich, und nahm die gesamte Herrschaft dieses Landes nach dessen Verzichtleistung in Besitz.

Die Schildwache bei den Pulverfässern
Sebald Beham

Sigismund war unter allen Fürsten unsrer Zeit der beste, menschenfreundlichste und freigebigste, auch an Macht also bedeutend gewesen, daß er selbst die Venediger zu bekriegen wagte, ihnen mehrere Niederlagen zufügte, und wäre er nicht durch Verräterei seiner eigenen Leute gehindert worden, ohne Zweifel einen glänzenden Sieg erfochten haben würde, aber ihn vermochte, wie es oft in menschlichen Angelegenheiten der Fall ist, weder seine ausgezeichnete Rechtlichkeit noch seine unbegrenzte Großmut und Mildigkeit, noch endlich sein graues Alter vor Gewalttat und verräterischer Ungerechtigkeit zu schützen, indem er selbst wider seinen Willen gezwungen ward, an König Maximilian seine Herrschaft zu überlassen. Bald folgte dieser Unredlichkeit gerechte Strafe auf dem Fuß nach. Denn nicht so fast König Max als seine aufgeblasenen Großen sannen allmählich darauf, unter welchem Vorwand sie die Schweizer bekriegen und für den einst erlittenen Schimpf sich an ihnen rächen möchten. Dies war die vorzüglichste Ursache der bald darauf erfolgten Zwiste.

Sie fingen nämlich an, die von Chur, aus dem Engadin und den Graubünden auf mancherlei Weise zu beeinträchtigen, auch einige Burgen des Bischofs von Chur einzunehmen und allerlei vorzunehmen, was jener Gemüt erbittern konnte. Dennoch entschlossen sich letztere, obgleich sie mit Mühe die erlittenen Kränkungen verschmerzten, zuvor Unterhandlungen und dann erst die Waffen zu versuchen. Nachdem sie diesfalls Gesandte abgeordnet, lenkten sie des Königs Herz zur Güte, also daß sie die Vermittlung des Bischofs zu Konstanz auswirkten, durch den sodann nach Fug und Recht jeder Span und was ihn veranlaßt haben mochte ausgeglichen werden sollte.

Indessen hatte Frankreich, Philipps Jugend verachtend, den Herzog von Geldern gegen ihn aufgehetzt. Es sah sich daher König Maximilian zu schleuniger Hilfeleistung gezwungen, ehe und bevor er irgendeine Schlappe erleide. Vor seiner Abreise aber schärfte er den Seinigen noch nachdrücklich ein, mehr mit Rechtsgründen als Waffen ihre Sache zu verfechten. Allein dieser Vermahnungen uneingedenk oder von darum, daß sie des Königs Sinn heimlich umgestimmt, oder auch weil sie auf eigene Faust recht tüchtig verwüsten wollten, übertraten sie nicht nur alle billigen Rechtsbedingnisse, sondern fügten noch zu den alten Kränkungen neue hinzu und huben frisch an, die Gegner zu erbittern. Als diese nun sahen, daß sie weder Recht noch Billigkeit mehr zu hoffen hätten, gingen sie heimlich mit den Schweizern, welche ebenfalls tagtäglich befehdet wurden, ein Bündnis ein – vorher herrschte gerade nicht das beste Verständnis –, und sie schickten sich nunmehr an, jeden Schimpf mit Gewalt abzutreiben. Die Kaiserlichen [den Kaisertitel nahm Maximilian I. 1508 an] begannen ebenfalls sich zu rüsten, ihr Kriegsvolk zu unterrichten und alle Anstalten für den künftigen Krieg zu treffen. Sie mahnten auch die Mitglieder des Schwäbischen Bundes nach Form des Vertrages auf und hießen sie zu den bevorstehenden Treffen bereit und gerüstet sein; indessen schickten sie einige voraus, welche die Gegner unaufhörlich mit Brand, Mord und Raub heimsuchen mußten. Als diese derlei Unbilden kräftig von sich abwehrten und von beiden Seiten der Zorn sich der Gemüter bemeistert hatte, fing der ordentliche Krieg an aufzulodern und seinen Anfang zu nehmen. Die Schweizer werfen die Schuld an demselben hauptsächlich auf Paul von Lichtenstein und Gossembrot [Georg Gossembrot, ein Schatzmeister Maximilians], einen ehemaligen Kaufmann aus Augsburg. Diese waren nämlich aus niederm Stande emporgekommen und behaupteten, stolz auf Reichtümer und Macht, unter allen königlichen Günstlingen den meisten Einfluß; sie wollten, sagt man, ihre Niedrigkeit durch irgendeine ausgezeichnete Tat zu Ehren bringen.

Beginn des Kampfes der Bündner mit den Kaiserlichen. Waffenstillstand und Bruch desselben. Einfall ins Engadin. Die Schweizer ergreifen die Partei der Bündner.[14] Erste Kriegsvorfälle. Einnahme des Wallgaus. Treffen bei Hard im Bruderholz

Indessen starb der Bischof von Chur; alsobald besetzten die Kaiserlichen einige Schlösser im bischöflichen Gebiet und wollten die Untertanen desselben zwingen, ihre Befehle zu vollziehn. Als diese sich aber weigerten und Gewalt mit Gewalt abzutreiben gedachten, ward die Sache abermals dem Scheidrichterspruch des Bischofs zu Konstanz übergeben, und als dieser nicht lange darauf ebenfalls starb, vor den zu Augsburg gebracht. Aber mit Kränkungen ward inzwischen keineswegs innegehalten. Die Churer und ihre Bundesgenossen merkten nun, daß Billigkeit vergeblich hier gehofft würde. Um aber doch eine so wichtige Sache auf einen Würfel zu setzen, unterhandelten sie nochmals durch Abgeordnete mit den Kaiserlichen: Dann aber, als diese mit Hohn zurückgewiesen wurden, begannen sie sich zu ernstem Kampf zu rüsten.

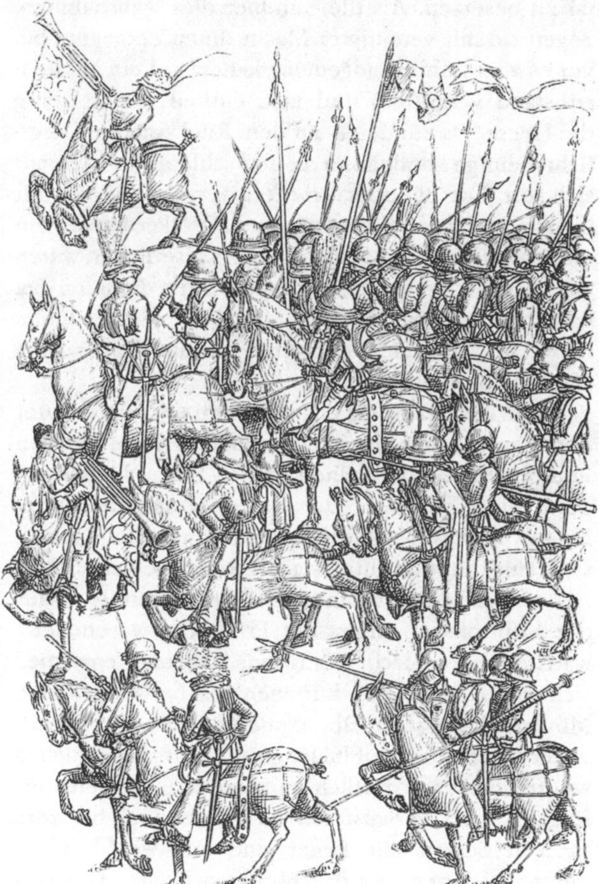

Zug von Reisigen

Die Königlichen suchten mittlerweile das Münstertal zu besetzen. Als die Bündner dies wahrnahmen, zogen sie mit vereinigter Macht ihnen entgegen; bevor es aber zum Handgemeng kam, ward ein Waffenstillstand vermittelt, und man entließ wechselseitig die Heere. Da zündeten auf dem Rückzug die Kaiserlichen einige Landhäuser an und schleppten Vieh mit sich fort. Die Bündner, erbittert, vergalten ihnen mit Gleichem. Jetzt rief man eiligst die Völker wieder ein und rüstete sich zur Schlacht. Die Kaiserlichen waren an Streitmacht und Kerntruppen ihren Feinden bei weitem überlegen; aber die Bündner wichen ihnen nicht, ob sie gleich nur einen zusammengerafften Haufen Landleute bildeten.

Ihrem Heer zog ein Mann voran von ungeheurer Leibesgestalt, mit einem sehr langen Panzer angetan und beschirmt durch einen breiten Helm: Dieser forderte die Heerführer der Feinde zum Zweikampf heraus. Alsobald trat wirklich einer aus den Reihen, stritt mit ihm und durchstach ihn mit seinem Speer. Als er ihn eben ausplündern wollte, erkannte er aus der Kopftonsur, daß es ein Priester gewesen. Jetzt ward mit aller Macht gestritten; aber bald entschied sich der Kampf. Die Bündner, als bei weitem die Minderzahl, wurden überwunden und nach Verlust vieler Leute in die Flucht gejagt. Die Kaiserlichen wußten den Sieg trefflich zu benutzen; sie fielen ins Engadin und verwüsteten das ganze Tal bis zum Flecken Samez mit Feuer und Schwert. Von da durchplünderten und durchsengten sie das Münstertal, bekamen und schleppten die Äbtissin gefangen hinweg. Damit nicht zufrieden, nahmen sie das Städtchen Mayenfeld ein; auch Fürdenberg ergab sich ihnen.

Die Bündner, als sie einem so mächtigen Feind keineswegs sich gewachsen sahen, riefen nun ohne Säumen der Schweizer Hilfe an. Diese zögerten keinen Augenblick, sondern zogen Kriegsvolk zusammen und flogen ihren Verbündeten zu Hilfe, indem sie's für sichrer hielten, Bundesgenossen Beistand zu bringen, als ohne sie einen sicher bevorstehenden Krieg führen zu müssen. Bevor sie aber ausrückten, machten sie nach altem Brauch Kriegsgesetze, welche beschworen und bei Todesstrafe beobachtet werden mußten. Ihr Hauptinhalt war ungefähr folgender:

»Die Feldhauptleute sollen nach Treu und Gewissen handeln. Die Krieger sorgfältig ihrem Befehl sich fügen; ohne Geheiß die Reihen nicht verlassen; von jedem Tumult und Aufruhr sich enthalten; während des Kampfes so viel möglich Schweigen beobachten; in keinem Fall die Flucht ergreifen; jeden fliehenden Eidgenoß töten; nach Bezwingung des Feindes nicht ohne Geheiß und ehe der Sieg vollständig erfochten worden, hinter die Beute sich machen; ohne Befehl in keine Wohnung Feuer werfen; die auf dem Posten weder bei Tag noch bei Nacht die Waffen von sich legen; sich der Verwüstung von Mühlen, Beraubung der Priester, Mißhandlung der Frauen, Jungfrauen und Pfaffen gänzlich enthalten; während des Gefechtes keinen Gefangenen zu machen, sondern jeden Feind töten. Wer dagegen handeln würde, dessen Leben sollte verwirkt sein.«

Überdies ward nebst mehrerem andern noch aufgetragen, daß jeder nach altem Brauch so viel Hafermehl, als ihm für 14 Tage zur Speise hinreichte, und ebenso ein Paar neuer Stiefel mit sich nehmen sollte, damit sie, wenn es auch andrer Lebensmittel ihnen gebrechen sollte, wenigstens einen halben Monat hindurch durch diese Nahrung auf Feindesboden gedeckt sein würden.

Bevor wir aber weiterschreiten, wird es vielleicht der Mühe nicht unwert sein mitzuteilen, über welche Lande damals die Bündner und Schweizer geherrscht. Denn nur so läßt sich begreifen, mit welchen Kräften sie die Last eines so furchtbaren Krieges auszuhalten imstande waren. Die Churer, Graubündner und Engadiner hatten jene Gegenden Rhätiens inne, welche sich vom Adulaberg und den Quellen des Rheins bis nach Italien erstrecken. Die Schweizer besaßen einen noch viel größeren Landstrich, indem sie von Osten durch den Adulaberg und den Rheinstrom vom übrigen Deutschland getrennt – gen Westen aber bis zu den Lingonen, die wir jetzt Burgunder nennen, sich ausdehnten. Gegen Mittag [nach Süden] hatten sie nicht nur allein die an den Jura stoßenden Alpen besetzt, sondern waren auch über dieselben hinausgegangen und hatten viele Gegenden der Trikastiner und Allobrogen oder des heutigen Savoyens in Besitz genommen; das Gebiet von Basel bildete die Ostgrenze, so nämlich, daß alles, was zwischen den Quellen des Rheins und Basel liegt, den Schweizern gehorchte – mit Ausnahme der Stadt Konstanz und der vier kleinen Städte Waldshut, Laufenburg, Seckingen und Rheinfelden, so man die vier Wald- oder Rheinstädte nennt. Diese waren österreichisches Gebiet. Gestützt auf Macht, rüsteten die Schweizer sich zum Krieg. Ebenso die Kaiserlichen; sie beriefen nämlich die Schwaben, ihre Bundesgenossen, ein, und zogen ihr Kriegsvolk zusammen. Die Schweizer rückten mit vereinigten Truppen gegen die Kaiserlichen an, welche ihr Lager in einem gebirgigen und engen Orte, Lützelstein genannt, ohnweit dem Städtchen Mayenfeld aufgeschlagen hatten, und von da aus Übergänge über den Rhein wagend, alles mit Feuer und Schwert heimsuchten. Als aber die Schweizer sich näherten und letztere so zahlreichem Volk sich ungewachsen fühlten, zogen sie sich zurück. Die Schweizer rückten vorwärts, brachten die Stadt Mayenfeld wieder in ihre Gewalt, wobei zugleich der Freiherr von Brandis, in dessen Gebiet das Städtchen lag, gefangen wurde. Von da setzten sie ihren Marsch weiter fort, unterwarfen sich die ganze Landschaft Vallgau bis zum Arlberg und zwangen die Landleute daselbst, nach ihrem Willen zu tun, wobei sie zugleich keine geringe Summe Geldes von ihnen erhoben. Nach diesem Vorfall wandten sie sich aufs neue gegen die Kaiserlichen, welche ihre ganze Heermacht in dem Städtchen Bregenz gesammelt hatten, um die Schweizer in weitern Fortschritten zu hindern. Sobald daher das Gerücht erscholl, die Schweizer seien im Anzug, griffen die Kaiserlichen zu den Waffen und baten ihre Führer, sie zum Streit zu führen. Diese aber, in der Meinung, man dürfe sich nicht übereilen, hießen noch zuvor Ausspäher entsenden, welche die feindlichen Truppen beaugenscheinigen und den Hauptleuten sichere Kunde bringen sollten, welch starke Macht die Schweizer ihnen darböten.

Fähnrich, Trommler und Pfeifer
Sebald Beham

Jetzt traf sich der Zufall, daß ein ungeheurer Nebel sich erhob und alles einhüllte, also daß die Kundschafter nichts Sicheres hinterbringen konnten. Die Soldaten aber, der langen Zögerung überdrüssig, drängten mit großem Geschrei auf das Zeichen zur Schlacht und drohten, falls man nicht bald sie gegen den Feind führe, heimzugehn. Durch diesen Ungestüm der Krieger gezwungen, führten die Hauptleute, wiewohl ungern, dieselben aus dem Lager und stellten sie in Schlachtordnung auf. Nachdem dies geschehen, zog man dem Feind entgegen, welcher gleichfalls unter dem tiefsten Schweigen herannahte. Schon waren die kaiserlichen Reiter auf schweizerische gestoßen, welche in geringer Anzahl dem Heerhaufen der Ihren vorangezogen; sie trieben dieselben bald in Flucht. Als die aber jetzt an das Fußvolk gerieten, gewahrten sie in der Nähe, daß die feindliche Heeresmacht wohl aus mehr denn 20000 Kriegern bestehe. Alsobald sprengten sie zurück und meldeten ihren Hauptleuten, daß eine ungeheure Anzahl Feinde sich zeige, denen sie nicht gewachsen seien; denn obgleich sie an Reiterei überlegen, konnten sie mit dem Fußvolk dennoch auf keinen Fall sich messen. Den Hauptleuten schien nun geratener, die Truppen zurückzuführen, als hier in ein Treffen sich einzulassen. Sie befahlen daher, daß die Soldaten, ohne die Reihen zu ändern, außer daß der Nachtrab nun die Vorhut bildete, nach Kriegerweise den Rückzug, aber nur allmählich antreten sollten. Dieser Befehl ward aber ganz anders aufgenommen. Denn die kaum noch so streitglühenden Krieger wurden dadurch aufs äußerste bestürzt, weil sie dies für ein Zeichen zur Flucht ansahen. Indessen waren die Schweizer nähergekommen und hatten bereits auf die Vorhut, wo die Reiterei sich nicht besonders wehrte, einen Angriff getan. Bald ward die Flucht allgemein; Feiglinge und Tapfere mußten zugleich fliehn, alle schlugen den Weg gen Bregenz ein. In der Nähe befand sich ein sehr großer Sumpf, in welchen der See bei Sommerhitze, wenn der Alpenschnee geschmolzen, ablief; damals war er nicht mit Wasser, wohl aber bis oben mit Schlamm angefüllt. Die, welche die Flucht verschlagen, versuchten über denselben den

Übergang, weil hier der Weg in gerader Richtung nach Bregenz führte, aber der Graben war so breit und der Morast so tief, daß keiner ihn durchwaten konnte. Die zuerst Hineintretenden wurden von den Folgenden zerquetscht und endlich nach furchtbarem Kampfe von dem Unflat verschlungen, bis endlich der Sumpf, mit Leichen gänzlich angefüllt, den späteren einen Übergang sicherte. Obgleich nun die Flüchtigen offenbar ihr Verderben vor sich sahen, so stürzten sie doch, um dem von hinten drohenden Tode zu entweichen, sich in den augenscheinlichen Untergang. Die der Gegend Kundigen entgingen durch einen kleinen Umweg der Gefahr, in diesem Morast zu versinken. Unablässig aber setzten die Schweizer von hinten zu und hieben je die letzten nieder. Nur die Reiterei, welche sie von der Stadt aus fürchteten, hielt sie zurück, daß sie nicht die Reihen lösten und tollkühn den Feind noch weiter verfolgten. Außer jenen also, die der Sumpf verschlang, fielen wenige während des Nachsetzens; die übrigen gelangten wohlerhalten nach Bregenz. Von der Furcht vor dem Feinde entledigt, huben sie Aufruhr gegen die Führer an und schrieben denselben, um ihre eigene Schuld auf ein fremdes Haupt zu laden, die empfangene Schlappe zu. Jene sahen sich genötigt, der Verwegenheit ihrer Soldaten auf einen Augenblick zu weichen, bis die Hitze der Gemüter sich in etwas abgekühlt haben würde. In der Tat schrieben sich, wenn man bei hellerm Licht die Sache betrachtet, nicht nur diese, sondern auch alle folgende Niederlagen von der Frechheit der Krieger sowohl als der zu großen Verachtung [Unterschätzung] des

Feindes her, da die Schweizer einzig nach ihrer Vorschrift handelten und die pünktlichste Kriegszucht beobachteten, die Schwäbischen und Kaiserlichen hingegen immer ihrer eigenen Kraft zuviel vertrauten. Besonders standen die von Ulm in bösem Leumund, als seien sie im Schreien die Tapfersten, beim Handgemeng aber immer die Zaghaftesten gewesen. Solches ist gewiß, daß durch diesen Unfall der Schwaben Mut so sehr gebrochen wurde, daß sie in der Folge kaum des Feindes Anblick ertragen konnten, wenn es auch gar nicht zum Gefecht gekommen war. Die Zahl der Ertrunkenen war übrigens lange nicht so bedeutend, denn es wurden nicht über 400 vermißt, obgleich einige diese Angabe noch mindern, andere vergrößern wollen. Der Schreck aber, der nun einmal die Gemüter der Krieger befallen, mochte nicht so leicht wieder ausgetilgt werden.[15]

Die Schweizer, welche dem Feind noch nicht die Stirn zu bieten sich wagten, traten während dieser Zeit ihren Rückzug an, richteten ringsum große Verheerungen an oder brandschatzten die Dörfer. Hierauf gingen sie wieder über den Rhein zurück und legten allenthalben in haltbare Orte Besatzungen, um dem Feinde den Übergang leichter zu wehren; die Kaiserlichen aber und die vom Schwäbischen Bund setzten nach Auflösung des Schweizerischen Heeres dennoch über den Rhein, hieben, um für den erlittenen Schimpf sich zu rächen, die Besatzungen nieder, hausten auch ihrerseits mit Feuer und Schwert und fügten besonders dem Freiherrn von Sax großen Schaden zu. Als sie aber aus den aufsteigenden Rauchsäulen, durch welche die Schweizer von den

Ihrigen Hilfe zu begehren pflegen, das Wiederherannahen der Feinde erkannten, begaben sie sich mit der gemachten überaus großen Beute in Sicherheit und beunruhigten, indem sie bald da, bald dort Übergänge über den Rhein wagten, die Gegner. Nun geschah es eines Tages, daß die Schweizer in geordneten Reihen durch die Furten des Rheinstroms, deren er, bevor er in den Bregenzer See sich ergießt, zur Winterszeit und vor dem Schmelz des Alpenschnees an mehreren Stellen hat, setzen wollten. Kaum hatten die vordersten Reihen das Ufer betreten, als plötzlich das Geschrei ertönte, die Feinde seien im Anzug. Es hatten nämlich die Reiter auf der Warte die Annäherung der Schweizer erkundet und kamen, um das Nähere zu erfahren, herangeritten. Da befahlen die Anführer dem Zuge, haltzumachen, um zu erwarten, was der Feind im Schilde führe. Jeder hielt auf der Stelle, die ihm der Zufall beschieden, stille, in geschlossenen Gliedern, so daß die, welche bereits an das Land gestiegen, dort, die aber, welche noch im Flusse standen, daselbst verharrten, ungeachtet das Wasser vielen bis an Kinn oder Schulter reichte. Es war nämlich indes der Rhein von Eiswasser angeschwollen, und die Krieger mußten die ungeheuren Eisklötze mit ihren Lanzen durch die Zwischenräume der Glieder ableiten und weiterstoßen. Zwei Stunden mußten sie so ausharren, bis berichtet ward, es sei keine Hinterlist zu befürchten. Man hielt es nämlich für schmachvoll, ohne einen Feind gesehen zu haben wieder abzuziehen, anderseits hingegen für unbesonnen, ohne ihn ausgekundet zu haben vorzuschreiten. Also streng hielten sie hier, wie bei allen

Reiter und Landsknecht
Albrecht Dürer

übrigen Anlässen auf genaue Mannszucht. Und dies gereicht ihnen auch zu nicht geringem Ruhm und Frommen zugleich; denn es gab einige, welchen vor grimmiger Kälte die Füße, andere, denen bei der strengen Nachtwache die Hände abfroren. Manche hauchten sogar ihr Leben aus, weil sie's für unrühmlich und schmachvoll hielten, die Reihen zu verlassen.

Doch um auf den Hergang des ganzen zurückzukommen: Während dies um die Alpen und den Rhein herum vorfiel, verbanden sich die Breisgauer und Sundgauer mit ihren Nachbarn, brachten ein Kriegsvolk zusammen, fielen ins Gebiet der Schweizer ein und fügten ihnen eine bedeutende Niederlage zu. Die Schweizer, hiervon benachrichtigt, zogen in aller Schnelle soviel Volk als sie konnten zusammen und erwarteten ohnweit Basel ihre Feinde, welche trotzig und mit einem sehr starken Heere angerückt kamen. Die Eidgenossen, als sie diese Übermacht erkannten, denn sie selbst waren kaum 2000 Mann stark, suchten jedoch mit festgeschlossenen Rotten sich zurückzuziehn, dies sahen die Kaiserlichen, und weil ihrer mehr denn 6000 waren, setzten sie jenen mit großem Ungestüme nach. Der Schweizer Anführer, sobald er dies sah, befahl den Seinigen, auf einen nahegelegenen Hügel zu fliehn, so jedoch, daß sie Arm an Arm auf keine Weise die Glieder lösten. Die Schweizer gehorchten augenblicklich und erstiegen in einem Anlauf den Hügel; alsbald trennten die Kaiserlichen mit großem Lärm ihre Reihen und verfolgten sie hinauf. Der schweizerische Feldherr, wie er die Kaiserlichen tollkühn nachsetzen, die Seinigen aber schon auf der Spitze des Hügels sah, rief er ihnen mit gewaltiger Stimme zu, sie sollten sich umwenden und die Feinde angreifen, ohne die Schlachtordnung zu trennen, nur daß die letzten zuerst herabstürzten. Die Schweizer, nachdem sie ihrem Gebrauche nach unter tiefem Schweigen des Führers Mahnung vernommen, gehorchten ihr augenblicklich, kehrten in gedrängten Gliedern plötzlich um und boten herzhaft den Kaiserlichen die Spitze. Diese machten auf den ersten Anblick nun halt, und suchten sich wieder zu scharen, aber vergebens. Schon waren die Schweizer da, und sie, die Festgegliederten, griffen die Zerstreuten an, gestatteten ihnen keine Zeit mehr zur Vereinigung, sondern drängten sie, die vereinzelt ihrer Masse gegenüberstunden, so heftig, daß alle in die Flucht geschlagen wurden; und also war auch hier der Krieger Zuchtlosigkeit die Ursache einer empfindlichen Niederlage. Das Gemetzel selbst ward nicht so groß; denn die Schweizer getrauten sich nicht, die Reihen zu lösen, aus Furcht, der Sieg möchte ihnen wieder aus Händen gewunden werden.*

* Die soeben beschriebene Schlacht ist die beim Bruderholz – Anmerkung des Übersetzers.

Bündnis der Eidgenossen mit Frankreich. Überfall bei Ermatingen. Vorfälle bei Konstanz. Zweiter Zug ins Hegau. Unternehmungen gegen die Wallgauer. Schlacht bei Frastenz

Inzwischen hatte Frankreich, nachdem es den Kaiser in den Krieg mit Geldern verwickelt, ein Bündnis mit den Schweizern geschlossen und ihnen, auf daß sie standhaft ausharren möchten, Hilfsvölker und Geld verheißen, auch zugleich eine bedeutende Anzahl Kanonen, von den Welschen ihres Knalles wegen Bombardes geheißen, nebst Geschützmeistern und Schießpulver zugesandt. Denn schon damals führte der König im Schilde, was in der Folge an Tag kam.

Aber Pfalzgraf Philipp am Rhein und die von Strasburg und Basel trachteten, den Streit zu sühnen und Frieden zu vermitteln. Von beiden Seiten jedoch erhielten sie verweigernde Antwort. Die Eidgenossen nämlich, welche sich im Vorteil fühlten, gaben keiner billigen Forderung Gehör; die Kaiserlichen aber, auf ihre Streitkräfte sich steifend, verwarfen ebenfalls einen schimpflichen Frieden und rüsteten sich mehr denn je zum Kriege. Man zog daher zahlreiches Kriegsvolk sowohl zu Fuß als zu Roß zusammen. Konstanz wurde zum Sammelplatz bestimmt; denn von hier aus wollten sie den Thurgau befehden und verwüsten.

Sie rückten auch wirklich von dieser Stadt mit einem bedeutenden Heer aus und besetzten zuerst den Flecken Ermatingen, woselbst die Schweizer eine Besatzung gelassen. Nachdem sie dieselbe teils niedergemacht, teils in die Flucht gejagt hatten, zündeten sie den Ort an und äscherten ihn ein. Von da setzten sie ihren Marsch weiter fort und verheerten und zerstörten alles weit und breit in der Runde. Die dem Mord entronnenen Schweizer flüchteten zu der

Marsch von Soldaten
Sebald Beham

nächsten Wache, welche bei einem Gehölz, Schwaderloh genannt, noch auf ihrem Posten stand, und baten dieselbe, vorzüglich die Luzerner, um Beistand; es hatten diese außer vielen Leuten auch zwei Feldschlangen eingebüßt. Letztere mahnten nun ihre Miteidgenossen zu Tilgung der erlittenen Schmach und zum gemeinschaftlichen Angriff des Feindes für Wiedergewinn der verlornen Feldschlangen auf. Allein jene, welche ihre Minderzahl und Schwäche zu sehr einsahen, als daß sie es mit einem zahlreichen Feind hätten aufnehmen dürfen, enthielten sich dermal noch des Angriffs, riefen durch einige Rauchsäulen noch mehr Volk zur Hilfe herbei und beobachteten die Bewegungen des Feindes. Dieser verachtete der Schweizer geringe Zahl und lebte und benahm sich, ohne seine Reihen beisammenzuhalten, überhaupt so ganz frei und unbesorgt, als wenn gar kein Feind in der Nähe wäre. Während er aber auf diese Weise allzu unvorsichtig umherschweifte, hatten die Nächstgelegenen, durch das Feuerzeichen aufgeweckt, ihren Brüdern ungesäumt Zuzug gesandt und in kurzer Zeit die Schar derselben also verstärkt, daß beinahe an 1500 Mann dastunden. Sie waren zwar anfangs nicht sehr geneigt, schon jetzt ihr Glück zu versuchen, indem sie den Feind nicht nur durch eine trefflich gerüstete Reiterei, sondern auch durch ein äußerst starkes Fußvolk unterstützt erblickten, also zwar, daß mehr denn 10000 Mann ihm zu Gebot stunden. Als sie aber dieselben rings zerstreut umherstreifen und die Reiter nicht einmal ihre Wachposten hüten sahen, so faßten sie solche Zuversicht zu ihrer Sache, daß sie einen Streich hier wohl ausführbar dachten. Sie verteilten daher ihre Haufen, schickten ohngefähr 500 Mann voraus, um die Engpässe, durch welche die Kaiserlichen sich zurückziehen mußten, zu besetzen; der übrige Heerhaufe durchstrich unter tiefstem Stillschweigen die Fußwege des Waldes und suchte eine taugliche Stelle, auf welcher man den Feind angreifen oder, falls der Streich mißlänge, sicher den Rückzug nehmen konnte. Die Kaiserlichen, obgleich sie der Feinde Zahl allmählich wachsen sahen, verachteten dennoch ihre Mannschaft noch immer so sehr, daß sie die Ihrigen nicht einmal vom Plündern zurückriefen oder auch nur in geschlossenen Zügen vorrückten. Die Reiter ließen sich von der gleichen Unvorsichtigkeit wie das Fußvolk verleiten, schwärmten überall um zu rauben herum, plünderten und sengten allenthalben, ob es gleich nicht an Leuten gebrach, welchen diese Zuchtlosigkeit der Soldaten äußerst mißfiel. Vergebens aber warnten sie, daß man dem gegenwärtigen Feind gar nicht so verächtlich begegnen müsse.

Indessen hatten die Schweizer, welche noch immer in der Stille ihnen nachgefolgt waren, einen schicklichen Kampfplatz ausgefunden und fielen plötzlich mit großem Geschrei über die Nachhut her, schlugen und hieben sie nieder. Ein furchtbarer Tumult entstand; das Fußvolk rief die Reiterei um Hilfe; diese aber vermahnte jenes, schnell sich zu ordnen, und hieß die Geschützmeister schleunigst aus den Feldschlangen feuern. Allein diese letztern hatten die Stücke also mit Beute beladen und beschwert, daß sie ihnen für den Augenblick beinahe ganz unbrauchbar waren. Zugleich hatten die Kaiserlichen eine Menge Wagen mit sich geschleppt, im Wahn, sie zögen mehr zur Beute als zur Schlacht aus. Sobald nun die Wagenführer den Lärm hörten, flohen sie zuerst. Die Schweizer drangen unaufhaltbar in die Feinde ein und gestatteten ihnen keinen Raum mehr zur Wiederherstellung ihrer Glieder. Da folgten jene dem Beispiel der Wagenführer und suchten ihr Heil in den Füßen. Nun wandten bei diesem Anblick auch die Reiter sich zur förmlichen Flucht, und alle schlugen zugleich den Weg nach Konstanz ein.

Als sie aber an die Engpässe gekommen waren und dieselben verrammelt fanden, entfiel ihnen beinahe aller Mut. Ein furchtbares Gemetzel hub an, da von vorn und hinten die Schweizer zusetzten und die Wagen noch zu allem Überfluß alle Auswege versperrten.

Die Kaiserlichen glaubten, der Feind sei mit seiner ganzen Streitmacht da; keiner blickte zurück, bis sie Konstanz erreicht hatten. Aber auch da stund die Flucht noch nicht still, denn viele stürzten sich, von panischem Schrecken ergriffen, in den See, der die Stadt umfließt. Hätten die Schweizer ihr Verfolgen fortgesetzt, so würden sie ein noch größeres Blutbad angerichtet haben, so sehr hatte alle Gemüter Zagheit ergriffen. Allein sie mißtrauten ihrer geringen Zahl, und aus Furcht, auch sie möchten durch Unvorsichtigkeit eine Schlappe empfangen und den bereits gewonnenen Sieg wieder verscherzen, ließen sie bald von der Verfolgung ab, hauptsächlich ihres gänzlichen Mangels an Reiterei willen. Sie kehrten daher zurück, um zu plündern, und erhielten nicht nur das Verlorne wieder, sondern eine Menge Feldschlangen dazu. So, mit einer Last von Schätzen beladen, kehrten sie auf die gewöhnlichen Posten zurück.

Von den Kaiserlichen wurden nach dieser Niederlage an 2000 Mann vermißt, während die Schweizer kaum den einen und den andern Mann verloren und großen Ruhm von wegen des herrlich bestandenen Straußes eingeerntet hatten [Schlacht bei Schwaderloh am 11. April].

Die Kaiserlichen und die Schwäbischen gingen nach diesem erlittenen Schlage den Kaiser in einer Menge von Briefen an, daß er selbst heraneilen und die gesamte Reichshilfe aufbieten möchte, um der frechen Gewalt der Schweizer kräftigen Widerstand entgegenzubieten, und sie zeigten anbei, daß ohne seine persönliche Gegenwart nichts vollführt werden könnte. Der Kaiser, obgleich tief in den Geldrischen Krieg verwickelt, verglich denselben unter so leidlichen Bedingungen als möglich und führte sein Heer ohne Verweilen nach Oberdeutschland, während er zugleich sämtliche Fürsten und Städte des Reichs zur Herbeischaffung von Hilfsvölkern aufforderte, damit der Eidgenossen Starrsinn gebrochen würde. Allein obgleich jene diesem Mandat Folge zu leisten sich genötigt sahen, so schickten sie doch äußerst langsam und unwillig und auch lange nicht so viele Zuzüge als geboten worden war; denn sie wußten gar wohl, daß dieser Krieg keineswegs durch die Not, sondern bloß durch den Übermut des Herzens und die Anmaßungen des Adels veranlaßt worden sei.

Allein die Schwäbischen wurden äußerst ungeduldig über diese Zögerung, und da sie sich selbst durch Taten nicht zu rächen getrauten oder vielmehr nicht vermochten, so warfen sie nach ihrer gewöhnlichen Weise die Schuld auf die übrigen Reichsuntertanen, gleichsam als wenn diese die Ursache gewesen wären, daß die Schweizer nicht gebührendermaßen gezüchtigt worden.

Inzwischen geschahen wechselseitig verschiedene Ausfälle, da bald die Schweizer die Fluten des Rheins durchschwammen, bald die Kaiserlichen auf Schiffen über den Bregenzer See setzten und somit täglich nicht geringer Schaden, Brand und Plünderung ebenso erlitten als zugefügt wurde; von beiden Teilen kam dabei eine bedeutende Menge von Kriegern um. Denn kein Pardon wurde gegeben, sondern alles ohne Unterschied, was in Feindes Hand fiel, gleich auf der Stelle umgebracht.

Die Grafen von Sulz waren Bürger zu Zürich und besaßen eine kleine Stadt, Thiengen genannt. Dieser bemächtigten sich die Kaiserlichen, entweder daß die Grafen selbst sie übergaben, wie die Schweizer argwöhnten, oder wenigstens gegen die Besetzung derselben sich nicht wehrten; darauf versahen sie das Städtlein mit einer sehr großen Besatzung sowohl an Fußvolk als Reiterei und setzten als Hauptmann derselben einen sichern Edeln, Dietherich von Blumeneck, der Schweizer alten persönlichen Erbfeind, welcher auch bereits ihnen vielfachen Schaden zugefügt, hin.

Die Schweizer glaubten, eine Sache von dieser Wichtigkeit nicht gleichgültig behandeln zu dürfen, umgaben schleunigst das Städtchen mit ihrer gesamten Truppenmacht und belagerten und beschossen es heftig. Allein besagter Diether, dem noch vor wenigen Tagen so große Prahlerei vorausgegangen, ließ nun plötzlich beim Anblick des Feindes den Mut so sehr sinken, daß er zum Verräter an der Besatzung selbst wurde, heimlich mit dem Feind unterhandelte und mit jenen, die er gerettet wünschte, in dunkler Nacht aus der Stadt gelassen, sich aus dem Staube machte. Die übrigen, als sie vom Anführer sich verraten sahen, unterhandelten nun auch um freien, si-

Kriegslager vor einer Stadt
unbekannter Künstler

chern Abzug. Die Schweizer rückten sofort ein, beraubten die Reiter ihrer Waffen und Kriegsröcke und entließen sie dann. Nur die Vornehmsten schleppten sie, nach dem Bericht der Kaiserlichen ganz gegen allen Vertrag, mit sich fort; das Städtchen selbst wurde angezündet und geschleift. So übergab sich nun eine Besatzung von 1000 Reitern und 2 Fähnlein Fußvolk auf die schändlichste Weise, und obschon sie sich männlich hätte verteidigen können, denn die Schweizer pflegten nicht leicht eine Stadt einzunehmen, so wollte sie dennoch lieber schimpfbedeckt dem Feinde weichen als auch nur ein Fünkchen von Kriegsmut an den Tag geben.

Nach Eroberung und Zerstörung dieses Städtchens rasteten die Eidgenossen keineswegs, sondern benutzten den günstigen Zeitraum und fielen in Masse aus, um die Wallgäuer, welche abgefallen waren, wieder zum Gehorsam zu zwingen. Die Wallgäuer, welche ihre Absicht bemerkt, verschanzten das Tal, durch welches allein der Durchzug geschehen konnte, mit Wall und Graben auf das trefflichste und riefen nicht nur all die Ihrigen, sondern auch sämtliche Nachbarn zum Beistand auf. Überdies erschien eine vorzüglich gerüstete Reiterei von 400 Pferden im nahgelegenen Städtlein Feldkirch; all diese harrten voll Streitessehnsucht der Eidgenössischen. Dieselben rückten ohne Zaudern gegen die Wallgäuer an. Als sie aber den Eingang so wohl verschanzt und durch eine Besatzung gehütet trafen, teilten sie ihre Truppen und griffen mit der einen Hälfte die Verschanzungen an, mit der andern zwangen sie sich auf Fußpfaden über die Berge und Schluchten durch.

Doch die in den Verschanzungen Aufgestellten hielten kraftvoll den Andrang der Feinde auf und verteidigten die Stelle auf das tapferste, so daß es den Schweizern unmöglich ward durchzubrechen; die aber auf der andern Seite durch die Engpässe sich durchgeschlichen, hatten glücklich den Kulm erstritten und fingen an, auf demselben sich in Schlachtordnung aufzustellen. Inzwischen waren auch die früher beschriebenen Reiter eingetroffen und nach und nach das Volk zu Fuß auf beiläufig 6000 Mann angewachsen, alle trefflich bewaffnet und voll Mut und Kampfbegier. Als diese zuerst der feindlichen Schlachtordnung ansichtig geworden, machten sie sich unverweilt zum Angriff derselben bereit. Allein ihren Ungestüm hielt die breite und tiefe Ill, welche wie ein Waldstrom von den Bergen herab sich ergießt und kaum den Reitern der Heftigkeit ihrer Strömung wegen übersetzbar war, auf. Dennoch fingen die Fußgänger vor allzu großer Kampflust an durchzuschwimmen, ohngeachtet die Anführer ihnen zuriefen und sie flehentlich baten, nicht so willkürlich auf den Feind einzustürzen, dessen Stärke man noch nicht kenne, sondern vorerst diesseits des Flusses ruhig abzuwarten, bis alles gehörig ausgekundet und berichtet worden sei. Allein jene schrien, daß man den Brüdern, so die Schanzen verteidigten, Beistand bringen müsse, die, wie man aus dem heftigen Kanonendonner schließen könne, hart bedrängt würden. Sie setzten daher nicht ohne große Lebensgefahr über den reißenden Fluß, stellten schnell sich in Ordnung und erwarteten die Herabkunft der Feinde von dem Hügel, wo dieselben sich gelagert hatten.

Die Reiter befehligte ein Edler, genannt Ritter Burkard von Knöring, ein Greis, doch im Kriegshandwerk sehr erfahren; dieser, als er den Ungestüm der Krieger nicht mehr zu bändigen vermochte, dabei aber offenbar Gefahr sah, ließ ohngefähr 100 Reiter über den Fluß setzen, mit dem strengen Befehl jedoch, sich mit dem Feinde in kein Handgemeng einzulassen, sondern bloß sie aufzuhalten, damit sie nicht weiter sich ausbreiteten; denn er sah das Kommende mit sicherm Blick voraus. Die übrige Reiterei stellte er in Schwadronen am Ufer des Flusses auf.

Unbeweglich und ruhig, aber in voller Schlachtordnung standen die Schweizer und nahmen vom Kulm herab die törichte Zuversicht ihrer Feinde wahr. Um nun ihre Verwegenheit noch mehr zu steigern, stellten sie sich von Furcht ergriffen, verhehlten soviel sie konnten, die Anzahl ihrer Truppen und zogen sie so eng zusammen, daß sie kaum 10000 Mann stark schienen, während sie doch mehr als das Doppelte davon betrugen. Die Kaiserlichen also, nachdem sie eine Weile gewartet, bis der Feind in die Ebene* heruntersteigen würde, ihn aber noch immer unbeweglich und auf sicherer Stelle sich haltend erblickten, wurden des langen Wartens überdrüssig, drangen vor, begannen den Hügel hinabzusteigen und fielen mit ungemeiner Kühnheit und einem nicht mindern Kraftnachdruck die Reihen der Feinde an, welche durch die Zahl ihrer Krieger und die Begünstigung des Terrains geschützt, gleichfalls mutvoll sie empfin-

* Bei Frastenz, von dem die Schlacht ihren Namen hat – Anmerkung des Übersetzers.

gen. Ein hitziges und hartnäckiges Treffen entwikkelte sich nun auf beiden Seiten, und ein ungeheures Blutbad wurde angerichtet; vom Büchsendonner und Drommettenklang widerhallte rings die Gegend.

Unter den Schweizern befand sich ein Mann von ungemeiner Kühnheit und ebenso großer Erfahrung im Kriegswesen, genannt Heinrich Wolleb. Dieser trug keinen Augenblick Bedenken, sein Leben für das Vaterland hinzuopfern; denn er ergriff eine Hellebarde, kroch damit von der Seite unter die Spieße der Feinde und hob ihrer eine Anzahl so lange auf und hinderte somit den Gebrauch derselben, bis er, von vielen Wunden durchbohrt und seiner Kräfte beraubt, zu Boden sank und sein Leben aushauchte. Von dieser Seite vorzüglich ward nun der Kaiserlichen Schlachtordnung zum Wanken gebracht.

Die Reiter sahen indes dem Kampf ruhig zu, nicht nur weil sie des Anführers Befehl nicht übertreten wollten, sondern auch weil sie's für höchst gefahrvoll hielten, den Hügel hinaufzusprengen und auf einer so ungünstigen Stelle zu streiten. Nur ein Mann aus ihnen, Ilsing genannt, der allgemein geachtet und sehr beherzt war, hielt es für schändlich, daß die Reiter so ruhig dem Fußtreffen zusehen könnten, spornte sein Roß, sprengte gegen den Feind und vermahnte die übrigen ein Gleiches zu tun. Er rief umsonst. Niemand folgte ihm, außer einem Diener, der, als er sah, in welche Gefahr sein Herr sich stürze, ihm zuschrie, von seinem Vorhaben abzustehn. Da wandte sich jener auf dies Rufen, und als er von den andern allen sich verlassen sah, ritt er eiligst zurück. Aber ein Stein aus einer Feldschlange schmetterte sein Roß plötzlich also nieder, daß es im Falle seinen Herrn unter sich brachte und er sich nicht hervorzuwinden vermochte. Da sah dies der Diener, sprang vom Pferde und entriß seinen Herrn nach großer Anstrengung der Gefahr.

Es war sein Glück, daß die Feinde ihre Schlachtordnung nicht verlassen durften; diese hielten's auch für rühmlicher, gehorsam den Befehl zu verharren, als noch so viele Ritter zu töten. Es geschah jedoch, daß auch der Diener, obgleich er sein Pferd verloren, mit entwischte, indem er einem andern Ritter, den er ohnfern davon erblickte, zurief, er möchte doch halten, und bewaffnet wie er war, in einem Sprunge hinter ihn auf das Roß sich setzte und auf diese Weise glücklich und unter vielen Lobeserhebungen zu den Seinigen zurückkam.

Die Schlacht währte noch immer; es ward mit aller Kräfte Anstrengungen gestritten, und es wichen die Kaiserlichen nicht, bis der letzte Mann von denen, die im Vordertreffen standen, gefallen war. Als die übrigen dies gewahr wurden und nicht nur allein von vorne bedrängt, sondern allmählich auch von den Seiten überflügelt wurden, mußten sie einen Augenblick sich zurückziehen. Sobald die Schweizer dies bemerkten, verstärkten sie ihren Angriff. Diesen konnten die Kaiserlichen in die Länge nicht mehr aushalten und wandten sich daher zur Flucht; doch ward sie mehr von den letzten als den ersten Reihen veranlaßt. Sie rannten spornstreichs dem Flusse zu; doch wurden sie, indem sie unvorsichtig sich hineinließen, von den Wirbeln hinweggerissen und verschlungen, so daß eine nicht mindere Zahl im Wasser ihren Tod fand als selbst im Streitgewühl umgekommen war. Die Eidgenössischen, dies gewahrend, verließen nun ihren Hügel, und indem sie ihrem Vordertreffen freiere Bewegungen verstatteten, ließen sie durch die vordersten Reihen die Flüchtigen verfolgen; sie selbst hielten fortwährend die übrigen Glieder geschlossen. Da begaben auch die Reiter bei diesem Anblick sich notgedrungen auf die Flucht. Sie setzten daher über den Strom zurück und schlossen sich dem übriggebliebenen Heerhaufen an.

Die Verfolger jedoch, damit nicht zufrieden, daß sie den Feind über den Fluß zurückgeschlagen, trachteten nun Arm an Arm geschlossen, um von den Wasserwirbeln nicht verschlungen zu werden, gleichfalls den Strom zu übersetzen. Bereits hatten sie das jenseitige Ufer erreicht, als ihre Hauptleute durch einen Herold sie zurückriefen, denn sie fürchteten, daß die Reiterei sie überflügeln möchte. Dem Befehl gehorsam, warfen sie sich augenblicklich den Strudeln abermals entgegen und kamen glücklich bei den Ihrigen an. Nun kehrten auch die Reiter, sobald sie dies wahrgenommen, in aller Stille nach Feldkirch. Dies war der Ausgang eines so töricht unternommenen Wagnisses. Die Zahl der Gebliebenen übrigens kann hier nicht genau ausgemittelt werden, da nicht weniger in den reißenden Wellen als während des Streites in der Schlacht ihr Grab gefunden. So viel ist gewiß, daß des Heeres Blüte hier unter dem Schwerte sank. Es traf auch dies Los nicht nur Krieger, sondern meist die Vornehmsten dieser Gegend, welche mancher Vortrefflichkeit wegen wohl wert gewesen wären, nach einem verständigern Plane gehandelt zu haben.

Dritter Zug ins Hegau. Schlacht auf der Malserhaide

Die Eidgenossen, nachdem sie die Nachricht von des Kaisers naher Ankunft erfahren, rückten nicht mehr weiter vor, sondern zwangen die Einwohner dieser Landschaft bloß zu einer sehr starken Geldsumme, nahmen Geiseln und zogen ab. Nun herrschte schon lange, wie zwischen Grenznachbarn meistens der Fall, ein Haß unter den Hegäuern und Schweizern; er ward verstärkt durch tägliche Plackereien und Beschimpfungen. Jetzt ertrugen die Schweizer dies nicht länger, sondern fielen mit gesamter Macht in jene Landschaft* ein und huben an, sie mit Feuer und Schwert zu verwüsten. Die Hegäuer, welche kurz zuvor den größten Trotz in Worten gezeigt, dachten so wenig daran, dem Feind entgegenzuziehen, daß sie aus Furcht selbst ihre festesten Burgen räumten und all ihre Habe dem Feind zur Beute überließen. Nun schalteten und walteten die Schweizer nach Belieben im ganzen Lande; was ihnen in die Hände fiel, ging in Flammen auf. Sie gelangten zum Besitz mehrerer ganz unbezwinglicher Burgen, welche, wenn sie verteidigt worden wären, durch keine Macht der Erde hätten erstürmt werden mögen. Aber die Edlen dieser Zeit waren damals nur kühn, wenn sie Straßenraub vollführen oder wegelagern konnten, nicht aber, wenn ein gewaffneter Feind ihnen gegenüberstand. Sie trieben dieses von ihren Vätern hinter-

* Klettgau – Anmerkung des Übersetzers.

Erstürmung einer brennenden Stadt
Hans Burgkmair

lassene Gewerbe nach Kräften fort und glaubten ihre Tapferkeit und ihren Adel nicht wenig dadurch zu beurkunden, wenn sie den Dieben gleich vom Raub und Elend anderer lebten. Viel schlecht gewonnenes Gut ging hier auf gleiche Weise wieder verloren. Bloß in der einzigen Feste Hoburg fand man an die 10 000 Goldgulden, welche der Herr derselben aus den geraubten Gütern vieler Menschen gesammelt. Denn wo immer etwas gestohlen wurde, trug mans nach dem Hegäu, als der Freistätte aller Diebe und Straßenräuber.

Jetzt rückten die Schweizer weiter, vor das Städtchen Stockach, weil es die Übergabe verweigert, belagerten es mit Feldschlangen und fingen an, die Mauern gewaltig zu erschüttern. Aber mit nicht geringerer Entschlossenheit ward es von der eingelegten Besatzung verteidigt. Zugleich wurden die Eidgenössischen vom Schloß Nellenburg aus, welches auf einem die Stadt überragenden Hügel lag, unaufhörlich mit Feldschlangen beschossen. Als sie nun hier ihre Anstrengungen fruchtlos sahen, denn wie oben schon bemerkt worden, verstehn sie sich auf Städtebelagerung keineswegs, wollten sie lieber hier ihre Leute schonen, sammelten daher ihr Gepäck und beschleunigten den Abzug. Sie hörten nämlich überdies, daß die Kaiserlichen mit einem großen Kriegsheer in der Nähe wären, welches jene von allen Seiten her nach der benachbarten Stadt Überlingen in der Hoffnung zusammengetrieben hatten, den Feind einmal, was sie schon oftmals gehofft, auf freiem Feld erreichen zu können, was jener aus Mangel an aller Reiterei sehr vermied.

Bevor sie jedoch mit ihrem Nachtrab sich hatten vereinigen können, kamen ihnen an 1500 kaiserliche Reiter, mit Pferd und Waffen äußerst gut versehen, über den Hals. Die Schweizer, im Anblick der drohenden Gefahr, wählten 1000 der Ihrigen, welche die Reiter so lange aufhalten mußten, bis der übrige Heerhaufe, mit Gepäck und manch unnützem Volk beschwert, die Ebene zurückgelegt und das Städtchen Stein erreicht hatte. Dieser Zug hatte so ziemlich das Ansehen einer Flucht. Denn jeder eilte und suchte aus Furcht vor den Reitern der erste zu sein, und in der Tat, wenn die Reiterei mit Umgehung jener Tausend einen Angriff auf die übrigen getan hätte, würde sie keine kleine Niederlage unter ihnen angerichtet haben. Jetzt aber, da sie nur die Nachhut verfolgten, ließen sie die trefflichste Gelegenheit, einen Streich auszuführen, aus den Händen. Aber auch diese letztern getrauten sie sich nicht, herzhaft anzugreifen, sondern setzten ihnen nur dadurch zu, daß sie unablässig die hintersten Reihen verfolgten, welche, der großen Gefahr wohl bewußt, in der sie schwebten, in festgeschlossenen Gliedern weiterzogen. Um aber den Ihrigen einen sichern Ausweg zu verschaffen, waren sie alle entschlossen, einen ehrenvollen Tod fürs Vaterland nicht auszuschlagen.

Schon war man bereits bis zu einem großen Dorfe gekommen, das kurz zuvor in Flammen aufgegangen; hier glaubten die Reiter, würde der Feind haltmachen, sich zur Gegenwehr rüsten und keinen weitern Marsch versuchen. Sie hofften aber, denselben mit Hilfe des noch nicht angekommenen Fußvolkes ganz bequem und ohne viele Gefahr für sie aufreiben zu können. Aber sie täuschten sich gewaltig in ihrer Meinung. Denn die Schweizer zogen geradenwegs durch das Dorf und verfolgten die Spur ihrer Landsleute. Da riefen von allen Seiten die Ritter aus: »Es gereiche zur ewigen Schmach, wenn auch jetzt auf ebenem Felde ein so schwacher Feind ihnen entrinnen würde; man müsse daher etwas wagen, damit nicht solch herrliche Gelegenheit, einen Streich auszuführen, vorbeischlüpfe.« Dieser Aufruf bewog die Anführer, sämtliche Reiterei aufzustellen und mit allen Kräften den Angriff zu wagen.

An diesem Tage bildeten die Fränkischen das Vorder-, die Schwaben aber das Hintertreffen. Denn sie pflegten Tag für Tag zu wechseln. Damit aber die Schwaben sich nicht für übergangen wähnen möchten, wurde ihnen das erste Treffen unter den Pfeilschützen anvertraut. Die Eidgenössischen, als sie die Reiter aufgestellt und zum Angriff fertig erblickten, machten nun plötzlich auch eine Wendung und schickten sich an, mit vorgestreckten Speeren die Reiter aufzunehmen. Die Pfeilschützen, angeführt von einem schwäbischen Edeln, von Rechberg genannt, griffen jene mannlich an und streckten durch ihre Armbrust viele zu Boden. Die fränkischen Lanzenreiter aber, statt die feindlichen Scharen anzufallen, wichen ihnen gänzlich aus, trieben ihre Pferde seitwärts und zogen sich auf die vorige Stelle zurück. Ihnen folgten auch die schwäbischen Speerreiter, die gleichfalls keinen Angriff sich getrauten.

Als nun die Pfeilschützen zu Pferde das feige Benehmen der Lanzenreiter wahrnahmen, stunden auch sie von fernerm Angriff ab; denn sie waren unaufhörlich dem Feuer der Feldschlangen ausgesetzt. Da eilte der schwäbische Feldhauptmann hinzu, überhäufte die Franken mit vielen bittern Schimpfworten, nannte sie Lettfeigen und solche, die unwürdig wären, Reiterdienst zu tun. Die gemeinsame Schmach hatte seine besondere Gefahr noch verstärkt, denn er hatte am Arm durch einen Büchsenschuß eine bedeutende Wunde empfangen. Aber weder Scham noch Scheltworte konnten die Furcht der Franken besiegen; sie hörten lieber unbewegt die härtesten Vorwürfe an, als daß sie in die vorgehaltenen Feindeslanzen rannten. Hauptsächlich erwarb sich ihr Anführer, dessen Namen ich, wiewohl er mir gut bekannt ist,

Fechten mit dem beidhändigen Schwert aus einer Handschrift

aus Schonung hier verschweigen will, einen bösen Leumund.

Die Schweizer, als sie die Feinde von jeder Verfolgung abstehen sahen, eilten nun auch mit starken Schritten den Ihrigen zu, welche bereits die Ebene zurückgelegt und ihr Gepäck vorausgeschickt hatten. Mit großem Jubel wurden sie empfangen, indem sie schon als dem Tod verfallen aufgegeben worden und niemand geglaubt hatte, sie je wiederzusehen.

Auch die Reiter wandten sich nun und traten den Rückzug an, während, wie's zu geschehen pflegt, einer die Schuld auf den andern schob. Denn die Schwaben maßen den Fränkischen diesen großen Schimpf zu; die Franken aber hinwiederum klagten die Schwäbischen an, daß sie ohne ihre Beihilfe nicht einmal einen Angriff auf den Feind gewagt, ohngeachtet ihre Zahl so groß gewesen, daß sie auch ohne die Franken den Sieg gar wohl hätten erfechten mögen, insbesondere, da sie täglich um die Ehre des ersten Angriffs sich gezankt hätten. Auf solche Weise verhaderten sie unter wechselseitigen Schmähungen die Zeit untereinander, und war doch ein Teil vermögend, von dem Vorwurf der Furcht und der empfangenen Schmach sich reinzuwaschen.

Mittlerweile langte der Kaiser an, und die Reichsfürsten und Städte wurden abermals um schleunigen Zuzug gemahnt. Sie säumten keineswegs, sondern erschienen teils in Person, teils sandten sie gutgerüstetes Kriegsvolk. Der Kaiser, begierig, von den frühern Vorfällen genaue Kunde zu erhalten, forderte über alles Rechenschaft und entschied nach angestellter Untersuchung, daß nicht so fast durch der Soldaten Vermessenheit und Ungehorsam, als durch Unklugheit und Feigheit der Anführer so viele Unglücksfälle bisher erlitten worden. Damit daher in Zukunft mit mehr Umsicht zu Werk gegangen würde, befestigte er sämtliche den Schweizern offenstehenden Orte mit starken Besatzungen, legte Vorrat hinein und befahl allenthalben fleißigere Aufstellung von Wachten und Lagerposten. Er selbst verlegte die von Zeit zu Zeit ankommenden Truppen in nah gelegene Orte, bis er mit vereinigter Streitmacht aus allen Kräften den Angriff auf die Feinde unternehmen könnte.

Bei dieser Gelegenheit wurde ich von dem Nürnbergischen Freistaat an die Feldhauptmannstelle gewählt, mit 400 Mann Fußvolk, einem aus 60 Mann bestehenden Reitergeschwader, sechs Feldschlangen und einem größern Stück Geschütz, endlich acht Wagen voll Schießpulver, Gezelten und sonstigen Kriegsbedürfnissen zum Kaiser geschickt.[17] Unter andern Edlen ward mir ein Ritter, Namens Hans von Beyrstorf [Hans von Weichsdorf], ein im Kriegswesen äußerst erfahrner Mann, sowie einige andere Obristen und Hauptleute, alle in Waffen trefflich geübt, beigegeben. Von Nürnberg trat ich daher meinen Marsch geradenwegs zum Kaiser an, welcher damals am Bodensee verweilte, und führte meinen Kriegshaufen nicht ohne große Gefahr und Merkmale von Abneigung der Einwohner durch Schwabenland. Denn die Nürnberger hatten nicht so fast mit den Schwäbischen als mit den Herzögen von Bayern Verbündnis gemacht, zu großem Verdruß der erstern. Zudem schmerzte sie's, nachdem sie von den Ihrigen eine große Anzahl Leute verloren und eine schwere Menge Geld eingebüßt, die Nürnbergischen Völker frisch und gesund und jetzt erst in den Streit ziehen zu sehen. Die Nördlinger und Ulmer und alle andern, durch deren Grenzen wir ziehen mußten, sahen daher unsern Durchzug mit scheelen Augen an.

Der Kaiser aber, als er von meiner Annäherung Kunde erhalten, sandte mir welche entgegen und befahl mir, nach dem Städtlein Tettnang am Bodensee, im Gebiet der Grafen von Montfort, zu ziehen. Dort hielt er sich auf. Ich gehorchte ohne Säumen und langte daselbst an. Der Kaiser aber, der über meine Scharen selbst Heerschau halten wollte, setzte sich alsogleich zu Pferd und besichtigte sie sehr genau, nicht ohne herzliche Freude, wie ich aus der Heiterkeit seines Antlitzes wahrnehmen mochte. Fußgänger und Reiter waren mit roten Mänteln und ebenso auch die Wagen behangen. Außerdem waren sie mit Waffen tüchtig versehen und in denselben geübt, alles gediente Krieger, aus großer Menge erlesen, dem Kaiser selbst mehrenteils nicht unbekannt, indem sie vor vielen Jahren schon tapfer unter ihm gefochten. Dies gilt hauptsächlich von den Obristen und Hauptleuten, die der Kaiser aufs allerhuldreichste empfing. Das einzige, was ihnen ihre Ehrenfeinde vorwerfen konnten, war ihre geringe Zahl, während die von Ulm einen ums Doppelte größern Zuzug gesandt. Allein sie bedachten nicht, daß ein ganz verschiedenes Interesse die Schwäbischen und die Nürnberger hier bewegte und jene ohne Not den Schweizern Krieg angekündigt, diese aber bloß aus Gehorsam gegen den Kaiser wider die Eidgenossen ausgezogen.

Dieser störte sich wenig an diesem Wortgezänk und gestund frei und offen, er wolle lieber nur so viel Veteranen als noch einmal so viele Neulinge haben. Unter den vielen Gemütstrefflichkeiten [Charakterzügen] dieses Kaisers war diese keine der mindesten, daß er nicht leicht Verleumdern Gehör gab, sondern standhaft an deren Unschuld glaubte, deren Schuld nicht offenkundig vor ihm lag. Und in der Tat würde auch die Nürnberger des Kaisers Unhuld bald getroffen haben, wäre er nicht nach diesen preiswerten Grundsätzen zu Werk gegangen; denn allenthalben wurden Ränke gegen sie gesponnen und alle unglücklichen Ereignisse und alle Vorfälle, welche scheinbar irgendeinen Makel aufbrennen konnten, auf des Nürnbergischen Feldhauptmanns Rechnung geschoben, so zwar, daß man ihn selbst eines geheimen Bündnisses mit den Schweizern und eines ihnen geleisteten Beistandes beschuldigte.[18] Der einzige Grund von dem allem lag in einem Haß, in der Verkehrtheit ihres Herzens und in dem Umstand, daß manche die eigene Schuld mit fremder Schuldlosigkeit verschleiern wollten.

Der Kaiser sandte mir den Befehl, nach dem Städtchen Lindau und bald darauf nach Feldkirch zu rükken; er selbst folgte uns bald; denn er hatte die Nachricht erhalten, daß die Graubündner, Churer und Engadiner beschlossen hätten, mit einem großen Teil ihrer Streitmacht in diese Landschaft einzufallen. Er glaubte aus allen Kräften dies verhindern zu müssen und entbot daher von allen Seiten Kriegsvolk nach Feldkirch, um nach Besatzung der Gebirge dem Feinde den Einfall unmöglich zu machen; zugleich mußten, um seine Heerkraft zu vereinzeln, die Sund- und Breisgauer einen Einfall in des Feindesland unternehmen. Sie zögerten nicht, sondern überzogen mit vereinigten Massen die Gegend von Dorneck [Dornach].

Als die Eidgenössischen dies vernommen, eilten sie alsbald ihnen nach, ordneten sich zur Schlacht und stunden streitgerüstet, falls jemand Lust zum

Angriff bezeigte. Die Kaiserlichen sahen dies nicht sobald, als sie mehr an Flucht, denn an ein Treffen dachten. Sie zerstreuten sich schändlich und kehrten mit Schimpf über und über bedeckt zu den Ihrigen wieder. Die Schweizer verfolgten sie nicht weiter, weil sie der Reiterei nicht trauten, sondern traten, nachdem sie einige Landgüter verwüstet, ebenfalls den Rückmarsch an.

Während der Kaiser noch mit dem Zusammenzug seiner Völker beschäftigt war, brachen die Engadiner früher als man sie erwartet hatte durch das Münstertal und drangen in die sogenannte Malserhaide vor.

Es ist dies eine sehr breite, von mehreren Bergen umschlossene Ebene, fruchtbar und anmutig, mit vielen Städtchen, Dörfern und Landhäusern bevölkert; auf ihrer Höhe entspringt der Etschstrom, welcher von da mit großem Rauschen in das welsche Land herabströmt. Die Kaiserlichen, um dem Feind das weitere Vordringen zu wehren, hatten das Münstertal, das den einzigen Durchgang bot, mit Wall und Graben gar wohl verschanzt und überdies eine starke Besatzung als Beobachtungsrotte hineingelegt. Sobald aber des Feindes Nähe gemeldet ward, strömte von allen Seiten Volk in Masse herbei.

Inzwischen waren die Feinde ziemlich zahlreich* angelangt und huben an, mit großer Hitze die Verschanzungen zu stürmen. Aber sie wurden von der weit größern Zahl zurückgeworfen, so daß sie mehr als einmal zur Flucht sich wenden mußten. Jetzt trieben jedoch ihre Anführer von vorn und hinten nicht

---

* Bei Taufers – Anmerkung des Übersetzers.

nur mit Worten und Mahnungen, sondern selbst mit Schlägen und Schimpfworten in den Streit sie zurück. Lang währte derselbe: Eine Menge Feinde stürzte, durch das Geschütz der Feldschlangen erreicht, vom Wall herunter. Als sie aber sahen, daß Durchbrechen hier unmöglich, stiegen sie nicht so fast, sondern stürzten in Rotten zerteilt durch ungebahnte Pfade und von Gebirgsabhängen wild sich herab, fielen die Kaiserlichen im Rücken an und richteten unter dem Nachtrab ein bedeutendes Blutbad an. Die Reiter, obgleich sie dies mit ansahen, brachten dennoch den Ihrigen keine Hilfe, sondern blieben, wiewohl an Zahl weit überlegen, unbeweglich und ruhige Zuschauer ihrer Bedrängnis.

Da nun die Kaiserlichen in ihrem Rücken und von vorn solch heftigen Andrang erlitten, sahen sie sich gezwungen, zuerst ihre Verschanzungen zu verlassen, hernach, in dem Treffen besiegt, die Flucht zu ergreifen. Hätten ihnen die Reiter noch beizeiten Beistand gebracht, so würden sie die Feinde entweder gänzlich geschlagen oder wenigstens vom Durchgang abgehalten haben. Nun aber mochten sie, aller Hilfe von seite der Ihrigen entblößt, länger nicht widerstehen. Auch dies jagte ihnen Schreck ein, daß die Feinde in ein Kühhorn bliesen. Denn getäuscht durch diesen Schall, glaubten sie, die von Uri nebst allen übrigen Eidgenossen seien jetzt angekommen. Diese aber pflegten durch jenen Ton den Mut der Ihrigen zur Schlacht anzufeuern.

Die Reiter, als sie die Flucht ihrer Landsleute bemerkten, getrauten sich nicht, die Feinde auf der Ebene anzugreifen oder weiteres Vorrücken zu wehren, sondern gaben ihren Pferden den Sporn und flohen auf die schändlichste Weise. Die Feinde hingegen setzten ihren Zug auf der Ebene fort, brannten das Städtchen Glurns, Mals und sämtliche Landhäuser bis zur Letzi aus und plünderten und hausten solchergestalt, daß nicht geringer Schreck über die Anwohner der Etsch kam. Als sie aber von des Kaisers Nähe berichtet worden, unterstunden sie sich nicht, weiter vorzudringen, sondern zogen sich eiligst zu den Ihrigen zurück, nachdem sie zuvor in zwei ungeheuern Gräbern die Leichname ihrer Gefallenen bestatteten. Die Kaiserlichen ließen sie unter freiem Himmel unbegraben liegen [etwa tausend Erschlagene], gleichwohl war ihr Verlust um ein bedeutendes größer gewesen.

Als der Kaiser [in Landeck] diese Niederlage erfuhr, wurde er von tiefstem Unwillen dahingerissen; vor allem aber empörte ihn des Anführers [Ulrich von Habsberg] und der Reiter Feigheit. Nachdem jener aber bald hierauf selbst anlangte, suchte er die Schuld durch viele Worte und die Behauptung von sich abzulehnen, es wäre keineswegs rätlich gewesen, mitten in diesen Bergschluchten einem so mutigen Feind gegenüber die Reiterei zu entwickeln. Der Beistand mächtiger Freunde, so damals viel an des Kaisers Hofe galten, scheint des letztern Zorn etwas beschwichtigt zu haben. Aber der Heerführer kehrte nie wieder, im Bewußtsein des großen Schimpfes, in sein Vaterland zurück, indem er, nicht mit Unrecht, den Zorn derjenigen fürchtete, deren Verwandte er nicht nur auf die Schlachtbank geführt, sondern überdies schmählich im Stich gelassen hatte. Auch war zu dem allem noch ein leiser Verdacht von Verräterei rege gemacht worden. Denn seine Landsleute hielten dafür, daß, wenn auch dem Fußvolk von wegen des ungünstigen Schlachtplans nicht leicht hätte geholfen werden mögen, der Anführer wenigstens ohne Mühe auf offenem Feld den Verfolgungen des Feindes hätte Einhalt tun und dessen ungezügelte Wut im Plündern und Verheeren beschränken können.

Verunglückter Einfall des Kaisers in Bünden

Inzwischen war der Kaiser mit einem großen Heer* angelangt, und nachdem er auf freiem Feld ein Lager aufgeschlagen, beriet er sich, wie man den empfangenen Schimpf tilgen könne. Zweierlei Meinungen fielen; den einen schien es unmöglich, über so hohe, mit Besatzungen dermaßen verschanzte Gebirge in Feindesland zu fallen. Die andern zeigten einen wiewohl längern Weg, auf welchem dieser Einfall möglich sei. Der Kaiser pflichtete letzterer Ansicht bei. Denn er hatte wider die Engadiner tiefen Grimm erfaßt, nicht nur weil sie des Krieges Veranlassung und Anstifter, sondern auch weil sie den Herzog von Österreich allezeit zuwider gewesen und sie ihm nachdrücklicher Züchtigung würdig schienen. Er wählte daher aus dem gesamten Heere 15 000 Mann Fußvolk sich heraus, denn die Reiter waren zwischen den steilen Ber-

* Bei Feldkirch – Anmerkung des Übersetzers.

gen von wenig Nutzen. Diesem Heer befahl er, auf verborgenen Pfaden und langen Krumm- und Querwegen nach dem Tale Engadin zu ziehn, nachdem er ihnen zuvor erfahrne Wegweiser mitgegeben hatte.

Weil aber in diesen Gebirgsgegenden sich eines zahlreichen Heeres wegen gar bald Mangel an Lebensbedürfnissen einriß und die meisten Leute schon mehrere Tage lang ohne Brot ausharren mußten, so schickte man sich zugleich an, über den Braglio [Wormser Joch – 2512 m] in das dem Herzog von Mailand unterworfene Veltlin zu ziehn, um daselbst für die durchziehenden Truppen Nahrung sich zu verschaffen. Dies aber geschah auf einem andern Weg.

Der Kaiser berief hierzu mich und gab mir den Befehl, 200 Mann Fußvolk nach dem Fuße des Braglio* abzuschicken und dort seiner Ankunft zu harren. Mir blieb unbekannt, zu welchem Zwecke er diese Mannschaft hatte gebrauchen wollen. Gleichwohl gehorchte ich und entsandte einen Obristen an der Spitze dieser Anzahl Fußgänger nach dem bezeichneten Ort; bald folgte ich selbst mit meinem Reitergeschwader. Der Zufall wollte, daß wir auf unserm Marsche durch ein großes, jetzt aber ausgebranntes Dorf kamen, an dessen Ende wir zwei alte Weiber erblickten, welche einen Zug von wohl 40 Knaben und Mädchen nicht anders als eine Herde Vieh vor sich hertrieben. Sie waren alle vor Hunger völlig ausgemergelt, und außer daß man sie weiter trieb, Toten so ganz ähnlich, daß ihr Anblick uns allen Schauer ein-

* Im Münstertal – Anmerkung des Übersetzers.

Nürnberger Reisiger
Albrecht Dürer

jagte. Auf Befragen, wohin sie die erbarmenswerte Schar trieben, antworteten die Vetteln zusammenfahrend und vor Schmerz und Hunger kaum vermögend, den Mund noch aufzutun, ich würde bald sehen, wohin sich der unglückselige Zug bewege. Kaum hatten sie dies ausgesprochen, als sie auf eine Wiese herabstiegen, auf die Knie stürzten und wilden Tieren gleich die Kräuter abzuweiden begannen, mit dem einzigen Unterschied, daß diese es mit dem Munde fressen, sie aber zuvor mit den Händen ihre Speise abrupften. Durch den Gebrauch hatten sie bereits die Kräuter unterscheiden gelernt und wußten, welche bitter oder unschmackhaft und welche lieblich und genießbar waren. Namentlich suchten sie den Sauerampfer, welchen sie allen übrigen Grasarten vorzogen. Bei diesem entsetzlichen Schauspiel stand ich sprachlos und lange Zeit wie vom Donner getroffen. Eine der Alten aber sprach weiter: »Siehst du nun, warum wir diese Schar dahingetrieben haben. Besser wär ihr geschehen, wenn sie nie geboren worden, als daß sie unter einem Heer von Leiden ein solches Jammerleben nun durchschleppen muß. Ihre Väter sind durchs Schwert gefallen, ihre Mütter den Hungertod gestorben, ihre Habe ward als Beute weggeschleppt, ihre Wohnungen hat die Flamme verzehrt, uns allein, aus Rücksicht unseres hohen Alters, hat man hier zurückgelassen, um diese höchst unglückselige Jugend, Tieren gleich auf die Weide zu treiben und, so lang wirs noch vermögen, durch Grasfressen am Leben zu erhalten. Aber wir hoffen, daß baldigst sowohl sie als wir aus diesem namenlosen Jammer erlöst werden. Denn schon sind wir, obgleich unsre Zahl noch einmal so groß war, bis auf diese herabgeschmolzen, weil täglich einige vor Hunger und Mutlosigkeit dahinfallen, und glücklich fürwahr diese, welche ein schneller Tod dahinrafft, während uns sich ein trauriges Leben fristet!« Bei diesem Anblick und Anhörung dieser Worte konnt ich der Tränen mich nicht erwehren; ich beklagte das jammervolle Menschenlos und verwünschte, wohl mit Recht, die Unmenschlichkeit des Krieges.

Bald langt ich nun am bezeichneten Orte Münster an, und nicht lange darauf traf auch der Kaiser im Gefolg von wenigen Reitern ein und erteilte mir den Auftrag, meine Fußgänger zu Übersteigung des Gebirgs zu befehligen, um jenen zum Geleit zu dienen, die er der Lebensmittel wegen nach Bormio ins Veltlin entsendet. Nach Erteilung dieser und anderer Befehle entfernte sich der Kaiser wieder.

Aber meine Fußgänger weigerten sich schlechtweg, was geboten war, auszuführen. Sie wollten sich keiner so großen Gefahr aussetzen, da ihre Anzahl sehr gering war, die Feinde sich bereits allenthalben zeigten und des Kaisers Krieger selbst es ausgeschlagen hatten, dies Wagnis zu bestehen. Zudem beriefen sie sich auf den Umstand, daß ihre Banner nicht zugegen, und erklärten, ohne diese nicht ausziehen zu wollen. Endlich, nach vielem Hin- und Widerreden, verstanden sie sich dazu, unter der Bedingung, daß ich vorangehen und sie in den Streit führen würde.

Um also Verleumdern jeden Anlaß zu Verunglimpfungen zu benehmen und nicht des Kaisers Ungnade mir zuzuziehen, stieg ich unverweilt von meinem Saumroß, schnallte meine Reiterrüstung aus, legte die eines Fußgängers an und rief die Soldaten auf, mir zu folgen.

Noch waren 4 Stunden Tag uns übrig; binnen dieser sollten wir, nach der Versicherung der Wegführer, noch des Berges Gipfel* ersteigen. Aber wir sahen uns gewaltig in unserer Hoffnung getäuscht, denn als wir die Höhe erstiegen hatten, konnten wir mit vieler Mühe kaum uns weiterbewegen, weil der Schnee dermaßen geschmolzen war, daß ein guter Teil Soldaten gänzlich darin steckenblieben, die andern aber durch die Dichte des Schnees und die Schlüpfrigkeit des Bodens äußerst abgemüdet wurden. Um Mitternacht endlich war die höchste Spitze erklommen; hier ruhten wir in einer Hütte**, die jedoch dem kleinsten Teil nur Obdach gewährte, aus, von Hunger, Frost und Müdigkeit beinahe gänzlich kraftlos. Bald darauf brachen wir wieder auf und stiegen mit Tagesanbruch zu einer warmen Quelle am Fuße des Berges bis hinab, von da langten wir ungefähr gegen Mittag, erstarrt und von Hunger gequält, in Bormio an.

Aber nichts von alledem, was der mailändische Herzog verheißen, fand sich hier vor; wohl erfuhren wir im Gegenteil, daß eine übergroße Anzahl Feinde dahin sich gezogen. Nicht ohne Angst und Zweifel brachten wir den noch übrigen Tag zu. Am folgenden Morgen brachen wir, kaum fünfzig beladene Saumtiere vor uns hertreibend, aus dieser Stadt auf und setzten unsern Marsch gerade nach dem Heere weiter fort, welches ins Engadin einfallen sollte und ohnfern dieser Gegend stand; wir kamen auch nach Ersteigung eines sehr hohen Gebirgskulmes zu einem

* Das Wormser Joch – Anmerkung des Übersetzers.

** Bagno – Anmerkung des Übersetzers.

Landsknechte
Albrecht Dürer

starkbefestigten Schloß, durch welches einzig und nirgendsonst ein Durchgang führte. Eine mailändische Besatzung lag darin; wir aber mußten der Steile der Gegend wegen eine ziemliche Strecke Weges die Pferde auf Leitern hinauftreiben, was grausenvoll anzusehen war. Denn immer mußten von beiden Seiten zwei Männer die Zügel halten, um den

Sturz zu verhüten, zwei andere, zu beiden Seiten Acht tragend, einhergehn; noch andere aber folgten und trieben durch Geißeln, Geschrei und Zuruf das Lastvieh weiter, welches auch über die breiten Treppen immer gleich wie in den Lüften schwebend nur mit vieler Anstrengung und Schweiß auf die Höhe endlich gebracht werden konnte. Dieses Schloß hat von darum auch den Namen »zur Leiter«*.

Nach Ersteigung dieser Feste** stießen wir bald darauf zum übrigen Heere, welches bereits ein Lager aufgeschlagen, ohne jedoch, wie es gehofft hatte, es mit Lebensmitteln unterstützen zu können. Dennoch ward durch welsche Bauern eine solche Menge Wein in das Lager geschleppt, daß die von großem Hunger erschöpften Soldaten, so schon mehrere Tage ohne Brot waren, gierig und in vollen Zügen ihn hineintranken, aber dadurch so berauscht wurden, daß sie unter sich selbst Händel anfingen und einander wechselseitig verwundeten und töteten.

Des folgenden Tages [5. Juni 1499] gelangte man mit vereinigter Heermacht in ein überaus liebliches Tal [Livognotal, genannt zu den Weingärten] und brachte die Nacht darin zu. Denn obgleich man früher beschlossen hatte, noch an diesem Tag den Einfall zu unternehmen, so sah man sich doch genötigt, weil eine so große Menschenmenge des engen Passes willen nur langsam vorwärtsrücken konnte und der Tag bereits sich zu Ende neigte, in dem Tal noch ein Lager aufzuschlagen. Am folgenden Morgen jedoch,

* Val di Pedonos – Anmerkung des Übersetzers.

** Zienferjoch oder ofen (torno) – Anmerkung des Übersetzers.

zwei Stunden beinahe vor Sonnenaufgang, wurden drei kaiserliche Fähnlein, denen man aus Achtung vor den Veteranen auch das meinige zugab, nebst 2000 Mann auf verborgenen Pfaden entsendet; ihnen gab man Wegweiser mit, welche binnen kurzer Frist die Mannschaft über die Häupter der Feinde zu führen versprachen; denn diese hatten die Höhen des Berges, über den man ziehen mußte, besetzt. Man rückte also bis zum Fuße des Berges und sodann über lauter steile, schroffe, den Tieren beinahe unzugängliche Hügel, nicht ohne Gefahr zu stürzen und ungeheure Anstrengung, bis wir endlich auf eine ganz mit Schnee bedeckte Stelle gelangten; hier mußte man mit nicht geringern Beschwernissen als auf den schroffen Abhängen kämpfen. Überall war der Schnee durch die Jahreszeit geschmolzen, denn es war gerade im Brachmonat [Juni]. Die Soldaten konnten daher wegen des schlüpfrigen Schnees nur mühsam fortwaten und in dem Kot selten einen sichern Tritt behaupten. Das ganze übrige Kriegsheer, mit Ausnahme von 1000 Mann, welche dem Feind in dem linken Flügel sich zeigen sollten, hub nun an, in gerader Richtung den Berg, von welchem herab der Einfall möglich war, zu ersteigen, jedoch nur Schritt für Schritt, um die Augen der Feinde von dem Anblick der Stürmenden abzulenken. Der Berg war äußerst hoch und auf seinem obersten Kulm [Casanapaß – 2692 m] ganz mit Schnee bedeckt.

Die Engadiner erwarteten hier, geordnet und gerüstet, den ankommenden Feind, welcher ihnen auf ihrer Höhe wie eine Schar winziger Vögelchen vorkam. Gleichwohl sandten sie einige der Ihrigen aus, welche von der Spitze etwas herabsteigen, ungeheure Steine herabwälzen und den feindlichen Zug soviel möglich im fernern Vorrücken hemmen sollten. Sie hatten zugleich allenthalben sehr große Steine und Felsstücke von ungeheurem Gewicht ausgegraben und auf Baumäste geschleppt. Sobald letztere nun auseinandergerissen wurden, rollten sie alsbald mit fürchterlichem Gepolter herab und rissen große Stücke des Berges mit sich. Ein Glück für die Unsrigen war, daß die meisten, welche auf diese Art herunterfielen oder gewälzt wurden, der äußerst hohe Schnee verschlang. Ohne diesen Zufall wär es unmöglich gewesen, die Schwierigkeiten des von Natur sehr befestigten und durch eine starke Besatzung verteidigten Passes zu besiegen.

Während nun so von den Vorhaufen mit Steinwürfen, Büchsengeschoß und Sturmbalken auf beiden Seiten gestritten ward und das Hauptheer unbeweglich stand, hatten die vorausentsendeten Soldaten nunmehro den Kulm [Punta Casana] erklommen, alsbald sich gesammelt und geordnet. Hierauf gaben die Fahnenträger durch rote Zeichen um das Haupt dem Hauptheer, dessen sie bereits ansichtig geworden, zu verstehen, daß sie die Gebirgsspitze erstiegen. Kaum hatten die Krieger dies wahrgenommen, als sie ohne Zögerung mit großem Ungestüm nachzustürmen begannen. Schon hatten die auf dem linken Flügel den Feind größtenteils umzingelt, als dieser erst merkte, daß jene vier Banner mit ihrer Mannschaft Meister des Kulmes seien. Sie teilten daher ihr Volk und versuchten, ferneres Vorrücken zu wehren. Aber vergebens, denn im ersten Gefecht schon wurden sie in die Flucht getrieben. Der große Heerhaufe drang indes immer weiter vor, und auch die, so auf dem linken Flügel sich aufgestellt, unternahmen von dort aus den Angriff, so daß die Engadiner von vorn und beiden Seiten zugleich heftig ins Gedränge kamen.

Nachdem sie sich also in ungleichem Kampf begriffen und ohne Hoffnung sahen, so zahlloser Heermacht Widerstand leisten zu können, suchten sie rings ihr Heil in der Flucht. Durch Gebirgshänge und bekannte Fußpfade verloren sie sich, nicht ohne beträchtliche Einbuße. Die Kaiserlichen aber begannen nun mit vereinigten Rotten den Berg vollends zu ersteigen. Nun begab sich aber der Unfall, daß eine ungeheure Schneelawine, entweder durch das zu große Gewicht losgetrennt oder durch die Sonnenhitze geschmolzen, von der übrigen Schneemasse losriß und von dem Gebirgsabhang schneller als ein vom Bogen abgedrückter Pfeil mehr als 400 Krieger mit sich riß und in dem tiefsten Schlund begrub; ein im ersten Augenblick entsetzenvolles Schauspiel, da so viele Menschen in einem Nu ergriffen und wie von einer Wasserflut verschlungen wurden. Aber bald verwandelte sich der Schreck in ein helles Gelächter, da die Soldaten von allen Seiten wie aus der Erde wiedergeboren hervorkrochen, mit Verlust jedoch ihrer Lanzen, Helme oder Kriegsröcke. Keiner wurde, soviel man wußte, vermißt, viele aber hatten heftige Quetschungen erlitten. Nun endlich kamen wir, nachdem wir noch eine beträchtliche Strecke Wegs durchgegangen, mit Schweiß und Staub bedeckt und erst gegen Sonnenuntergang ins Engadin, ein anmutiges, mit Städtchen und Dörfern angefülltes Tal.

Die Feinde aber hatten die Brücke über den Inn, der reißend hier durchs Engadin strömt und über welchen man hier setzen mußte, verbrannt. Nachdem das Feuer nicht ohne viele Mühe gelöscht und die Brücke hergestellt worden war, führte man die Truppen herüber und lagerte sich in einem Dorfe, Scanen (Zernez) genannt.

Die Engadiner aber, sobald sie des Übergangs der Kaiserlichen über die Brücke berichtet worden, zündeten mit eigner Hand den nachgelegenen großen Flecken Sutz an, deshalb mußten die von Mattigkeit und Hunger beinahe aufgeriebenen Krieger in einem Dorfe die Nacht zubringen. Denn es hatten die Feinde, um die Kaiserlichen durch Hunger zum Rückzug zu nötigen, alle Lebensmittel entweder verdorben oder mit sich weggeschleppt. Mit Tages Anbruch zogen wir in drei Heerhaufen gegen die äußerste Grenze: die Abteilung, so man die Verlorne nennt, voran, mit vier Kanonen, deren Herbeischaffung mit ungeheurer Anstrengung verbunden war. Denn sie konnten, wie meist in diesen Gebirgen der Fall, nur von einem Rad gezogen, das andere aber mußte, mit Stricken gebunden, von den vorherschreitenden Soldaten gehalten werden. Das Hauptheer folgte immerwährend in guter Ordnung. Die Nachhut hatte das Gepäck und den Troß zwischen sich genommen.

Aber es zogen auch von den Engadinern viele ihren Rotten voraus, verübten rings Plünderung und Verheerung, machten, wo eine günstige Lage sich darbot, halt und stellten sich wie zum Treffen auf. Aber sobald die Unsrigen ihnen näher kamen, zogen sie mit Eilschritten weiter, denn sie waren keineswegs zum Widerstreit solch großer Macht entgegen gewachsen. Indessen loderte rings nur eine Glut, und allenthalben stürzten mit fürchterlichem Geprassel Gebäude ein. Außer Scanen [Scanfs] und Sutz [Zuoz] gingen daher Samada [Samedan], Kamogark [Campovasto], Rosenbruck [Pontresina], Vadel und Scanstell und viele andere Orte bis Tirmo in Flammen auf. Ja, auch dies letztere ward von den Engadinern angezündet, obgleich die Kaiserlichen nicht bis dahin kamen.

Endlich gegen Sonnenuntergang [7. Juni 1499] schlug man unfern eines Dorfes Lager, und die Führer beratschlagten, wohin man des folgenden Tages ziehen wolle. Der größere Teil trug auf den Rückzug durch das nahe Valtellin [Veltlin] an; dort glaubten sie, würde der durch Hunger und Mühseligkeit abgemattete Krieger wiederhergestellt werden können, da ihnen überdies des Herzogs von Mailand hilfreiche Freundschaft hier bleibe. Ein anderer Teil aber hielt dafür, daß man den Welschen nicht allzusehr trauen dürfe, um so weniger, da man Beweise habe, wie sie die Feinde allenthalben aufgenommen, ja der Herzog selbst seine Zusage wegen Lebensmitteln schlecht gehalten hätte. Zudem müßte man abermal das sehr hohe Gebirge [Bernina] übersetzen, um ins Valtellin zu gelangen und über den Brail [Umbrailpaß] zurückkehren, was, die ungeheure Anstrengung abgerechnet, auch sonst noch mit großer Gefahr verknüpft sei, wenngleich die Welschen ihr gegebenes Wort nicht brächen. Man kam daher überein, auf dem früher zurückgelegten Weg den Rückzug anzutreten, welcher in Eilmärschen wohl zu bewerkstelligen sei; sodann würde man einen bequemen Weg in ein sichres Land finden. Indessen müßten die Kriegsleute noch ausdauern und auch die Hungersnot so gut möglich abwehren.

Diese Meinung gewann die Oberhand. In aller Frühe brach das Heer in geschlossenen Gliedern eiligst auf und legte den kaum gegangenen Weg, ohne durch den Feind im Rücken bedrängt zu werden, zurück. Es war nämlich letzterer vorangezogen und hatte den Gipfel des Berges besetzt, der das Valtellin beherrscht, um so die Kaiserlichen entweder abzuwehren oder womöglich ganz aufzureiben. Und in der Tat würde, wenn wir den Weg dahin eingeschlagen, ein bedeutender Nachteil kaum abgewendet worden sein. Nachdem wir nun den ganzen Tag unausgesetzt gegangen waren, kamen wir gegen Nachtsanbruch zum Städtchen Sarnetz (Zernez), welches mit in Flammen aufgegangen war, als zu Anfang des Krieges das ganze Engadin verbrannt wurde. Hätten wir hier nur etwas verweilt, so würde das ganze Kriegsheer in keine kleine Gefahr gestürzt worden sein. Denn die Bewohner hatten kurz nach seiner Ankunft die Brücke abzuwerfen begonnen; hätte man nun sich nicht beeilt, so würde der Übergang gänzlich gewehrt und der Soldat durch Hunger mehr als durchs Schwert aufgerieben worden sein.

Kaum gönnte man sich einige Ruhe, und schon mit Tagesanbruch ward der Marsch weiter fortgesetzt; denn wir hatten noch über den Berg Buffalaure [Buffalora], seiner heftigen Windstöße wegen von den Einwohnern also genannt, zu setzen. Die Reihen wurden also gewechselt, und jene Abteilung, die Verlorne, welche fast ganz aus den Veteranen des Heeres zusammengesetzt war, mußte, während andre vorangestellt wurden, die Nachhut bilden, um des Feindes allfälligen Angriff abzuschlagen.

Endlich mit Sonnenuntergang, nachdem man durch Hunger und Schweiß unsäglich gelitten, war die höchste Bergspitze erstiegen, und die Ebene [das Münstertal] nahm uns auf, nicht ohne beträchtliche Einbuße an Menschen, die teils durch Hunger, teils durch die Überstrenge der Arbeit hingesunken. Denn solchen Grad hatte die Hungersnot erreicht, daß die Soldaten während des Marsches Gras ausrissen und nach Weise der Tiere es fraßen. Auch sah man mehrere durch die ungeheure Hungersqual von Sinnen kommen und wie vom Wahnsinn gefaßt gegen sich selbst wüten. Dagegen bot der Überfluß an süßem Quellwasser, welches aus Bergschluchten häufig hervorquoll, nicht geringen Labsal dar, um die erschöpften Körper der Soldaten wieder zu stärken. Übrigens konnte selbst auf der Ebene ihr Hunger nicht gänzlich gesättigt werden, obgleich der Kaiser von allen Seiten bald nach des Heeres Ankunft Lebensmittel hatte herbeiführen lassen; denn durch der [Tiroler] Statthalter Nachlässigkeit ging das meiste beinahe zu Grund. Es zerstreuten sich daher die Soldaten und schwärmten ohne Ordnung und Führer nach verschiedenen Seiten herum, Lebensmittel, wo sie immer nur aufzutreiben, sich zu suchen.

Des folgenden Tages [10. Juni] zog auch ich mit vier Reitern, so mir folgten, des Kaisers Lager zu, welches bei dem Flecken Pfuntz [Pfunds] stand. Auf dem Wege begegnete mir zufällig ein Bauer, der ein ungeheures Faß mit Wein führte. Ich hielt ihn an, um zu sehen, wie die auf Fütterung begriffenen Krieger desselben sich bemächtigen würden. Bald strömte ihrer eine große Menge herbei, und einige durchbohrten das Faß mit Speeren und tranken den aufge-

Vier Landsknechte
Martin Zasinger

fangenen Wein aus ihren Helmen. Andere, denen dies zu lang währte, zerschlugen durch schwere Steine das Faß, so daß der Wein überall verschüttet ward. Darüber entstand Zank und Auflauf, der so heftig ward, daß über 30 [50] dabei getötet und mehr als 100 verwundet wurden. Denn sie wüteten wie Rasende gegeneinander, und ohne zu unterscheiden und zu wissen, wer Freund und Feind, hieben sie wechselseitig auf sich ein, ohne zu wissen, wohin sie trafen. Ich aber, nachdem ich dieses jammervollen Auftritts Zeuge gewesen, entließ meine Begleitung, welche noch auf den Leichnamen der Erschlagenen zechte, und kam endlich, ebenfalls von Hunger und den Mühen des Tages kraftlos, in des Kaisers Lager an. Aber auch da standen die Sachen schlimm, denn die Landsknechte hatten des Mangels an Lebensmitteln wegen den Gehorsam aufgesagt und von den Fahnen sich zerstreut. Der Kaiser, dies sehend, brach nach dem Schloß Landeck auf, dort verließ ihn das ganze Heer, also zwar, daß er ihm nachzueilen sich genötigt sah. Solche Macht übte der Hunger.

Damit aber dieser Abzug doch nicht ganz das Ansehen einer Flucht gewinne, baten mich des Kaisers Räte, so daselbst haltgemacht, daß wenigstens ich nicht auf geradem Weg den abziehenden übrigen Haufen folgen, sondern über den Arlenberg [Arlberg] meinen Rückzug einschlagen möchte; sie glaubten dadurch, daß der Feind der Anfälle sich enthalten würde, wenn ihm die Nachricht zukäme, daß die Landschaft nicht gänzlich von Kriegern entblößt sei. Ich gehorchte und ließ, obgleich rings von Gefahren und Beschwernissen umgeben, nur um den Neidern keinen Anlaß zu Verleumdungen zu bieten, mit großer Mühe und Anstrengung die Kriegsmaschinen und Wagen über den höchsten Berg schaffen und kam endlich mit meiner sämtlichen Mannschaft nach Lindau, wo vor wenigen Tagen auch der Kaiser eingetroffen war.

Pirckheimer verteidigt seinen Rückzug vor dem Kaiser. Friedensvorschläge der Eidgenossen. Unglück der Kaiserlichen auf dem Bodensee. Schlacht bei Dorneck

Aber obschon ich nun geglaubt, ein nicht kleines Verdienst mir dadurch erworben zu haben, daß ich des Kaisers Räten Gehorsam leistete und ein so schweres Stück Arbeit durchgekämpft, so nahm die Sache doch eine ganze andere Wendung. Denn der Nürnbergischen Ehrenfeinde hatten nicht gesäumt, mich vorher schon bei dem Kaiser anzuschuldigen, als seien meine Soldaten zuerst davongelaufen; da es doch am Tage lag, daß ich mit meiner Mannschaft allein standgehalten, während all die übrigen davonzogen, und erst dann über den Arlenberg hieher zurückgekehrt war.

Ich sah mich also genötigt, vor dem Kaiser in Gegenwart vieler Fürsten mich zu rechtfertigen. Doch führt ich mehr über die Verleumdungswut meiner Widersacher Beschwerde, als daß ich mir Mühe gegeben, die falschen Gerüchte zu widerlegen. Denn es waren mehrere kaiserliche Räte zugegen, welche bloß durch ihre inständigen Bitten zum Rückzug über den Arlenberg mich hatten bewegen können. Diese, von der Sache daher genau unterrichtet, erklärten alle mir vorgeworfenen Dinge für eitel Lügen und von Verleumdern erdichtet. Das flößte mir Mut ein, gegen meine Ehrenfeinde noch derber mich herauszulassen

Drei Kriegsknechte
Albrecht Dürer

und den Kaiser zu bitten, er möchte doch hinfüro sein Ohr vor Menschen verschließen, welche keinen Funken von Wahrheits- und Rechtsgefühl in sich trügen, zugleich forderte ich jeden auf, der mich anzuklagen hätte, dies öffentlich zu tun, damit ich ihn der Lüge und Ehrenrührigkeit öffentlich zeihen könnte. Aber niemand trat auf; tiefes Schweigen herrschte. Da hieß der Kaiser mich guten Muts sein mit der Versicherung, er habe die feste Überzeugung, daß ich bis dahin an keinem Unfall Schuld trage; ich möge daher immer wie ich begonnen fortfahren und standhaft bis zu des Krieges Ende ausharren.

Etliche Tage darauf [7. Juli 1499] gelangt ich nach dem Städtchen Überlingen, woselbst die Fürsten und Häupter der Bündischen bereits eingetroffen waren und über die fernern Maßregeln nun ratschlagten. Die Kriegserfahrnern stimmten dahin, daß man eine auf ebnem Feld gelegene Schweizerstadt aus allen Kräften belagern sollte: Die Feinde würden da unverweilt den Ihrigen zu Hilfe eilen; da die Kaiserlichen aber an Zahl des Geschützes und der Reiterei sie weit hinter sich ließen, so würde sich eine herrliche Gelegenheit, etwas Entscheidendes auszuführen, hier darbieten.

Dagegen meinten aber alle, welche furchtsamern Wesens, man dürfe eine so wichtige Sache nicht so aufs Geratewohl in das Spiel setzen, wohl aber müsse man das feindliche Land auf mehrern Punkten zugleich bedrängen; dadurch würden sie in die Notwendigkeit versetzt, ihre Streitkräfte zu teilen, und durch unaufhörliche Anfälle also ermüdet werden, daß sie sich leichter zu Friedensbedingungen verstehen und fürder Gehorsam nicht verweigern würden. Zu dem Ende aber wäre eine weit stärkere Truppenzahl nötig, und der Kaiser müßte daher die Reichsfürsten und Städte um deren Verabfolgung durch einen neuen Aufruf angehn.

Diese Meinung siegte, und ich selbst erhielt vom Kaiser den Auftrag, zu seinem Sendschreiben und Aufgeboten noch besonders an den Rat von Nürnberg zu schreiben, demselben die Wichtigkeit dieser Angelegenheit zu schildern und wie dringend Not es tue, daß seinem Gebot Genüge getan und bald möglichst ein Ergänzungs-Zuzug gesendet werde.

Auf dieses schiffte der Kaiser, nachdem er all sein Volk gesammelt, über den See und fuhr nach Konstanz. Sobald die Schweizer dies erkundet hatten, denn sie konnten von der Höhe und ihren Wachtposten herab die ankommenden Feinde gar wohl erblikken, mahnten sie mittelst eines durch Rauchsäulen gegebenen Zeichens die Ihrigen um Hilfe. Diese zögerten keinen Augenblick, sondern strömten von allen Seiten herbei. Täglich fielen kleine Treffen vor. Die Kaiserlichen griffen die Posten der Eidgenössischen an, diese aber schlugen sie zurück und setzten ihnen heftig im Rücken zu, ohngeachtet sie aus Scheu vor der Reiterei sich nicht in die Ebene herabwagten. Da ließ der Kaiser durch einen Herold öffentlich dem 100 Dukaten verheißen, der einen Schweizer gefänglich einbringen würde, indem er zu erfahren wünschte, was der Eidgenössischen Plan ist.

Vergeblich war die Aufforderung, keiner der Feinde kam in der Kaiserlichen Gewalt, obschon häufig von den Posten Krieger hervorstürzten und in

Handgemenge sich einließen. Sie konnten daher wohl manchen töten, keinen fangen.

Endlich brach der Kaiser mit gesamter Heermacht von Konstanz auf [16.Juli], stellte Fußvolk sowohl als Reiterei in Schlachtordnung und ließ das Geschütz aufpflanzen, als gält es zur Stunde eine Schlacht. Es war in der Tat ein sehenswertes Schauspiel, ein so kräftiges und zahlreiches Fußvolk und eine ebenso bedeutende, mit Roß und Waffen trefflich gerüstete Reiterei hier aufgestellt zu erblicken.

Beide Schlachtreihen stunden still, des Streites gewärtig, sobald der Feind in die Ebene herabkommen werde. Der aber hielt auf seiner Höhe sich in wohlgeschlossenen Rotten bereit, den Kaiser zu empfangen, falls er die Höhen zu ersteigen und in seiner eben nicht sehr günstigen Stellung den Angriff unternehmen sollte. In dieser Lage verharrte man von beiden Seiten längere Zeit hindurch, kein Teil machte eine Bewegung. Endlich führte der Kaiser sein Heer nach Konstanz zurück und verweilte noch einige Tage daselbst, indes er beständig noch Miene zum Angriff machte, um die Feinde, deren Volk beständig sich vermehrte, wenigstens abzuhalten, daß sie nicht ihren übrigen Verbündeten, die er indes anzufallen gedachte, Hilfe brächten.

Die Schweizer aber schrieben während dieser Zeit an den Kaiser und baten ihn, ihren Feinden nicht allzusehr zu glauben, diese wüßten nämlich beständig nichts anderes zu tun, als die ganze Schuld des Krieges auf die Eidgenössischen zu schieben, da doch im Gegenteil gerade jene die Ursächer und Anstifter all dieses Unheils gewesen. Wider Willen hätten sie zu den Waffen gegriffen und seien auch täglich bereit, dieselben abzulegen, wenn es dessen Wille sein möchte, die Wirren und Fehden beidseits nach Fug und Recht auszugleichen und durch ein freundschaftlich Übereinkommnis zu ihrer Sicherheit zu begütigen. Wenn Kaiserliche Majestät gleich anfangs gegenwärtig gewesen, würde es keineswegs zu solchem Kampf gekommen und des Blutes nicht so viel vergossen worden sein. Er möchte daher Bedacht darauf nehmen, daß diese Zwiste der ihm angebornen Güte und Mildigkeit gemäß gehoben und die so greulichen Verwüstungen einmal ein Ziel finden würden. Falls er jedoch diese ihre höchst billigen Vorschläge fortan verachten sollte, so riefen sie Gott und Menschen zu Zeugen an, daß sie keine Schuld daran trügen, wenn die Greuel dieses Krieges ihren Fortgang nähmen. Das aber seien sie sich bewußt, daß wenn auch menschlich Recht ihnen geweigert würde, der Beistand des Himmels nicht ferne sei, dessen sie durch den bisherigen glänzenden Erfolg sich für vergewissert hielten.

Mit Widerstreben und gezwungen nur stritten sie für ihre von den Altvordern ererbte Freiheit. Sollten sie aber aufs Äußerste getrieben werden, so wollten sie keineswegs verzagen, sondern wie es Männern zieme, einen ehrenvollen Tod schmachvollen Frieden oder ehrloser Knechtschaft vorziehn.

Der Kaiser gab keine Antwort hierauf, entweder weil ihm dieses Schreiben offenbar Furcht von seite der Feinde und allzuheftige Friedensliebe zu verraten, oder auch weil es ihm über Gebühr stolz abgefaßt schien. Auch war er der Meinung, die Feinde, durch die unausgesetzten Angriffe ermüdet und geschwächt, würden nun freiwillig zur Reichspflicht zurückkehren und wider ihren Willen seine Machtgebote vollziehn.

Das Mädchen, welches den Brief überbracht hatte – in diesem Krieg wurden keineswegs Herolde, sondern nur alte Weiber und unmündige Mägdlein zu diesem Dienst gebraucht –, stand im Vorhof und wartete der Antwort. Einige von des Königs Trabanten fuhren dasselbe an und fragten, was die Schweizer in ihren Lagern machten? Sie antwortete: »Seht ihr denn nicht, daß sie eures Angriffs harren?« Als jene weiter fragten, wieviel ihrer seien, erwiderte sie: »So viel als nötig sind, euern Angriff abzuschlagen!« Da jene aber gleichwohl heftig in sie drangen, ihre Zahl anzugeben, sagte sie: »Wenn mir recht ist, so hättet ihr sie neulich vor den Toren dieser Stadt zählen können, wenn die Flucht euch nicht die Augen verblendet hätte!« Auf ferneres Befragen, was sie zu essen hätten: Wie könnten sie denn leben, wenn sie nichts zu essen hätten? Alle Umstehenden brachen in ein Lachen aus; einer aber, der das Mägdlein schrekken wollte, drohte, ihm den Kopf abzuhauen, und legte bereits die Hand ans Schwert. Das Kind aber, ohne im geringsten zu erschrecken, sagte zu ihm: »Wahrlich, du zeigst dich als einen wackern Held, der du einem jungen Mägdlein den Tod androhst. Wenn du so große Lust zum Streiten hast, warum stürmst du nicht gegen die feindlichen Posten: Du wirst gewiß dort deinen Mann finden, der deinem Trutz wohl stehen mag! Aber es ist leichter, ein wehrlos unschuldig Mägdlein anzufahren als einem bewaffneten

Feind sich zu stellen, der nicht mit der Zunge, sondern mit dem Schwert seine Sache verficht!«

Dies Gespräch hab ich nicht ohne große Freude und Verwunderung über das Benehmen dieses Mägdleins und seine kühne Freimütigkeit in den Antworten angehört.

Der Kaiser aber fuhr bald darauf nach Lindau und befahl den Hauptleuten, so er zu Konstanz zurückgelassen, die eidgenössischen Verschanzungen unaufhörlich zu bestürmen und sich zu stellen, als wollten sie einen Einfall ins Zürcherland unternehmen. Er selbst wolle auf den brauchbarsten Schiffen die Truppen, welche er wirklich beisammen habe, über den See führen und in Feindesland einfallen. Zu dem Ende berief er auch mich und meine Mannschaft.

Er tat dies, um die Kräfte der Gegner allenthalben vereinzelt und gehemmt zu halten und ihre wechselseitigen Hilfeleistungen zu verhindern, indem auf solche Weise jeder Stand für sein eigenes Land besorgt und mithin ungewiß sein würde, wem zuerst der Angriff gelte. Den Grafen von Fürstenberg, seinen obersten Stallmeister [richtig: Hofmeister], hatte er mit der Reiterei, den aus dem geldrischen Feldzug zurückberufenen Veteranen und einer zahlreichen Kriegsmacht dazu beordert, das feindliche Land in der Nähe von Basel zu befehden; er selbst schiffte sich alsbald bei günstigem Winde nach Lindau ein. Wir fuhren nun einen großen Teil des Tages auf dem See und stellten uns, als wollten wir bald hier, bald dort landen, um den Feind verwirrt zu machen und in der Abtreibung unseres Einfalls zu hindern.

Endlich aber stiegen wir doch beim Städtlein Rorschach ans Land und stellten uns unverweilt in Reihe und Glied. Die feindliche Besatzung aber, so dort lag, wagte es, sobald sie unsrer ansichtig geworden, auf uns anzustürmen, und suchte mit Macht uns nach den Schiffen zurückzutreiben. Da sie aber bei weitem die kleinere Zahl bildeten – kaum waren es zweihundert –, konnte sie unsrer Gewalt in die Länge nicht widerstehen. Dennoch flohen sie keineswegs, sondern stritten löwenkühn und sanken alle, keinen Fußbreit weichend, nicht ungerächt.

Nachdem diese gefallen, drangen wir zum Städtlein Rorschach vor, plünderten und brannten es nieder. Hierauf stiegen wir zu Schiffe wieder. Während des Einschiffens aber, da jeder zuerst hineinzusteigen drängte, erhub sich alsbald ein hitziger Streit; bald folgte offenbare Flucht, obgleich der Feind weder von irgendeiner Seite sich zeigte oder im Rücken drängte. Vergebens standen die Hauptleute und Obristen stille und suchten die Landsknechte vom Fliehen abzumahnen: Es sprangen viele mit solchem Ungestüm in die Schiffe, daß mehrere derselben Wasser faßten und durch das Gewicht untersanken. Die Fährleute sahen dies und zogen, um die drohende Gefahr zu vermindern, die Schiffe eiligst vom Ufer. Nichtsdestoweniger stürzten die Landsknechte in das Wasser, schwammen hinzu und flehten die Ihrigen an, sie einzunehmen. Viele aber, die nicht schwimmen konnten, sanken entweder unter oder rissen andere, an denen sie sich festhalten wollten, mit in den Schlund.

Endlich, nachdem die Furcht und der Wahnsinn in etwas nachgelassen, folgten auch sie ihren Führern in

Fußvolk setzt über einen Fluß
Weisskunig

größerer Ordnung und waren bereit, ruhig in die Schiffe zu steigen. Die Seeleute aber fühlten sich so von Schrecken ergriffen, daß sie sich nicht getrauten, die Schiffe ans Land zu stoßen, sondern bloß den mit den Wellen ringenden Soldaten zuriefen, keck sich dem Wasser zu vertrauen und herabzuschwimmen. So geschah denn, daß die Veteranen selbst zugleich mit ihren Hauptleuten gezwungen waren, in die Fluten sich zu wagen; daß die, so klein von Statur waren und mit den Füßen keinen Boden fassen konnten, schwimmen, die größern aber, unter denen ich mich selbst befand, bis über Knie und Achsel im Wasser stehen mußten. Wäre der Feind hier nur mit der geringsten Abteilung in der Nähe gewesen und hätte von hinten uns angegriffen, so würden wir in der Tat die furchtbarste Niederlage erlitten haben. Allein da die, so auf dem Wachtposten gestanden, alle umgekommen, der Hilfszuzug aber, der gleich anfangs durch Feuersäulen war herbeientboten worden, etwas zu spät ankam, so gelangten wir, zwar ohne vom Feind verfolgt zu werden, aber doch nicht ohne schmähliche Zeichen der Flucht, wieder nach Lindau. Hier wartete der Kaiser den nahen Erfolg eines Haupttreffens ab und war höchlich um den Einfall seines Oberstallmeisters bekümmert.

Ich nahte mich am folgenden Tag des Kaisers Pfalz, fand aber die innern Gemächer, wo er verweilte, verschlossen und die Hofherren alle vor den Türen sich zuflüsternd herumwandeln und um die Unterredung mit anzuhören, von Zeit zu Zeit die Köpfe hinstreckend. Daraus schloß ich, daß böse Botschaft angelangt sein müsse.

Der Graf von Fürstenberg hatte, kaiserlichem Auftrag zufolge, ein Heer von 14000 Mann zu Fuß und 2000 zu Pferd gesammelt und beim Schloß Dorneck, ohnweit Basel, einen Einfall ins feindliche Gebiet unternommen. Sobald die zunächst wohnenden Schweizer, nämlich Berner und Solothurner, dies vernommen, versammelten sie ebenfalls ihr Kriegsvolk und zogen in größter Eile entgegen, um die Kaiserlichen von ihren Grenzen abzuwehren. Der Rat von Basel, als er Kunde von der Eidgenossen Ankunft erhalten, noch war Basel damals vom Reiche nicht abgefallen, sandte unverweilt Boten an den Grafen, benachrichtigte und warnte ihn. Der aber war wegen dieser freundschaftlichen Warnung so wenig erkenntlich, daß er die Gesandten bei den Haaren zauste und wahrlich zur Unzeit ihre Freundschaft zu den Eidgenossen ihnen vorwarf. Und nachdem er die Feinde auf die unverzeihlichste Weise verachtet, belagerte er Schloß Dorneck und beschoß es heftig mit Kanonen, während er jedoch Wachen und Posten vernachlässigte. Die Hauptleute der Reiterei nahmen dies wahr und tadelten selbst den Grafen so großer Unvorsichtigkeit und allzu stolzen Selbstvertrauens willen. Am gleichen Tage noch war ein Mann ihnen in die Hände geraten, welcher aus feindlichem Gebiet kam und nach Basel wollte. Diesen führten sie vor den Grafen und hießen ihn über die Anschläge und Nähe der Feinde, was er wisse, aussagen. Allein nachdem derselbe auch alles der Wahrheit gemäß gemeldet und hinzugefügt hatte, daß die Feinde verflossene Nacht im Städtchen Liebstall [Liestal] Nachtruhe gehalten, wurde er dennoch vom Grafen als Lügner und Kundschafter zum Strange verurteilt. Die Reiter aber erhielten den Befehl, sich wegzupacken und in ihr Lager zurückzukehren. Sie schlugen nun dasselbe, größerer Bequemlichkeit wegen, in den umhergelegenen, wiewohl etwas entfernten Dörfern auf.

Als die Reiter abgezogen, traten gleichwohl die Hauptleute und Obristen der Veteranen zum Grafen

und zeigten ihm offenherzig, wie diese gänzliche Vernachlässigung aller Kriegsvorsicht nicht sowohl unanständig als höchst gefahrvoll sei; um so mehr, da sie eine feindliche Feste belagerten und die Schweizer, dem Vernehmen nach, mit großer Heermacht anrückten; sie möchten ihm daher raten, nachdem er die Reiter abgewiesen, wenigstens die Fußgänger auf ihren Posten festzuhalten; auch seien alle diese bereit dazu und willig, den Wachdienst zu übernehmen und redlich zu erfüllen.

Die Schlacht bei Dornach
unbekannter Künstler

Aber auch diesen befahl der Graf mit schnöden Worten, sich wegzubegeben, mit der Äußerung, er, nicht sie, hätten zu befehlen; er wisse gar wohl, was er zu tun und nicht zu tun habe. Er unterließ zugleich nicht, einem aus ihnen Untreue vorzuwerfen und zum Vorwurf ihm anzurechnen, daß er dem Geldrischen Herzog einst gegen den Kaiser zu dienen sich unterstanden, ja er fügte noch hinzu, es sei ihm noch nicht geschenkt und er würde wohl noch den verdienten Lohn für jenes sein Verbrechen empfangen.

Traurig entfernten sich die Hauptleute und verwünschten des Grafen Unverstand. Sie ahnten fast die künftige Niederlage. Hätte der Graf nur diesmal noch klugen und verständigen Räten ein Ohr geschenkt, so würde er für sich und die Sache besser gesorgt haben. Aber das Schicksal wollte, daß durch ihre Verschmähung und Nichtbeachtung der empfindlichste Schlag erlitten ward. Seine Seele war dermaßen verblendet, daß er das Richtige gar nicht mehr zu unterscheiden und weisen Anschlägen sich in die Arme werfen konnte, was jedesmal einzutreffen pflegt, wenn Gott den allzu großen Übermut und Trotz der Menschen strafen will.

Die Soldaten zerstreuten sich und setzten sich, jeder Sorge bar, entweder zu Gelagen nieder oder warfen die Waffen von sich und strichen müßig herum. Da stürmte plötzlich, ehe man im mindesten nur sich dessen versah, ein Haufe von ungefähr 2 000 Feinden den Hügel, der das Lager beherrschte, in dasselbe herunter, metzelte die ihm zuerst begegneten nieder, brachte die übrigen in Unordnung und setzte mit unwiderstehlichem Ungestüm den Angriff weiter fort. Um günstigen Erfolg sich zu sichern, hatten die Schweizer noch List beigefügt und die Brust mit roten, den Rücken aber mit weißen Kreuzen sich bezeichnet, so daß zu Anfang des Gefechtes mancher von den Ihrigen für ein Landsmann und Befreundeter galt. Nachdem aber alle ohne Unterschied niedergemacht wurden, erkannte man endlich, wiewohl zu spät, daß die Feinde angezogen waren.

Der Graf säumte nicht, sondern sprengte alsbald, von mehreren Edlen begleitet, hinzu, um das Getümmel zu stillen; aber ehe er noch was vorgefallen erfahren konnte, sank er, von Feindeshand getroffen.

Jetzt versuchten es von den Veteranen einige, jedoch zum Unglück beinahe unbewehrt, in einen Keil sich zu ordnen, dem Feinde tapfer zu stehen und zurück ihn zu werfen. Aber vergebens: Ein mächtiger Haufe stand ihnen gegenüber, an dessen Andrang jede Verteidigung scheiterte. Ein großer Teil der Veteranen also blieb auf dem Platz und zog es vor, ehrlich zu sterben, statt schimpfbedeckt den Rücken zu wenden. Die übrige Mannschaft zerstreute sich dahin, wo nur ein Ausweg offen, aber die Gefahr minder drohend war, nach allen Seiten und überließ sich einer übereilten Flucht; die Schweizer aber setzten unaufhaltsam nach und ließen nicht ab vom Verfolgen und Metzeln der Flüchtigen, bis das Geschrei ins Lager der Reiter drang. Des Königs Leibtrabanten, unter welchen mehrere Burgunder, eilten die ersten den Ihrigen zu Hilfe herbei, griffen die Verfolger herzhaft und mit großem Ungestüm an, warfen und töteten ihrer eine Menge. Dies sahen die übrigen Schweizer und dachten nun selbst auf allmählichen Rückzug zu ihren Landsleuten; wenige aber entgingen dem Ansturm der Reiter.

Indes war auch die übrige Reiterei angelangt, und von dem Fußvolk hatten manche sich wieder gesammelt, jedoch nur halb bewaffnet. Diese alle gedachten nun den Feind anzugreifen. Weil aber bereits die

Nacht einbrach und die Eidgenössischen aus Scheu vor der Reiterei und wegen des erlittenen Schadens auf die Hügel sich zurückzogen, trugen auch die Kaiserlichen Bedenken, einen Schaden durch den andern gutzumachen, und zogen knirschend und des Grafen soeben nun gezüchtigte Tollkühnheit verfluchend weiter, bis sie endlich, ohne von jemand verfolgt zu werden, auf die Ebene gelangten. In dieser wilden Schlacht wurden an die 4000 Kaiserliche erschlagen; außer dem Grafen von Fürstenberg fielen viele edle, durchlauchtige Herren, unter denen der Graf von Bitsch, der Freiherr von Kastelwart, der letzte seines Stammes. Die Schweizer, obgleich sie nach ihrer Weise die Zahl der Gebliebenen weit geringer angeben, erlitten hier doch, ob sie schon als Sieger das Schlachtfeld behaupteten, sichern Berichten zufolge einen nicht kleinen Verlust denn die Kaiserlichen. Hätte der Graf den Geboten seines Kaisers Folge geleistet, würde der herrliche Anlaß, einen Streich auszuführen, hier nicht entgangen sein. Aber der göttlichen Vorsicht gefiel ein anderes. Die Schweizer, nachdem sie die Rüstungen der Erschlagenen und sämtliches Geschütz erbeutet hatten, verblieben nach gewohnter Sitte noch 3 Tage lang auf dem Schlachtfeld und kehrten dann erst zu den Ihrigen zurück.

Als der Kaiser während seines Aufenthaltes in Lindau die Kunde von dieser Niederlage erhielt, ward die Hofburg geschlossen, wie oben ist erzählt worden. Er klagte bloß des Grafen Torheit und Verwegenheit an. Gegen Abend aber wurden die Tore wieder geöffnet; er selbst speiste im Freien und zeigte keine Miene von Traurigkeit; ja nach beendigtem Imbiß und als die Nacht hereingebrochen, trat er zu einem Fenster, betrachtete die Sterne und redete viel von ihrer Natur und ihrem Verhältnis [Bedeutung], also zwar, daß er der empfangenen Niederlage gänzlich zu vergessen schien. Als ich dies sah und hörte, konnte ich nicht umhin, den glücklich zu preisen, der solch tiefempfindliche, aber gleichwohl unwiderbringliche Verluste so schnell verschmerzen konnte.

Des andern Tages schiffte der Kaiser nach Konstanz, und obgleich ich mit ihm auf dem nämlichen Fahrzeug mich befand, konnte ich dennoch keinen Zug von Verstörung auf seinem Gesicht bemerken; ja er brachte denselben Tag selbst mit Scherzen, lustigen Gesprächen und Spielen zu.

Des Krieges Ausgang und Friede zu Basel. Pirckheimers nochmalige Verteidigung vor dem Kaiser gegen die Beschuldigungen seiner Feinde hinsichtlich des in diesem Kriege beobachteten Benehmens

Indes hatte der König von Frankreich, Karl [Karl VIII.], welcher den Zeitpunkt vorhanden glaubte, wo er die von Ludwig [Ludovico il Moro], dem mailändischen Herzog, erduldeten Kränkungen rächen könnte, darauf gesonnen, wie er den Herzog aus dem Besitze Mailands treiben und des ganzen Fürstentums allein sich bemächtigen möchte. Es trieb ihn hiezu namentlich auch Herzog Ludwig von Orleans, der nochmals in das Reich ihm folgte, an, denn dieser behauptete, das Herzogtum gehöre ihm laut Erbrecht. Durch Gesandte vertrug er deshalb mit den Schweizern und sandte ihnen eiligst Gelder, Lebensmittel und Geschütz zur Unterstützung zu, in der Meinung, der Kaiser, in Krieg mit den Schweizern verwickelt, würde dem Mailänder keine Hilfe zu bringen imstande sein.

Sobald dieser davon berichtet [muß heißen: unterrichtet] worden, schickte auch er in Eile Gesandte an die Eidgenossen, um ein Freundschafts- und Eintrachtsbündnis abzuschließen. Aber es waren die Gemüter derselben durch Frankreichs Bündnis und Wohltat schon vorgewonnen, und der Versuch schlug fehl. Auch ward dem Herzog zugleich vorgeworfen, daß er den Kaiser mit Geld und Zufuhr unterstützt, während der Kaiser heftig zürnte, daß Mailand keineswegs seine Versprechen gehalten. Die Gesandten mußten also unverrichteterdinge zurückkehren.

Als aber der von Mailand Frankreich wirklich Kriegsvolk sammeln und zu offenbarem Kampf sich rüsten sah, suchte er abermals die Herzen der Eidgenössischen sich zuzuwenden und verhieß ihnen, falls sie ihn nur gegen die Angriffe Frankreichs schützen, den reichlichsten Kriegssold sowohl als eine ehrenvolle Beilegung ihres mit dem Kaiser eingegangenen Kampfes. Die Schweizer liehen allmählich auf dieses den Gesandten williger Gehör. Es ergriff sie eine Sehnsucht des Friedens und Ekel vor diesem langwierigen und gefährlichen Kriege. Als der König von Frankreich dies in Erfahrung gebracht, ordnete auch er abermals Gesandte zu den Eidgenossen ab, verhieß ihnen die Festhaltung der früher geschlossenen Verträge und noch überdies, daß er mit dem Kaiser eines Friedens wegen in Unterhandlung treten wolle, falls es ihnen also genehm sei. Er hoffe, hieß es ferner, die Sache zu einem gewünschten Ausgang zu bringen; auch gebühre es dem allerchristlichsten König allerdings, sein möglichstes beizutragen, um größeres Blutvergießen hinfüro zu hindern.

Er ersuche sie deshalb, die Friedensmittlung doch lieber ihm als dem Mailänder zu gestatten, da ihn kein anderer Grund, als das reinste Wohlwollen dazu treibe, mit welchem er beständig dem Volk der Schweizer zugetan gewesen; während der Mailänder immerfort treulos sich gezeigt, in keinem Verbande jemals zuverlässiger Freund geblieben und auch jetzt keineswegs mit aufrichtigem Gemüt für die Eidgenössischen Sorgfalt trage, sondern diese nach gewohnter Weise nur heuchle und des eigenen Vorteils willen diese Aussöhnung zu bewerkstelligen bemüht sei.

Die Schweizer, nachdem sie dies und viel anderes noch angehört und den wahren Anlaß nicht sogleich herausfanden, der beide Teile zu so freundschaftlichen Anerbietungen triebe, bezeigten indes beiden ihren Dank und gaben zu erkennen, daß sie wider ihren Willen und ohne gegebenen billigen Anlaß zu Bestehung solch schwerer Kriegslast genötigt worden, daß sie übrigens auch jetzt noch, obwohl sie des Verlustes in Menge erlitten, dem Frieden, den sie immer dem Kriege vorgezogen, nicht abgeneigt seien, wenn ihnen nur der zugefügte Schaden, wie billig, ersetzt und der Zündstoff dieser Wirren durch ehrenvolle, des Schweizervolks nicht unwürdige Bedingungen getilgt würde. Sollte dies der Fall nicht sein, so bedürfe es keiner weitern Umtriebe; denn sie empfänden ob des begonnenen Krieges bisher noch keine solche Reue, daß sie schimpflichen Frieden einem ehrenvollen Kampfe vorziehen könnten und wollten, solange sie noch die Waffen zu tragen und die von ihren Vätern erworbene Freiheit mit ihrem Herzblut zu schützen imstande wären.

Als die Gesandten diese Antwort erhalten, hießen sie dieselben guten Mutes sein und schritten mit ihrer Einwilligung alsogleich zum Kaiser, um den Frieden zu unterhandeln. Dieser aber, nachdem er die Gesandten angehört, weigerte sich mehrfacher Ursachen wegen, mit ihnen in Friedensberatungen sich einzulassen. Wohl aber gab er dem von Mailand unter einigen Bedingungen nach. Dieser bezeichnete auch alsbald Schaffhausen als Unterhandlungsort. Beide Teile kamen daselbst zusammen und wurden zu Beendigung des Krieges aufgefordert. Allein wegen mehrerer Umstände, die dazwischentraten, wurde der Ort bald darauf nach Basel verlegt.

Die Schweizer forderten nichtsdestoweniger indes, entweder nur den Gegnern Furcht einzujagen oder weil wirklich Not es erheischte, den König Frankreichs gemäß dem Bundesvertrag auf, ihnen Feldschlangen und Kanonen nebst Geschützmeistern, Kugeln, Schießpulver und anderm Erforderlichen baldmöglichst zu schicken. Dieser zögerte keinen Augenblick, sondern ließ alles in größter Eile rüsten und mit großen Unkosten nach Solothurn führen.

Der Kaiser, um auch seinerseits nicht müßig dazustehen, sandte einen Teil seines Heeres ins Hegäu; er selbst folgte kurz darauf. Es hatten ihn nämlich unaufhörliche Beschwerden der Einwohner dieser Landschaft bestürmt, die ihnen zugefügte Schmach zu rächen. Nach der Teilung des Kriegsvolks eröffnete er seinen Plan. Sodann zog er auch wieder weiter, um sowohl Basel näher zu sein, als um täglich über alle einzelnen Vorgänge Bericht zu erhalten; zugleich auch wollte er der Königin [Bianca Maria] entgegengehen, welche von Niederdeutschland her zu ihm gezogen kam. Er empfing sie ehrenvoll im Städtchen Villingen und verweilte dort etliche Tage in traulichem Beisammensein mit ihr. Weil nicht weit davon, in einem eben nicht sehr großen Flecken, Donaueschingen genannt, der Donaustrom auf einem kleinen Hügel, aber in einer sehr großen Quelle voll des klarsten Wassers entspringt, hielt der Kaiser unter Gezelten, die man auf dem Quellsprung aufgerichtet, ein glänzendes Gastmahl, wobei zugleich getanzt und der Freuden viel genossen wurden, also zwar, daß die berühmte Quelle dieses Flusses durch dieses heitere Kaisergelag noch mehr verherrlicht wurde.

Nachdem er hierauf den Schwarzwald durchschritten, hielt er mit der Königin zu Freiburg seinen Einzug und befahl mir, mit den noch übrigen Truppen ihm dahin zu folgen, indem er unterdessen überlegen wollte, an welchem Orte ich mit dem von Nürnberg erwarteten Zuzug am besten aufzustellen sei, bis zu Basel der Vergleich zustande kommen würde.

Die im Hegäu zurückgelassenen Völker fielen mittlerweile ins feindliche Gebiet ein, durchstreiften

Überfall eines Dorfes durch Soldaten
Sebald Beham

dasselbe, rings Schwert und Flamme tragend; das Fußvolk aber ward auf gelegene Posten verteilt, um nötigenfalls schnell herbeigerufen werden zu können.

Inzwischen war man zu einem Dorfe gekommen, wo eine sehr große Kirche mit einem äußerst befestigten Turme stand. Eine Schar Landleute hatte sich hierher geflüchtet und verteidigte sich mit Büchsenschützen aufs trefflichste. Die Reiter, die es für schmählich hielten, um der Erstürmung dieses Turmes willen erst das Fußvolk noch um Hilfe anzurufen, stiegen von ihren Pferden und stürmten gegen ihn an. Aber mit blutigen Köpfen wurden sie zurückgeschlagen, und obgleich die Türen durch die Gewalt der Balken eingeschmettert waren, wurde dennoch der Turm von oben herab mit äußerster Tapferkeit so lange verteidigt, bis ein mit Pulver gefülltes, untergestelltes und angezündetes Faß denselben mit ungeheurer Gewalt zerschmetterte und die Verteidiger also in die Luft sprengte, als wenn eine Schar Vögel durch dieselbe geflogen wäre, sodann aber die meisten tot zur Erde schleuderte.

Während nun das Geschrei der Flüchtlinge bis zur Stadt Schaffhausen gedrungen war und der Rauch und die Flamme der angezündeten Dörfer die Annäherung der Feinde verriet, rückten die Schaffhauser ungefähr mit 800 Mann zu Fuß aus ihren Toren, teils um den Ihrigen Hilfe zu bringen, teils um die Feinde von weitern Verwüstungen abzuhalten. Die Reiter, als sie deren Anzug erkundet, zogen es vor, von Hinterhalten aus sie zu empfangen und ihre Anzahl, die doch bei weitem bedeutender war, ihnen zu verbergen. Jene aber, keineswegs zu unvorsichtigen Angriffen geneigt, hielten sich innerhalb ihrer Verschanzungen, an einer durch Sümpfe rings geschützten Stelle.

Nachdem die Reiter lange Zeit umsonst sich Mühe gegeben, die Feinde in die Ebene hinauszulocken, und ihre Anstrengungen daher vereitelt sahen, sandten sie dem Fußvolk, das nun bereits den ganzen Tag über in Schlachtordnung gestanden war, mittels eines

Boten den Befehl zu, umzukehren; sie selbst begnügten sich, die noch unversehrt gestandenen Dörfer anzuzünden. Die Schaffhauser aber, als sie in der Ferne von den hervorragenden Hügeln herab diesen Abzug wahrgenommen, machten sich aus der Reiterei nicht viel, sondern stiegen in die Fläche herab und boten, obgleich an Zahl bei weitem die schwächern, ihr ein Treffen an. Die Reiter jedoch wagten nicht, mit ihnen sich in den Kampf einzulassen, sondern sprengten bloß unter heftigem Schimpfen nach allen Seiten herum; und der eine rief, man müsse den Feind angreifen; ein anderer schrie, das Fußvolk müsse zurückgerufen werden. Alles ertönte von Lärm und Geschrei. Keiner wagte einen Schritt vorwärts, noch weniger den Streit anzuheben.

Die von Schaffhausen aber stunden, nicht ohne ewigen Schimpf für die Reiterei, des Kampfes gewärtig, während die andern immer noch furchterfüllt die Ankunft des Fußvolks erwarteten, um mit dessen Beistand den Feind angreifen und schlagen zu können. Schon war die Nacht eingebrochen und die heißersehnte Hilfe noch nicht angelangt. Denn voll tiefen Ingrimms waren die Fußvölker bereits abgezogen und hatten die Reiter für alles verantwortlich gemacht. Diese, um ihre eigene Schuld leichter zu verschleiern, schickten alsogleich einen sichern Boten an den Kaiser und seine Hofherren von Einfluß. Diese mußten das Fußvolk in den bittersten Ausdrücken anschuldigen, daß es Folge dem Befehl umzukehren sich geweigert und den herrlichsten Anlaß, etwas Großes zu vollführen, schnöde aus Händen gelassen. Dies galt den gesamten Fußtruppen. Am heftigsten aber mußte der Bote auf die Nürnberger losziehen; daß sie nämlich mit dem Feind ein geheimes Einverständnis pflegten und nichts anders als kaiserlicher Majestät Nachteil und Schmach wünschten.

Ein gewaltiger Lärm erhub sich nun in der Hofburg. Kein Schimpfwort war, womit die Fußgänger nicht überschüttet wurden. Ich machte mich, als ich dies hörte, sogleich auf, suchte beim Kaiser Gehör und bat ihn, solchen Lügengerüchten doch nicht allzu leichtgläubig sein Ohr zu leihen, sondern nach seiner bisherigen Weise eine genaue Untersuchung in der Sache anzustellen. Erst dann würde er zwischen dem Fußvolk und der Reiterei ein gerechtes Urteil zu fällen imstande sein. Ich zeigte ihm, wie ungebührlich es wäre, über ersteres ungehört den Stab zu brechen.

In Betreff der Nürnberger zeigt ich ihm, wie daß ich meinen Waffenbruder Hans von Beirsdorf [Weichsdorf] und manche andere durch vieljährigen Kriegsdienst sattsam erprobte Männer als Feldhauptleute bei ihnen zurückgelassen, die sicher nicht begieriger, als seinen des Kaisers Nutzen und Ruhm zu befördern suchten, und wie ich im geringsten keinen Zweifel hege, daß sie nicht über alle ihre Schritte die genügendste Rechenschaft würden ablegen können.

Der Kaiser suchte mich mit einem halben Lächeln zu beruhigen, woraus ich leicht seine eigentliche Herzensmeinung erkannte. Denn es war ihm nicht unbewußt, was er von der Reiterei, vorzüglich jener fränkischen, sich Großes versprechen durfte. Bald darauf reiste er nach Neuenburg ab, einem hart am

Rheinstrom gelegenen Städtchen, um in der Nähe von Basel zu sein und von den dortigen Vorgängen sich schneller Kunde zu verschaffen.

Dessenungeachtet fielen täglich Streifzüge und kleine Scharmützel vor, in welchen bald der eine, bald der andere Teil die Oberhand behielt. Die Eidgenössischen trachteten zu wiederholten Malen eine Insel im Bodensee, Reichenau genannt, zu besetzen, aber jedesmal wurden sie von der eingelegten Besatzung männlich zurückgeschlagen.

Die Friedensunterhandlungen zogen sich indes gewaltig in die Länge, da jeder Teil Vorschläge brachte, die der andere unmöglich eingehen konnte, auch beidseits Vergütung des erlittenen Schadens gefordert wurde. Und obgleich der Gesandte Mailands alle erdenkliche Mühe sich gab, dem verwüstenden Kriege Einhalt zu tun, so war dennoch alle Arbeit umsonst. Jeder Teil behauptete, daß ihn der begonnene Krieg nicht reue, und verblieb hartnäckig in seinem Widerstand.

Indessen kehrte der Kaiser nach Freiburg zurück, und ich zog mit ihm meinen Nürnbergern, bereits war frischer Zuzug angelangt, entgegen und führte ihm eine ins Geviert aufgestellte Streitschar von 800 Mann Fußvolk nebst Reiterei und Geschütz [unter ihnen 200 Büchsenschützen] vor Augen. Er ritt in eigener Person um sie herum und freute sich, indem er alles sorgfältig besichtigte, nicht wenig über die wohlausgerüsteten Heerrotten. Denn alle trugen Röcke von der gleichen roten Farbe, glänzende Waffenausrüstungen und äußerst brauchbare Gewehre und ließen so auf eine noch größere Zahl, als wirklich vorhanden, schließen. Ebenso schienen auch die Büchsen größer, deren Zahl nicht über zehn stieg. Dies alles erregte des Kaisers Wohlgefallen, und da ich wußte, daß er am Losfeuern des Geschützes große Freude trug, so lud ich ihn zu einem Schießfest ein. Er weigerte sich nicht lange, sondern sprang augenblicklich vom Pferd, und nachdem er die größte unter den vorhandenen Büchsen sich ausgesucht und nach der Scheibe gezielt hatte, schoß er so sicher, daß er alle übrigen Schützen übertraf und darüber, wie mir schien, eine nicht geringe Freude empfand.

Diesen Augenblick benutzten der Obrist des Fußvolks und die Hauptleute, redeten ihn an und suchten sich von denen ihnen vorgeworfenen Vergehen zu reinigen, indem sie dartaten, daß dies alles bloß von ihren Feinden erdichtet worden, damit sie die eigene Schuld bemänteln könnten; sie bäten daher, K. Majestät möchte nicht geradezu den Verleumdungen Glauben schenken, sondern die Sache, so wie sie vor sich gegangen, genau untersuchen. Der Obrist selbst führte aber in noch herberen Worten die Sache der Seinigen: »Erhabenster Kaiser«, sprach er, »bereits sind fünfzig Jahre verstrichen, seit ich angefangen habe, Kriegsdienst zu nehmen; von diesen habe ich über dreißig, wie du selbst am besten weißt, unter deinen geweihten Fahnen durchlebt, diese ganze Zeit über hat niemals ein Brandfleck sich meinem guten Leumund aufgedrückt, sondern ich betrug mich immer, sowohl zu der Zeit, wo ich als gemeiner Soldat diente, denn da ich die ehrenwertesten Scharen befehligte, auf eine Art, daß ich mehr als einmal nicht geringes Lob und keineswegs eitle Ehre mir erworben habe. Dafür nehme ich dich selbst zu meinem vollgültigsten Zeugen, der du mich, vermöge deiner Huld so oft, in den Franzosen und Ungarn, wie in den deutschen Kriegen, öffentlich gelobt und mit kriegerischen Ehren so großmutvoll beschenkt hast. Nun aber suchen meine Neider, die nicht so fast Feinde meiner Person, als des Gemeinwesens der Nürnberger sind, meinen und meiner Kriegsgefährten Ruf anzuschwärzen; keineswegs als wären sie imstande, irgendeine Schuld mir oder den Nürnbergern im allgemeinen darzutun, sondern bloß um mit der Schuld von dritten Personen ihre eigene Feigheit zu verhüllen. Sie werfen uns vor, wir hätten mit dem Feind nicht handgemein werden wollen, da uns doch dieser keine Gelegenheit dazu gab; auch blieben wir so lange in Schlachtordnung stehen, bis jene uns den Befehl erteilten, ins Lager zurückzukehren. Aber – sagen sie – als man uns zurückrief, weigerten wir den Gehorsam. Mögen sie uns diejenigen nennen, so jemals uns zurückberufen oder den Befehl zur Rückkehr zukommen ließen; und wenn hierfür der Beweis geleistet worden, so wollen wir geduldig jedem Schimpf und jedem Zeichen von Strafe gern uns preisgeben. Doch im Fall wir auch zurückgekehrt sein würden, so hätten die Feinde von den nicht unbeträchtlich hohen Hügeln herab, die wir zuerst noch hätten besteigen müssen, unsere Ankunft leicht wahrnehmen und früher in sichere Haltepunkte sich zurückziehen können, als es uns gelungen wäre, nach jener Stallung [Stellung] vorzudringen.

Doch warum haben denn sie, die nun hintennach unsere Zaghaftigkeit anklagen, ihre eigene Kühnheit aber so herausstreichen, nicht vielmehr ohne uns einen Angriff auf den Feind gewagt; sie, die Reiter, auf simple Fußgänger, die Mehrzahl auf die Minderheit, die Edlen auf Bauern, wie sie die Schweizer nennen; und zwar um so mehr, da jener, der Feind, auf die Ebene herabstieg und ein Treffen ihnen anbot? Allein, es sind diese dieselben, welche die Feinde, als sie nach der Belagerung von Stockach auf den Ebenen rings zerstreut in die Hände bekommen, nicht anzugreifen wagten; es sind die nämlichen, die niemals auch nur eine Spur von Tapferkeit an den Tag gegeben haben. Dennoch, bei Gott, unterstehen sie sich, anderer guten Namen anzuschwärzen, weil sie die eigene Erbärmlichkeit nicht anders als durch Verleumdung von Unschuldigen zu bedecken imstande sind.

Übrigens, um die Sache nicht ins Breite zu ziehen, erkläre ich kurzweg alle diejenigen, welche uns ein so schändliches Brandmal der Furcht aufzudrücken sich erkühnt haben, für die niederträchtigsten Lügner und weiß gar wohl, daß mehrere selbst zugegen sind, die an dieser Intrige und Hinterlist teilgenommen. Mögen diese hervortreten, und ich will jede Art von Todesstrafe gern erleiden, wenn ich sie nicht so sehr durch Worte als durch meinen Arm der unverschämtesten Lüge überweise. Allein diese Art von Menschen pflegt ihre Sache nicht gern offen zu treiben, sondern gleichwie es ihnen an Mut fehlt, in offener Schlacht mit dem Feinde zu streiten, so hören sie auch hier nicht auf, in verborgenen Schlingen den ehrlichen Leumund schuldloser Männer zu verstrikken, einzig auf ihren leeren Adel und Ritterschmuck stolzierend, während sie in Hinsicht ihres Mutes kaum mit einem gewöhnlichen Soldaten, geschweige mit einem Veteranen die Vergleichung aushalten. Übrigens bist du selbst uns der beste Zeuge, wie bereitwillig wir alle, in diesem Krieg vorzüglich, unsern Dienst geleistet und wie treulich wir gegen deine Majestät Gehorsam bezeigt. Gleichwie wir nun auch fürder und bis zu Ende standhaft auszuharren und für deine Ehre und Glorie weder unsers Leben noch Blutes zu sparen bereit sind, so bitten wir anderseits untertänigst deine Huld, du mögest unsern Ehrenfeinden früher keinen Glauben schenken, bis du nicht die Wahrheit genau ausgemittelt haben wirst. Dies wird uns dann nicht minder zum Troste als deiner Majestät zur höchsten Zierde gereichen.«

Nachdem jener alles mit vernehmlicher Stimme in Gegenwart einer zahlreichen Versammlung von Fürsten und edlen Herren, die auf ihren Pferden saßen, gesprochen hatte, hörte man nicht eine einzige Widerrede, obgleich manche von den Urhebern jener Ränke mit dabei anwesend waren, sondern es herrschte ein tiefes Schweigen. Der Kaiser aber nahm unsere Entschuldigung nicht nur gnädig auf, sondern ermahnte uns noch überdies in sehr ehrenvoller Anrede, wir möchten also wie wir begonnen bis zu Ende standhaft verharren, beschenkte mich und meinen Waffenbruder, den Ritter von Beirsdorf [Weichsdorf], mit prachtvollen Pferdedecken und befahl uns, nach dem Städtchen Lauffenburg [Laufenburg] zu ziehen und dasselbe, falls die Not dränge, tapfer zu verteidigen; denn er hatte Kunde erhalten, daß die Schweizer, falls die Friedensunterhandlungen sich zerschlagen sollten, alsbald diesen Ort mit französischem Geschütz belagern würden; daher beschloß er mit einer starken Besatzung ihn zu decken. Wir beurlaubten uns demzufolge bei dem Kaiser, brachten die Nacht in unsern Zelten zu und rüsteten uns voll Freude zum vorgeschriebenen Marsch, nicht so fast deshalb, weil wir bei jenem mit unserer Rechtfertigung so huldreiche Aufnahme gefunden, als daß wir nun einmal von jenen Lettfeigen und Verrätern von Reitern loskommen sollten, welche mit nichts anderm sich beschäftigen, als beständig uns Schlingen zu legen und solche Meutereien gegen uns anzetteln, daß ein feindlicher Angriff uns lange nicht so furchtbar war, als die Anarchie in den Reihen unserer Mitstreiter.

In geschlossenen Reihen zogen wir also durch Neuburg [Neuenburg] gen Basel, welches wir zur Seite ließen. Wir begaben uns nach Rheinfelden, und endlich rückten wir im Städtchen Lauffenburg ein, wo wir Lebensmittel in Menge, ja im Überfluß vorfanden. Ich ließ daher zuerst die Krieger, welche von den vielen Strapazen ganz ermattet und durch die lang anhaltenden und höchst beschwerlichen Märsche ganz abgeschwächt und zerschlagen waren, sich wieder erholen und erquicken und blieb nun an diesem Orte bis zu Ende des Kriegs, indem ich täglich die Belagerung von feindlicher Seite und die Beschießung mit den fanzösischen Kanonen erwartete, welch letztere ich mit so vielen Kriegsmaschinen und Soldaten, besonders Büchsenschützen, von Herzensgrund wünschte, damit jedermann klar würde, wie weit die Windmacherei der Franzosen gehe; denn diese hatten den Schweizern versprochen, binnen drei Stunden mit jenem Geschütz die Mauern niederzuwerfen.

Inzwischen aber hatte der König von Frankreich mit Hilfe der schweizerischen Soldkrieger, die zu ihm geströmt, Herzog Ludwig (Sforza) [Ludovico il Moro] aus dem Besitz von ganz Mailand vertrieben. Als der Gesandte dieses letztern solches vernommen, fing er neuerdings an, aus allen Kräften die Friedensunterhandlungen zu betreiben, und machte sich die Abgeordneten beider Teile durch sehr große Geschenke verbunden, um ihre Mitwirkung zum Friedenswerk um so bereitwilliger erhalten zu können; überdies versprach er auch noch sowohl dem Kaiser als den Schweizern ungeheure Geldsummen und daß der beidseits erlittene Schade durch mailändisches Geld ganz ersetzt werden sollte. Denn es hoffte Ludwig, wenn hier die Sachen ausgeglichen sein würden, sowohl durch des Kaisers als der Eidgenossen Waffen wieder zu seinem alten Besitztum zu gelangen, darum sparte er keine Art von Bestechung, um nur zu seinem Ziele zu gelangen. Wie sehr er sich aber in dieser Hoffnung täuschte, haben spätere Zeiten klar dargetan.

Während nun von dieser Seite her mit aller Sorgfalt am Frieden gearbeitet war, ging mich der Landvogt im Schwarzwald mit Bitten dringlich an, ihm Hilfe gegen einen Schwarm Bauern zu senden, welche von den Grafen von Sulz abgefallen waren; denn er sei gewillt, in des Kaisers Namen Rache an ihnen zu nehmen. Ich gewährte ihm seine Bitte ohne Bedenken. Wir vereinigten also unsere Truppen und

Räuber • Mittelalterliches Hausbuch

brachen 400 Mann zu Fuß und 200 zu Pferd stark in die Landschaft Klettgau ein und erschlugen durch diesen plötzlichen Überfall eine Menge Menschen. Die übrigen aber flüchteten in befestigte Kirchen und begannen über eine Summe Geldes zu unterhandeln, auf daß sie ihre Dörfer von der Einäscherung retteten. Bereits war man auch über den Geldbetrag einig geworden, aber der Landvogt trachtete die ganze Summe zu seinem eigenen Gebrauch sich zuzuwenden. Über diese Ungerechtigkeit erbittert, streiften die Soldaten nun nach allen Richtungen herum und hausten und schalteten allenthalben nach Gutdünken; sie legten Feuer in die Höfe und äscherten sie ein, und in einer kurzen Zeit war die ganze blühende und anmutige Landschaft gänzlich verwüstet. Als der Landvogt dies sah, geriet er in den heftigsten Zorn, denn er hielt dafür, daß ihm nicht minder Schaden als dem Feinde zugefügt worden, und fing deshalb an, die Krieger mit Strenge zur Rechenschaft zu ziehen. Allein diese machten einen Auflauf und waren schon bereit, ihm persönlich auf den Leib zu gehen, als ich mit meinen Reitern mich dazwischenwarf und den Tumult unterdrückte. Ohne diese Vermittlung würden sie ohne Zweifel an dem Manne eines so unzeitigen Geizes halber sich vergriffen haben. Dennoch sah er sich genötigt, zu weichen und durch schleunige Flucht sein Leben zu retten. Mit meinen Truppen kehrte ich nach Lauffenburg zurück. Sodann aber ritt ich mit wenigen Reitern nach Basel herunter, um selbst Erkundigung einzuziehen, was in bezug auf den Frieden inzwischen geschehen und ob ich meine Truppen zu entlassen oder noch ferner beizubehalten hätte. Zwei Tage nach meiner Ankunft [am 22. September 1499] wurde der Friede wirklich unter solchen Bedingungen abgeschlossen, daß jeder Teil ihn nicht nur als für sich nützlich, sondern auch ehrenvoll erklärte. Dies war kein Wunder, denn der Gesandte Mailands hatte nicht nur die verhärtetsten Männerherzen mit funkelndem, süßklingendem Golde weichgemacht, sondern auch sämtliche Zwiste auf beiden Seiten durch noch glänzendere Bestechungen ausgeglichen. Er hielt dies für den einzigen Weg, auf dem der Herzog wieder zu seinem Land kommen könnte.

Weil aber den Schweizern die versprochene Geldsumme nicht auf der Stelle ganz ausbezahlt werden konnte, da das Geld noch nicht beisammenlag, und letztere weder bloßen Worten noch selbst Brief und Siegel trauen wollten, sondern Bürgen verlangten, so kam man mit den Konstanzern überein, daß sie die Gerichtsbarkeit über den Thurgau, welcher sie damals sich bemächtigt hatten, den Eidgenossen als Pfandschaft für 20000 Goldgulden auf so lange verschrieben, bis diese Summe bezahlt sein würde. Die Konstanzer, um dem Kaiser einen angenehmen Dienst zu erweisen und guter Meinung, da der mailändische Gesandte gleich bei seiner Rückkehr nach Hause die Verschreibung zu lösen verhieß, gaben ihre Einwilligung dazu, indem sie nicht nur dadurch des Kaisers Huld, sondern auch des Herzogs besondere Freigebigkeit und ungeheure Geschenke sich zuzuwenden voll Erwartungen hofften. Allein bald hernach wurde leider Herzog Ludwig gefangen und nach Frankreich abgeführt; somit blieb leider auch jene Geldsumme unbezahlt. Und deshalb kamen dann auch die Konstanzer gänzlich um jene Gerichtsbarkeit, und die Schweizer usurpieren sie bis auf den heutigen Tag zu größtem Schaden und Verlust derselben.

Des folgenden Tages erschienen die Gesandten beider Teile im Münster, und es wurde wegen des nunmehr zustande gebrachten Friedens der Gottheit Dank abgestattet. Allein während man noch dem Gottesdienst oblag, begann plötzlich von vielen nahe gelegenen Ortschaften ein dunkler Rauch aufzusteigen, welchem bald auch eine lichterlohe Flamme folgte, so daß in einem Augenblick alles im Feuer widerleuchtete. Die ganze Stadt beinahe strömte zusammen, ein so gräßliches Schauspiel mit anzusehen, und erblickte wirklich von dem etwas erhabenen Platze, auf welchen das Münster geht, woher die Feuersbrunst kam. Die Reiter nämlich, welche zu Rheinfelden in Besatzung lagen, hatten über den Rhein gesetzt und alles mit Feuer und Schwert verwüstet, während die Schweizer der Friedensunterhandlungen willen nachlässiger ihre Sache betrieben und von keiner Seite her einen Überfall vermuteten.

Das Volk zu Basel, aufs äußerste erbittert, rief zu den Waffen, und als es diese zur Hand genommen, eilte es in schnellster Hast, die befestigten Orte der Stadt, vorzüglich aber die Rheinbrücke, zu besetzen; alles mit Lärm und Waffengeräusch erfüllend, gänzlich ungewiß, was es nur auch zu tun und wohin zu gehen hätte, bis endlich der Magistrat den so plötzlich entstandenen Tumult besänftigte, der wahrlich sowohl den Gesandten des Kaisers als mir selbst nicht geringen Schrecken eingejagt hatte, da man bereits viele Stimmen hörte, welche laut und offen anfeuerten, alle Kaiserlichen niederzumachen. Dieses Geschrei war schon eine ziemliche Anzeige des Abfalls der Stadt vom Reiche, welcher bald darauf erfolgte [1501].

Tags darauf trat ich den Rückweg nach Lauffenburg an, begleitet vom mailändischen Gesandten Galeazzio Visconti, mit dem ich schon früher Freundschaft geschlossen hatte. [Es war sein italienischer Studienfreund.] In Lauffenburg angekommen, führte ich mein Kriegsvolk vor das Tor hinaus und ließ es vor ihm in Parade antreten. Dieser Anblick erfreute ihn sehr, und er fragte gleich, ob ich mit demselben nicht zum Beistand seines Herzogs heraneilen möchte. Ich erwiderte ihm, daß es mir nicht zieme, ohne das Gemeinwesen von Nürnberg befragt zu haben, in fremde Händel mich zu verwickeln. Doch gab ich ihm schon damals den Rat, an den er sich in der Folge noch oft erinnerte, den Schweizern nicht allzusehr zu trauen, da er noch nicht wisse, wie weit er sich auf sie verlassen könne.

Solches Ende nahm jener höchst traurige Krieg, nachdem beide Teile nicht geringen Schaden erlitten und eine bedeutende Anzahl der trefflichsten Krieger eingebüßt hatten; keiner von beiden erhielt nur etwas mehr, als er vor Anfang der Unruhen besessen hatte. Übrigens würden, wie man nachher klar gesehen hat, die Schweizer dennoch es nicht ausgehalten haben, wenn man den Krieg in die Länge gezogen, denn früher waren sie gewohnt gewesen, besoldet von Fremden Kriegsdienst zu leisten. In diesem

Dorf
Mittelalterliches Hausbuch

Krieg sah sich jeder genötigt, auf eigene Kosten in den Streit auszuziehen. Solches aber kam ihnen äußerst hart vor, und täglich zerstreuten sich daher aus dieser Ursache Soldaten von den Fahnen und liefen zum französischen König hin. Zu diesem kam noch der große Mangel an Getreide und besonders der ganz unerträgliche Abgang an Salz; da das Vieh der Schweizer seiner allzufetten und reichen Weide willen einer Menge von Krankheiten unterworfen ist, wenn man ihm nicht täglich mit einer angemessenen Portion Salz zu Hilfe kommt. Sie suchten daher, da die Ausfuhr aus Deutschland verboten war, wenigstens aus Frankreich es herbeizuführen; allein das Herdvieh bezeigte einen Ekel dagegen, weil es aus bloßem Meerwasser zusammengesetzt war, obgleich man es mit Wasser nochmals wusch und im Feuer absott. Nun endlich bot ihnen das Glück oder vielmehr das Unglück des mailändischen Herzogs einen solchen Ausgang des Krieges dar, wie sie ihn nie zu hoffen gewagt hatten. Dennoch nahmen sie den Ruhm standhafter Tapferkeit und gediegener Kriegskenntnis mit sich, da sie nie tollkühn und unbesonnen ein Unternehmen wagten, sondern in allen Dingen ihrem Mute sehr viel, dem Glück sehr wenig zugetrauten; vorzüglich aber auch, weil sie dem Kriegsbefehl und den Geboten ihrer Führer unbedingt gehorchten und somit weder der Ratschlag der Tat noch die Tat des Ratschlages entbehrte. Hätten die Kaiserlichen dies auch getan, so würden sie unstreitig herrlichen Sieg davongetragen haben, da sie nicht nur an Fußvolk weit die Überzahl hatten, sondern auch durch die trefflichste Reiterei bedient, mit Kriegsvorrat aller

Arten weit über Bedarf versehen und auch an persönlicher Tapferkeit nicht unter ihren Feinden waren. Allein da sie eine vorschnelle Verwegenheit über reif überlegte Ratschläge setzten, so mußte auch ein solcher Ausgang sie von dem Vorzug der letztern überzeugen, den allzu blinde Verachtung und Tollkühnheit gewöhnlich zu bringen pflegt.

Übrigens scheinen die Eidgenössischen in diesem Krieg gleichsam die letzte Probe ihrer Kraft gegeben zu haben; denn was von jenen Tagen an bis auf unsere Zeit ferner durch sie geschehen ist, stimmt mit den Anfängen derselben schlecht zusammen. Doch es ist dies der gewöhnliche Lauf menschlicher Dinge, daß auf demütig-bescheidenen Beginn endlich Übermut und Hoffart folgen und mit diesen bald auch Habsucht und jede Art von Laster sich verbrüdern, so daß zuletzt nichts mehr für unanständig oder schändlich gilt, als was keinen Gewinn bringt oder der Leidenschaft des Herzens nicht zu schmeicheln scheint. Denn die Schweizer, umsonst vom Herzog Mailands mit Wohltaten überhäuft, verließen ihn nicht nur einfach bald hernach auf die schändlichste Weise, sondern verrieten ihn sogar an die Franzosen, angelockt hiezu durch elende Geldgierde, nicht nur zu ihrer besondern Schmach, sondern zum ewigen Schimpf der ganzen deutschen Nation, welche eines so verworfenen Menschenhandels mit deutschen Männern willen bei allen Nationen des Auslands in den schlechtesten Ruf gekommen ist. Doch wurden jene in der Folge mehr als einmal für diese Sünde hart gestraft.

Denn zu zwei Malen wurden sie im Königreich Neapel in die Flucht geschlagen und aufgerieben, sodann bald darauf auch im Königreich Navarra, wo sie den Franzosen als Kriegsknechte dienten. Und als hernach auch zwischen ihnen und den Franzosen Zerwürfnisse entstunden in Betreff des Herzogtums Mailand, erlitten sie, besonders durch die deutschen Hilfsvölker, die mit gegen sie stritten, eine große Niederlage und mußten die Flucht ergreifen, und zwar, gleichsam zur Sühne für den verratenen Herzog, auf denselben Gefilden, wo die Verbrechen begangen worden. Im Verlauf der Zeit söhnten sie sich mit den Franzosen wieder aus; allein als der König derselben bei der Belagerung von Pavia gefangen worden, wurden auch sie geschlagen und niedergemetzelt.

Doch ich überlasse dies zu beschreiben andern, nachdem ich dasjenige zu Ende geführt, was ich am Eingang dieser Schrift mir vorgenommen hatte. Nach geendigtem Kriege führte ich meine Truppen nach Freiburg, ließ ihnen den Sold ausbezahlen und schickte sie nach Nürnberg zurück. Bald traf auch ich daselbst mit den Reitern wieder ein, empfing, nachdem ich von sämtlichen Vorfällen genau Rechenschaft abgelegt, meines mit Eifer ausgeführten Auftrags willen öffentliche Belobung und eine sehr schöne goldene Schale vom Rat von Nürnberg zum Geschenk. Diese Auszeichnung wurde bald darauf durch ein Schreiben des Kaisers vermehrt, in welchem er den Nürnbergern des so schleunig zugesandten Kontingents willen seine Dankbarkeit bezeigte und besonders auch meiner, als des Feldobersten, sehr ehrenvolle Erwähnung tat. Auch in der Folge noch gab er mir seine Huld und Gütigkeit oft in hohem Maße zu erkennen; so zwar, daß er mich, der weder darum warb noch anhielt, in die Zahl seiner Räte aufnahm. Dies betrachtete ich als nicht so fast zu meinem Nutzen und meiner Ehre als zum Besten und Wohl der Nürnberger im allgemeinen gereichend, denn so oft ich nachher mit öffentlichen Aufträgen zu ihm als Gesandter geschickt wurde, fand ich immer geneigtes Gehör, wurde ehrenvoll entlassen und mehrmalen mit wertvollen Geschenken überhäuft. Diese ehrenvolle Behandlung setzte auch sein frommer Enkel, der jetzt regierende große Kaiser Karl, nicht nur fort, sondern vermehrte und vergrößerte sie noch von freien Stücken und suchte mich durch viele andere Befreiungen [Privilegien] und Vorzüge auszuzeichnen.

Die Anmerkungen des Herausgebers zu Pirckheimers Werk siehe Seite 278 bis 281

Willibald Pirckheimer
Albrecht Dürer

DR. WOLFGANG SCHIEL

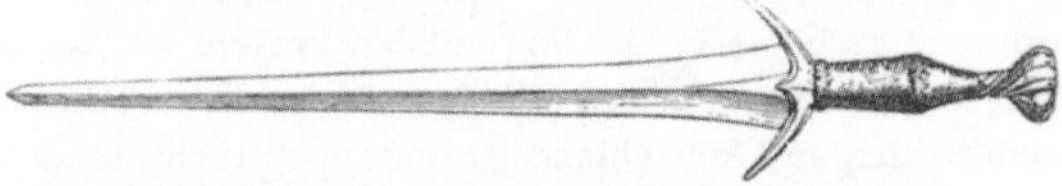

Willibald Pirckheimer – Humanist, Militärhistoriker und Memoirenautor

DIE EPOCHE UND DER AUTOR

Die Betrachtung des Lebens und Wirkens Willibald Pirckheimers (1470–1530) führt in die Epoche des Übergangs von der feudalen zur kapitalistischen Gesellschaft, die in Europa etwa in der zweiten Hälfte des 15. Jahrhunderts begann und bis in die neunziger Jahre des 18. Jahrhunderts währte. Sie wurde wesentlich von der Entstehung und Entwicklung sowie von der wirtschaftlichen, politisch-sozialen und geistig-kulturellen Emanzipation der neuen aufstrebenden Klasse, der Bourgeoisie, gegen den Widerstand der überlebten Feudalkräfte geprägt. Mit dem sich zuerst in England vollziehenden stufenweisen Übergang vom Zunfthandwerk zur Manufaktur und dann zur großen Industrie entwickelte sich das städtische Klein- und Mittelbürgertum zur großen Bourgeoisie, ebenso wie auch aus Zunftgesellen nichtzünftige Tagelöhner und spätere Proletarier hervorgingen. Die langwierige Emanzipation des europäischen Bürgertums kulminierte in drei großen Entscheidungsschlachten, in denen jeweils die ausgebeuteten Klassen und Schichten die schlagende Armee stellten: der frühbürgerlichen Revolution in Deutschland mit dem großen Bauernkrieg von 1524/26 als dem Gipfelpunkt dieser Schlacht; der englischen Revolution von 1640 bis 1660 und der großen französischen Revolution von 1789 bis 1793. Die feudalen Fesseln wurden zerschlagen. »... in England allmählich, in Frankreich mit einem Schlag, in Deutschland ist man noch nicht damit fertig«[1], schrieb Friedrich Engels 1886. Es war jene Epoche, in der sich die bürgerliche Gesellschaft seit dem 16. Jahrhundert vorbereitete und im 18. Riesenschritte zu ihrer Reife machte.[2]

Die sechs Lebensjahrzehnte Pirckheimers fallen in die Anfangsperiode dieses mehr als drei Jahrhunderte dauernden Übergangs, in eine Zeit, in der sich die größte progressive Umwälzung vollzog, die die Menschheit bis dahin erlebt hatte.[3] Es gab in diesem Umbruch im Leben der europäischen Völker und Staaten kein gesellschaftliches Gebiet, das nicht von revolutionären Veränderungen, freilich nationalspezifisch, erfaßt wurde. In Frankreich, England, Spanien und Rußland gelang es dem Königtum, die Macht des Feudaladels zu brechen und große, wesentlich nationale Monarchien zu gründen. Diese absolutistisch regierten Nationalstaaten erwiesen sich als der wirksamste Hebel zur raschen Entwicklung kapitalistischer Produktionsverhältnisse und Klassenbeziehungen, zur Herausbildung bürgerlicher Nationen. Eine solche progressive staatliche Entwicklung blieb Deutschland versagt. 1495 gab es über 350 größere und kleinere weltliche und geistliche deutsche Territorialstaaten, Grafschaften, reichsfreie Städte, Abteien, reichsrit-

---

[1] F. Engels, Ludwig Feuerbach und der Ausgang der klassischen deutschen Philosophie, in: K. Marx/F. Engels, Werke (im folgenden MEW), Bd. 21, Berlin 1962, S. 300.

[2] K. Marx, Einleitung zu den »Grundrissen der Kritik der politischen Ökonomie«, in MEW, Bd. 42, Berlin 1983, S. 19.

[3] F. Engels, Dialektik der Natur. Einleitung, in: MEW, Bd. 20, Berlin 1962, S. 311/312.

terschaftliche Gebiete und andere Herrschaften, deren Zahl sich durch Kriege und Fehden, Erbteilungen und dynastische Heiratspolitik fortwährend veränderte.[4] Pirckheimer erlebte drei Habsburger Herrscher: Friedrich III. (1415–1493), dessen Sohn Maximilian I. (1459–1519) und dessen Enkel Karl V. (1500–1558). Keiner dieser römischen Könige und Kaiser des Heiligen Römischen Reiches Deutscher Nation, so lautete seit 1486 die offizielle Staatsbezeichnung, war imstande, die zentrifugalen Kräfte der Stände und Städte in diesem multinationalen staatlichen Konglomerat, in dem mehr Nichtdeutsche als Deutsche lebten, zu überwinden und eine starke Zentralgewalt zu schaffen. Das hätte bedeutet, die kräftezehrende europäische Großmachtpolitik aufzugeben, auf die Beherrschung der nichtdeutschen Reichsteile zu verzichten und sich zugunsten der Reichsinteressen von der engstirnigen dynastischen Hausmachtpolitik loszusagen. Dazu hatten weder die Habsburger noch andere deutsche Fürstenhäuser die Kraft und den Willen. Statt eine zentralisierte deutsche Monarchie herzustellen, stärkten sich lediglich die Territorialgewalten, bestand die Zersplitterung fort.

Der Wurzelboden, auf dem die den Feudalismus zersetzenden und die frühkapitalistischen Verhältnisse gebärenden Kräfte wucherten, war die materielle Produktion, besonders deren Entwicklung in den damals bedeutendsten europäischen Gewerbe- und Handelsstädten. Dazu zählten Mailand, Genua, Venedig, Florenz, Lyon, Basel, Straßburg, Paris, London, Antwerpen, Brügge, Köln, Augsburg, Nürnberg, Frankfurt am Main, Lübeck, Leipzig und Wien. »Im fünfzehnten Jahrhundert war … die Feudalität in ganz Westeuropa in vollem Verfall; überall hatten sich Städte mit antifeudalen Interessen, mit eignem Recht und mit bewaff-

[4] Deutsche Geschichte, Bd. 3. Die Epoche des Übergangs vom Feudalismus zum Kapitalismus, Berlin 1983, S. 42.

neter Bürgerschaft in die feudalen Gebiete eingekeilt, hatten die Feudalherren teilweise schon gesellschaftlich, durch das Geld, und hie und da sogar politisch in ihre Abhängigkeit gebracht; selbst auf dem Lande, da, wo der Ackerbau durch besondere günstige Verhältnisse sich gehoben, fingen

Nürnberg
nach Schedels Chronik

die alten Feudalbande an, unter der Einwirkung des Geldes sich zu lösen ...«[5] Gegen Ende des 15. und in den ersten Jahrzehnten des 16. Jahrhunderts hatte sich die Geldwirtschaft derart ausgedehnt, daß immer größere Bevölkerungsteile in das bürgerliche Netz der Ware-Geld-Beziehungen verstrickt waren. Außerdem vergrößerte die wachsende Gewerbeproduktion der Städte und der immer ausgedehntere Fernhandel das Warenangebot auf den städtischen Märkten und Messeplätzen in Quantität und Qualität. Daraus entwikkelte sich in Westeuropa an weltlichen und geistlichen Höfen, unter den reichen Städtebürgern, auch bei wohlhabenden Handwerkern und anderen Schichten ein starkes Konsumbedürfnis, ein wahrer Geldhunger, ein Drang nach Gold. Unersättlich war das Geldbedürfnis bei kaiserlichen und königlichen Regenten, Fürsten, Grafen und sonstigen Herren. So verschlangen die Großreichpolitik Maximilians I., seine üppige Hofhaltung, seine etwa dreihundert Kriege und Adelsfehden, seine dynastischen Ehebündnisse maßlose Summen. Bei seinem Tode war er mit 24000 Gulden allein bei Innsbrucker Gastwirten und Handwerkern verschuldet. Die permanente Geldnot trieb adlige Ritter, die immer weniger zu verkaufen hatten, für die das Rauben immer schwieriger, der Ritterkampf kostspieliger wurde, in die Fänge der Geldverleiher. Auch das »große internationale Zentrum des Feudalsystems«[6], die das ganze Leben beherrschende römisch-katholische Kirche, wurde mit fortschreitender Ware-Geld-Wirtschaft von einer unermeßlichen Geldgier erfaßt. Für Geld konnte man in Rom alles haben,

[5] F. Engels, Aus dem handschriftlichen Nachlaß. Über den Verfall des Feudalismus und das Aufkommen der Bourgeoisie, in: MEW, Bd. 21, Berlin 1962, S. 394.

[6] F. Engels, Einleitung zur englischen Ausgabe der »Entwicklung des Sozialismus von der Utopie zur Wissenschaft«, in: MEW, Bd. 22, Berlin 1963, S. 299.

von der kleinsten Pfründe bis zum Kardinalshut, von der Erlaubnis, in der Fastenzeit Butter zu essen, bis zur Absolution von Mord und Verfolgung durch Inquisition. Je weniger Mittel aus den Kirchen Frankreichs, Englands, Spaniens nach Rom flossen, weil sie in diesen erstarkenden Monarchien der eigenen staatlichen Finanzhoheit unterstellt wurden, desto größere Summen wurden von allen Vertretern der kirchlichen Hierarchie aus den zersplitterten, politisch schwachen deutschen Reichsgebieten für Rom und eigene Zwecke gepreßt.

Wenn in England zur Lebenszeit Pirckheimers die Bauernschaft vom Grund und Boden verjagt und das Ackerland in Schafweiden verwandelt wurde, weil sich die englischen feudalen Grundbesitzer auf Schafzucht verlegten, um aus den steigenden Wollpreisen hohe Gewinne zu erzielen, so vollzog sich der Einbruch kapitalistischer Verhältnisse in die deutsche Landwirtschaft bei weitem nicht so radikal, sondern langsamer. Allmählich wurde auch hier das feudale Bodenmonopol gebrochen, wurden Grund und Boden zu einer käuflichen Ware, wurden in wachsender Menge Getreide, Vieh, landwirtschaftliche Spezialkulturen für die Märkte gewerblicher Zentren produziert, wurde die Naturalrente immer mehr zur Geldrente. Der allgemeine Geldbedarf hatte so zugenommen, daß in einem einfachen Bauern- oder Gesindehaushalt bereits 40 Prozent aller Nahrungsmittel, Bekleidung und Gegenstände gekauft werden mußten; in einem Patrizierhaushalt war dieser Anteil bedeutend höher. Das Geld wurde »die Macht aller Mächte«[7]. Bahnbrecher und eigentlicher Nutznießer war das durch Wucher und Handel entstandene Geldkapital, personifiziert in den großen internationalen Kaufleuten des Fern- und Zwischen-

[7] K. Marx, Das Kapital, Erster Band, Vierundzwanzigstes Kapitel, Die sogenannte ursprüngliche Akkumulation, in: MEW, Bd. 23, Berlin 1968, S. 746.

Der Kaufmann
Hans Burgkmair

handels und in den Geldverleihern. Auf allen bedeutenden Handelsplätzen und -routen mit Faktoreien, Bankfilialen und Wechselstellen war es präsent. Es begann die kapitalistische Erkundung und Verwertung der Territorialschätze. Weil das nach vergrößertem Handelsgewinn und Wucherzins strebende Geldkapital durch die ländliche Feudal- und die städtische Zunftverfassung behindert wurde, kannten Kaufleute und Geldverleiher, von der Konkurrenz getrieben, bei ihrer waghalsigen Jagd nach immer einträglicheren Gewinnquellen keine Länder- und Erdteilgrenzen. Die Geld- und Goldgier, die unentwegte Suche nach Edelmetallen und -steinen löste die geographisch-kommerziellen Entdeckungen aus. »Gold suchten die Portugiesen an der afrikanischen Küste, in Indien, im ganzen Fernen Osten; Gold war das Zauberwort, das die Spanier über den Atlantischen Ozean nach Amerika trieb; Gold war das erste, wonach der Weiße frug, sobald er einen neuentdeckten Strand betrat.«[8] Mit den großen geographischen Entdeckungen am Ende des 15. Jahrhunderts war Deutschland abgeschnitten von den neuen Welthandelswegen; seine Lage inmitten des Kontinents nahm ihm die Möglichkeit, eine bürgerliche Welthandels- und Kolonialmacht zu werden, wie es westeuropäische Atlantikländer wurden. Dennoch gelangten die fortgeschrittenen deutschen Regionen, wie Ober- und Mitteldeutschland und das Rheingebiet, in denen sich das Kaufmannskapital am raschesten entwickelt hatte, auch in den Sog der gewachsenen Handelsbedürfnisse und -möglichkeiten des plötzlich ausgedehnten Weltmarkts. Zuerst beteiligten sich oberdeutsche Kaufherren an überseeischen Handels- und Kolonialunternehmungen der Spanier und Portugiesen. Der sich hier beschleunigt vollziehende Übergang aus der feudalen Produktionsweise hatte zwei wesentliche Voraussetzungen: zum einen den hohen Stand der städtischen Handwerksproduktion sowie die deutsche Gold- und Silbergewinnung und -verarbeitung, zum anderen den von oberdeutschen Kaufleuten beherrschten Fern- und Zwischenhandel von europäischer und überseeischer Ausdehnung. Die reichsten Kaufleute Augsburgs, die Fugger, Welser, Vöhlin, Höchstetter und andere, und Nürnbergs, die Imhoff, Hirschvogel, Ebner, Nützel, legten ihr Kapital außer im Fernhandel, Zinsgeschäft, in Wertgegenständen, Landsitzen, städtischen Gebäuden und Renten zunehmend in der Edelmetallgewinnung, dem Gold- und Silberhandel und im Verlagswesen des städtischen Metall-, Textil-, Brau- und Buchdruckgewer-

[8] F. Engels, Aus dem handschriftlichen Nachlaß. Über den Verfall des Feudalismus und das Aufkommen der Bourgeoisie, a. a. O.

bes an. Damit erzielten sie als Bergbaugewerke, Hüttenbesitzer, Verleger zu ihren bisherigen Handelsgewinnen kapitalistisch produzierten Mehrwert. Sie verwandelten sich aus Handels- und Wucherkapitalisten in manufakturkapitalistische Unternehmer. Die spätmittelalterliche Stadt, auf handwerklicher kleiner Warenproduktion basierend, entwickelte sich zur frühbürgerlichen Stadt mit einzelnen zerstreuten und später zentralisierten frühkapitalistischen Manufakturen. Die sich vermehrende frühproletarische Schicht der nichtzünftigen Tage- und Stücklöhner kündete von der verstärkten sozialen Differenzierung.

Am Ende des 15. Jahrhunderts hatten die kapitalkräftigsten oberdeutschen Handels-, Bank- und Montanunternehmer das Monopol der Edelmetallgewinnung in den Revieren Oberfrankens, Sachsens, Thüringens, Schlesiens, Böhmens, Tirols, Niederungarns und der Slowakei. Das Handels- und Bankhaus der Fugger zog aus dem Tiroler Silberhandel von 1487 bis 1494 rund 400 000 Gulden Gewinn. Der Ungarnhandel brachte zwischen 1495 und 1525 einen Gewinn von 1,5 Millionen Gulden. Beim Tode Jakob Fuggers soll sein Vermögen 2,5 Millionen Gulden betragen haben. Vor allem die Fugger, aber nicht nur sie, waren mit mehreren hunderttausend Gulden ständige Gläubiger der Kaiser und Päpste sowie in- und ausländischer Könige und Fürsten. Das Kapital der Fugger war in ihrer Glanzzeit zehnmal so groß wie das der Medici in Florenz zur Mitte des 15. Jahrhunderts. Dank der erreichten Höhe der materiellen Produktion und der Konzentration des Geldkapitals gelangten die deutschen Wirtschaftsregionen zwischen 1470 und 1530, also zu Pirckheimers Lebenszeit, ökonomisch an die Spitze Europas.

Dieser wirtschaftliche Aufschwung vollzog sich in allen westeuropäischen Ländern auf der Grundlage der sogenannten ursprünglichen Akkumulation, die vom 15. bis ins 18. Jahrhundert zeitlich versetzt und national unterschiedlich ablief. Die gewaltsame Trennung der ländlichen Produzenten von ihren Arbeitsbedingungen und Produktionsmitteln, die Bildung großer Kapitalien auf der einen und die massenweise Entstehung im doppelten Sinne freier Lohnarbeiter, die massenhafte Verarmung bäuerlicher und städtischer kleiner Warenproduzenten auf der anderen Seite, verlief auch in Deutschland. Deutsche Kaufleute beteiligten sich außerdem mit Spaniern, Italienern und Portugiesen durch Schiffsausrüstungen, Leihkapital, Geschäftspersonal, Waffen, Proviant, Tauschwaren und anderem auch an kolonialen Eroberungen. Die außerhalb Europas durch Plünderung, Versklavung und Raubmord erbeuteten Schätze flossen in die Ausgangsländer zurück und verwandelten sich hier in Kapital. Umschlagplätze für den Sklaven- und Kinderhandel mit deutscher Beteiligung waren im 15. Jahrhundert Lemberg, Konstantinopel, Venedig und Genua. Menschenhandel wurde mit Sarazenen, Tataren, Türken, Armeniern, Bulgaren, Bosniern, Russen und Angehörigen anderer Völker getrieben. 1429 wurden zum Beispiel für eine Russin 87 Dukaten geboten. 1536 schickten die deutschen Kaufleute Lazarus Nürnberger und Christoph Rayser zwanzig Europäerinnen als Sklavinnen nach Amerika.

Ende des 15., Anfang des 16. Jahrhunderts waren in Zentren des Silberbergbaus wie Schneeberg, Annaberg und Joachimsthal bis 4000, im Tiroler Schwazerrevier bis 10000 Lohnarbeiter zusammengeballt; sie rekrutierten sich aus früher selbständigen Bergleuten, landarmen und landlosen Dörflern, verarmten städtischen Handwerkern und Plebejern. Das ewige sinnlose Kriegführen, die ständigen Adelsfehden, die den inneren Krieg permanent machten, jener Zustand ununterbrochener, rein zweckloser Vernichtung, war ebenfalls ein Element der ursprünglichen Akkumulation.[9] Schließlich muß noch die Arbeitsgesetzgebung,

---

[9] Ebenda, S. 395.

welche die städtische Handwerksproduktion regelte, genannt werden. So konnte der Nürnberger Rat wegen Verschuldung, Aufsässigkeit und Verletzung der Arbeitsverträge entwichene Gesellen in jedem Winkel des Reichs aufspüren, an den Arbeitsplatz zurückführen und zur Verantwortung ziehen.

Unmittelbares Ergebnis aller ökonomischen Wandlungen in der Zersetzungsperiode der feudalen und der Entstehungsperiode der kapitalistischen Produktion war eine radikale Umschichtung und deutliche Differenzierung in der Klassenstruktur, eine tiefgreifende Veränderung im sozialen Gewicht, der historischen Rolle der Klassen und Schichten und ihrer Beziehungen. In das feudale Sozialgefüge mit weltlichen und geistlichen Feudalherrn, städtischen Patriziern und Zunftmeistern, Kaufleuten und Wucherern drangen, aus den beiden letztgenannten hervorgegangen und oft personell identisch, mit wachsender Expansivkraft die ersten manufakturkapitalistischen Unternehmer als Träger der neuen Produktionsweise und Ausbeutungsform ein. Die große Masse der besitzlosen und armen Stadt- und Landbevölkerung vermehrte sich um die wachsende Klasse der frühkapitalistischen freien Lohnarbeiter. Der Feudaladel stagnierte, als Klasse wurde er immer überflüssiger, für die gesellschaftliche Entwicklung immer hinderlicher. Die Rolle der revolutionären Umwälzungskraft ging vom mittelalterlichen Kaufmann auf die Geld- und ersten Manufakturkapitalisten über. Die Städtebürger wurden die Klasse, »in der die Fortentwicklung der Produktion und des Verkehrs, der Bildung, der sozialen und politischen Institutionen sich verkörpert fand«[10]. Das Emporkommen des städtischen Bürgertums und die Bildung einer Schicht frühkapitalistischer Bergbauunternehmer, Bankherrn, Gold- und Silberhändler stieß auf Neid, Argwohn und Widerstand bei weltlichen

[10] Ebenda, S. 393.

und geistlichen Feudalherren und Patriziern, war vom unternehmerischen Konkurrenzkampf untereinander, vom Kampf der reichsten Geldkapitalisten gegen die schwächeren begleitet. Die zusätzliche frühkapitalistisch-unternehmerische Ausbeutung erhöhte den Druck auf das »gemeine Volk«, das schon bislang durch die Feudallasten, die Kriegswirren, die »Dieberei und Räuberei« der Kaufleute unvorstellbar schwer zu leiden hatte. Selbst die Reichsstädte mit der stärksten frühkapitalistischen Entwicklung mußten lange kämpfen, ehe sie 1521 endgültig die politisch-rechtliche Gleichstellung mit den beiden adligen Ständen, verkörpert im Kurfürstenkollegium und dem Fürstenrat, erreichten. Erst seit dieser Zeit vertraten im vierteljährlichen Wechsel Augsburg und Köln, Straßburg und Lübeck, Nürnberg und Goslar, Frankfurt am Main und Ulm die Reichsstädte im Reichsregiment.

Die Umbruchzeit, in der Pirckheimer lebte, fand einen weiteren markanten Ausdruck im Übergang vom mittelalterlichen zu den Anfängen des bürgerlichen Militärwesens. Bis Ende des 13. Jahrhunderts, der Höhe der feudalen Blütezeit, bestimmte das feudale Ritterheer, die Art seiner Auffüllung, Bewaffnung, Gliederung und Kampfesweise Zustand und Wirksamkeit des Militärwesens. Der Feudaladel besaß das Monopol der Waffenführung, ohne ihn konnte kein Krieg geführt, keine Schlacht geschlagen werden. Das Feudalheer wurde über das Ritteraufgebot aufgestellt und aufgefüllt. Dem Ruf des königlichen oder kaiserlichen Kriegs- oder Lehensherren hatten alle Lehenspflichtigen samt ihren Vasallen und Knechten zu folgen. Trutzwaffen waren Speere, Schwerter, Streitäxte, Streitkolben, Hellebarden, Dolche, Säbel, Bogen und Armbrüste. Als Schutzwaffen dienten Schilde, Helme, Harnische, Bein- und Armschienen und Kettenhemden. Entscheidende Waffengattung war die Kavallerie, die schwere, unbewegliche, eisengepanzerte Reiterei, der erste in regulärer Formation angreifende Truppen-

Reiterschar

körper dieser Zeit. Er verkörperte den einzigen militärischen Fortschritt des Mittelalters. Die kleinste taktische Einheit bildete die Lanze, bestehend aus dem Ritter, seinen Schildträgern und Bedienten. Mehrere Lanzen formierten ein Fähnlein; das Ritterheer setzte sich aus mehreren Fähnlein zusammen. In der Kampfaufstellung bildeten die Ritter eine Linie, jedem Ritter folgten seine Schildträger, Knappen und Bedienten. Die Reiterei entschied die Schlacht, in der die Ritter im Zweikampf miteinander fochten. An eine Verfolgung war nicht zu denken. Die mittelalterliche Infanterie, die aus feudalen Lehensleuten und einem Teil der Bauernschaft aufgeboten wurde, bestand vor allem aus Pikenieren; sie war militärisch wirkungslos.

Das ganze Mittelalter war eine unfruchtbare Periode für die Entwicklung jeder Wissenschaft, so auch für die Militärwissenschaft, die Stratgegie und Taktik. Die Häufigkeit der Kriege und Fehden, das persönliche Abhängigkeits- und Ausbeutungsverhältnis und die Begrenztheit der damaligen Waffenwirkung bildeten auch eine schlechte Grundlage für

Bogenschützen

die militärische Disziplin und begünstigten Rebellionen und Abspaltungen großer Vasallen mit ihren Truppen. Die »Befehlserteilung an die Anführer wurde gewöhnlich zu einem lärmenden Kriegsrat, wodurch alle ausgedehnten Operationen unmöglich gemacht wurden. Kriege waren daher selten auf entscheidende Punkte gerichtet; Kämpfe um den Besitz einer einzigen Ortschaft füllten ganze Feldzüge aus.«[11]

Je weiter die feudale Verfallsperiode im 14. und 15. Jahrhundert fortschritt, desto gravierender wurden die Veränderungen, die gleichzeitig in mehreren Ländern vor sich gingen. Die von der Leibeigenschaft zuerst befreite englische

[11] F. Engels, Die Armee, aus: New American Cyclopaedia, in: MEW, Bd. 14, Berlin 1961, S. 25.

Bauernschaft bildete die veränderte soziale Grundlage für ein neues Fußvolk, das mit dem Langbogen ausgerüstet war, dessen Pfeil sich selbst noch auf etwa 180 Meter Entfernung als äußerst wirksam gegen Reiter und Pferd der gepanzerten Reiterei erwies. Mit der veränderten Taktik, bei der die in vorderster Linie aufgestellten Bogenschützen den Kampf gegen den angreifenden Feind eröffneten, ihn zermürbten und die dahinter und an den Flanken postierten Reiter den günstigsten Zeitpunkt zum Gegenangriff nutzten, waren die Engländer lange Zeit vor allem gegen die Franzosen siegreich. Erst als die Franzosen italienische Armbrustschützen mieteten und die neue englische Taktik übernahmen, konnten sie den Siegeszug der Engländer stoppen. Auch das aus Webern, Walkern, Gerbern und Goldschmieden rekrutierte Fußvolk flandrischer Städte konnte sich in offener Feldschlacht gegen die französische Ritterschaft mehrmals erfolgreich behaupten. Diese neue Taktik der Fußtruppen aus Städtebürgern und freien Bauern setzte sich allmählich bis ins späte 15. Jahrhundert durch, zumal ihre Wirksamkeit bei den Schweizern dank einer leichten Bewaffnung und Ausrüstung mit kurzen, zum Stoß und Schlag geeigneten Hellebarden sowie mit Piken, Armbrüsten und Feuerwaffen erhöht wurde. Der Wucht des Reiterangriffs begegneten die Eidgenossen durch die Wucht des Schlachthaufens. Auf dem Höhepunkt der altschweizerischen Kriegskunst, am Ausgang des Mittelalters, kämpften meist drei Gevierthaufen, wobei eine rasche Veränderung in der taktischen Gruppierung, Beweglichkeit und geschickte Geländeausnutzung meist den Erfolg sicherten. In der ersten Hälfte des 14. Jahrhunderts wurden die ersten Pulvergeschütze bei den europäischen Armeen eingeführt. Sie waren nicht imstande, die einmal bezogene Stellung zu wechseln, das Pulver war schlecht, das Laden umständlich und langwierig, die Reichweite gering; sie taugten nur bedingt für die Belagerung fester Plätze. Außerdem tauchte eine Art Muskete in der Be-

Schweres Geschütz
Hans Burgkmair

waffnung auf, mit einem kurzen schweren Rohr und geringer Reichweite; ihr Luntenschloß machte das Zielen fast unmöglich. Diese großen und kleinen schwerfälligen und kostspieligen Feuerwaffen konnten bis etwa 1450 die Armbrust nicht verdrängen.

Die Entwicklung der Waffentechnik und die von den Engländern, Franzosen und Belgiern gesammelten Kriegserfahrungen hatten den sich konsolidierenden Monarchien und Städtebürgern gezeigt, daß Ritterheere und das Raubrittertum mit personell neuformierten Truppen wirksamer zu bekämpfen waren. So wurden »... neue Armeen aus den zahlreichen Söldnern gebildet, die durch den Ruin des Feudalismus frei geworden waren, um jenen zu dienen, die sie bezahlten«[12]. Neben den Schweizern unterhielten ab Mitte des 15. Jahrhunderts die Deutschen und bald darauf die meisten europäischen Länder große Söldnerkontingente. Das waren nicht mehr durch die Lehenspflicht aufgebotene, sondern durch Geld geworbene und gemietete Truppen. Die deutschen Landsknechte wurden von einem mit einem kaiserlichen Patent ausgestatteten Obristen geworben, der eine Pauschalsumme als Vorschuß erhielt, aber in vielen Fällen die Söldner aus eigenen Mitteln besolden mußte. Es entstand eine Art militärisches Unternehmertum. Diese Feldobristen hatten mit dem ewigen Mißtrauen von oben und wegen der Unsicherheit der Soldbeschaffung mit der ewigen Meuterei von unten zu kämpfen. Als am Ende des Mittelalters sich selbst Ritter mit ihren zusammengewürfelten Gefolgschaften in den Mietdienst fremder Fürsten begaben, war das feudale Militärwesen rettungslos zusammengebrochen.

Im letzten Drittel des 15. Jahrhunderts wurden Gliederung und Kampfesweise der Schweizer auch von anderen Heeren übernommen. Die quadratischen Gevierthaufen bildeten die Kampfformation. Sie waren mit Pike und Schwert, Brustharnisch und Helm ausgerüstet. Da sie besser bewaffnet und ausgebildet waren als die feudalen Fußtruppen, zeigten sie größere Ausdauer und Ordnung im Kampf. Weil sie zum Angriff und zur Verteidigung fähig sein mußten, in der Ebene und im Gebirge zu kämpfen hatten und auf verbesserte Handfeuerwaffen stießen, wurde die schweizerische Taktik modifiziert angewandt. Ende des 15., Anfang des 16. Jahrhunderts brachten die Franzosen als erste die Feldartillerie, Kanonen auf Lafetten mit Rädern und von mehreren Pferden gezogen, aufs Schlachtfeld. 1515 besiegte der französische König Franz I. die Schweizer Pikeniere

[12] Ebenda, S. 27.

Zwei Heere vor einer Stadt
Weisskunig

dank dem wirksamen Feuer und der Beweglichkeit dieser Artillerie. Die spanische Infanterie erhielt eine verbesserte Handfeuerwaffe, die Muskete, die in der Schlacht von Pavia 1525, in der die Truppen Karls V. über Franz I. siegten, ihre Feuerkraft bewies. Seit dieser Zeit galten die Landsknechtstruppen als die erste frühbürgerliche Infanterie Europas.

Mit dem Wandel des Fußvolks von einer Hilfstruppe des

feudalen Ritterheeres zur Infanterie als selbständiger und dominierender Waffengattung in den frühbürgerlichen Landsknechtsarmeen wurde die Revolutionierung des Militärwesens in der Anfangszeit des Manufakturkapitalismus eingeleitet. Diese militärische Umwälzung vollzog sich dank neuen sozialen Grundlagen für die Truppenaufstellung, wirksamerer Bewaffnung, Ausrüstung und gewonnenen Kampferfahrungen mit der veränderten Kampfesweise. Ihre materielle Voraussetzung lag im Aufschwung der Erzgewinnung und -verhüttung, der massenhaften Metallbearbeitung und Waffenherstellung in den städtischen Gewerben, im Aufkommen des Söldnerwesens, welches sich dank der beherrschenden Rolle der Geldwirtschaft rasch ausbreiten konnte.

Damals wurde das Feudalsystem außer in seinen wirtschaftlichen, politischen und militärischen auch in seinen geistig-kulturellen Fundamenten durch das erstarkende Bürgertum erschüttert. Letzteres vollbrachte vor allem der Renaissancehumanismus, der im 15. und 16. Jahrhundert als erste große europäische Kulturbewegung auch Deutschland erfaßte. Als progressive Kulturbewegung der Menschheitsgeschichte überhaupt fußt der Humanismus in allen Epochen auf dem Prinzip, die Würde des Menschen zu achten und für den Frieden Partei zu ergreifen. Er beginnt mit dem humanistischen Bildungsideal und den Kulturwerten der antiken Griechen und schreitet über die Stufen der Renaissance zur bürgerlichen Aufklärung mit ihren Forderungen nach Freiheit, Gleichheit und Brüderlichkeit; er lebt in den humanistischen Ideen des utopischen Sozialismus und Kommunismus, führt über den Humanismus der klassischen bürgerlichen Philosophie und Literatur zum sozialistischen Humanismus der modernen revolutionären Arbeiterbewegung bis zum Humanismus unserer Tage.

Der Renaissancehumanismus erfaßte und revolutionierte in seiner etwa 250jährigen Ausbreitungszeit die ganze damalige weltliche Bildung und Wissenschaft und setzte sich entsprechend den historischen Besonderheiten des jeweiligen Landes und lokalen Bedingungen auf spezifische Weise durch. Er konnte sich in europäischen Ausmaßen dank einer gemeinsamen, lediglich zeitlich unterschiedlich entwickelten materiellen Grundlage ausbreiten. Das emporstrebende Bürgertum benötigte für die wirtschaftliche und technische Bewältigung der entstehenden manufakturkapitalistischen Produktion, für das Erschließen und Verarbeiten neuer Rohstoffe, das Beherrschen immer ausgedehnterer Land- und Seetransporte, das Ordnen von Beziehungen zwischen Menschen, Völkern und Staaten wahres Wissen über die Eigenschaften der Naturkörper und des Menschen, über die Wirkungsweise der Natur- und der menschlichen Kräfte. Darum lag der aus dem wiederentdeckten antiken Wissen geförderte Aufschwung der Mechanik, Geologie, Geographie, Chemie, Physik, Mathematik, Astronomie, Anatomie, Physiologie, Ethik, Pädagogik und anderer Wissenschaften in seinem Interesse. Das Leiten und Regeln immer risikoreicherer Handels- und Geldgeschäfte, die Geschäftsführung auf internationalen Handelsplätzen, die Verhandlungen auf Konzilien, Reichstagen und Gesandtschaftsreisen, das Lösen von Rechtsfällen, städtischen und höfischen Verwaltungsaufgaben erforderten in wachsender Zahl gebildete Menschen mit Kenntnissen mehrerer Sprachen, des kirchlichen und römischen Rechts. Gebraucht wurden in Logik und Rhetorik geschulte, redegewandte und überzeugungsstarke Persönlichkeiten. Das Erschließen, Verarbeiten und Verbreiten des dazu erforderlichen Wissens erfolgte durch Übersetzen und Edieren antiker griechischer und römischer Werke aus Wissenschaft, Literatur und Kunst durch die besten Gräzisten und Lateiner der damaligen Zeit. So rief das gesellschaftliche Bedürfnis des Bürgertums objektiv im nationalen Interesse eine neue, weltliche, frühbürgerliche Intelligenzschicht von Naturforschern, In-

Allerlei Künste
Mittelalterliches Hausbuch

genieuren, Handels- und Bankfachleuten, Juristen, Ärzten, Diplomaten, Pädagogen, Philologen, Literaten, Poeten, Bibliothekaren und vielen anderen Gelehrten ins Leben. Aus dieser sozial, politisch und weltanschaulich heterogenen Schicht frühbürgerlicher Intellektueller, die sich in erster Linie aus Städtebürgern, Patriziern, Handwerkern, Künstlern, niederen Adligen und Klerikern, in Deutschland nur vereinzelt aus Hofadligen und hohen Geistlichen, zusammensetzte, ragten die Humanisten als die ideologisch progressivsten Kräfte heraus.

Die meisten Humanisten führten ein kämpferisches Leben. Ihr Kampf galt nicht so sehr ihrer materiellen Existenz. Sie befanden sich vielmehr in steter kräftezehrender Auseinandersetzung mit der ideologischen Machtstellung der katholischen Kirche, um das mittelalterlich-scholastische Autoritätsdenken zu brechen, um die Naturforschung, das ganze geistig-kulturelle Leben von der Vorherrschaft des Klerus zu befreien. Viele von ihnen waren Anfeindungen, Verdächtigungen, Verleumdungen und der päpstlichen Ächtung ausgesetzt. In der humanistischen Spätphase kostete dieser Kampf den spanischen Arzt und Theologen Miguel Serveto (1511–1553) und in der Gegenreformation den italienischen Philosophen Giordano Bruno (1548–1600) das Leben. Mit Ausnahme ganz weniger vorsichtiger Philister, die sich die Finger nicht verbrennen wollten, standen die humanistischen Streiter mitten in der Zeitbewegung und führten einen parteilichen Kampf für den Fortschritt. Es war »... eine Zeit, die Riesen brauchte und Riesen zeugte, Riesen an Denkkraft, Leidenschaft und Charakter, an Vielseitigkeit und Gelehrsamkeit«[13]. Zu den Heroen jener Zeit zählte Engels Leonardo da Vinci, Albrecht Dürer, Niccolo Machiavelli und Martin Luther. Unter ihnen nimmt auch

[13] F. Engels, Dialektik der Natur. Einleitung, in: MEW, Bd. 20, Berlin 1962, S. 312.

der engste Freund Dürers, Willibald Pirckheimer, dessen Leben in die Blütezeit des deutschen Renaissancehumanismus fällt, einen geachteten Platz ein.

Die antifeudale Kulturbewegung des Renaissancehumanismus drang in das gesellschaftliche Leben Italiens tiefer ein als in Deutschland. Die humanistische Bildung, Wissenschaft und Kultur wirkten besonders in den wirtschaftlich weit entwickelten Stadtrepubliken Florenz, Venedig, Mailand, Genua als mächtige Erneuerungskräfte der Lebensanschauung und Lebensführung in den Städten, an großen, mittleren und kleinen Fürstenhöfen, bei Klerikalen und Laien, selbst bei einigen wenigen Päpsten. Hier wurde der Humanismus von oben gefördert, hier trug er zuweilen antireligiöse Züge. Hauptstädte des italienischen Humanismus waren im 15. Jahrhundert Florenz, im 16. Jahrhundert Rom. Ein solches nationales Zentrum vermochte das zersplitterte Deutschland nicht herauszubilden. In Deutschland gewann die humanistische Bewegung während ihrer knapp hundertjährigen Dauer niemals die breite Förderung von oben, sie erfaßte das Land nicht flächenartig, sondern nur punktuell. Humanistenkreise gab es in einzelnen Reichsstädten, an Universitäten, Lateinschulen und wenigen weltlichen und geistlichen Höfen. Der deutsche Renaissancehumanismus war zu keiner Zeit die einzige oder verbreitetste Ideologie des Bürgertums, sondern nur die seiner Avantgarde. Seine lateinsprachliche Exklusivität verzögerte die Entwicklung einer deutschen Nationalsprache und verhinderte das direkte Einwirken humanistischer Ideen auf die Volksschichten. Er war niemals antireligiös, sondern fand seine Vertreter in katholisch- und evangelisch-gläubigen Christen. Er bedurfte zu seiner Ausbreitung in Deutschland des italienischen Humanisten Enea Silvio (1405–1464) und des niederländischen Gelehrten Erasmus von Rotterdam (1466–1536). Dennoch gehören die historischen Leistungen der deutschen Renaissancehumanisten zu den fortschrittlichen deutschen Kulturtraditionen. Sie haben entscheidend zur ideologischen Konsolidierung des deutschen Bürgertums beigetragen, indem sie ein neues irdischbezogenes Welt- und Menschenbild vertraten, die freie Entwicklung der Naturforschung einleiteten, die humanistische Bildung begründeten, ein nationales Geschichtsbewußtsein erweckten und dem frühbürgerlichen humanistischen literarischen und künstlerischen Schaffen zum Durchbruch verhalfen.

Das geschichtliche Hauptereignis zur Lebenszeit Pirckheimers waren die Reformation und der Bauernkrieg, die deutsche frühbürgerliche Revolution von 1517 bis 1525/26. Das allgemein schwindende Vertrauen in die Papstkirche, die wachsenden Widersprüche innerhalb der Ausbeuterklassen, vor allem der sich vertiefende Gegensatz zwischen arm und reich, lösten eine gesamtgesellschaftliche Krise aus. Die gemäßigte lutherische Reformbewegung nach einer bürgerlichen Kirche vereinte zeitweilig relativ selbständige Kräfte, wie die reichsständische Opposition, die Adelsbewegung, den Humanismus, den Widerstand gegen die Monopolstellung der Fugger und Welser, die Rebellion der niederen Geistlichkeit gegen die Kirchenhierarchie, die städtebürgerliche Opposition und die revolutionäre Kampfbereitschaft der Bauern und Plebejer. In einem Prozeß der Differenzierung und Radikalisierung formierte sich aus Bauern, Plebejern und teils aus Bergknappen das kämpfende Bauernheer. Der Bauernkrieg entflammte als kritische Phase und Höhepunkt der Revolution in zahlreichen kleinen Territorien und Herrschaftsgebieten, dort, wo die untersten Schichten am schwersten belastet waren. Da, wo Baunernführer wie Müntzer und Gaismair die Machtfrage in Staat und Gesellschaft stellten, trieben die Bauernkämpfe über die von der Reformation gewollten Veränderungen hinaus. Die für die Hegemonie noch unentwickelten Städtebürger ließen die Adelserhebung 1523 und die kämpfenden Bauern im Stich. So erlag diese »bürgerlich-religiöse Revolution« den Heeren der Landesfürsten, die den ganzen Gewinn einsteckten. Dennoch erhielt der Entfeudalisierungsprozeß dank der geschwächten Kirche einen bedeutenden Anstoß. Dieser historische Hintergrund vermittelt einen zuverlässigen Maßstab für die Beurteilung der Persönlichkeit und das gesellschaftliche Wirken Pirckheimers.

Die Reichsstadt Nürnberg und das Patriziergeschlecht der Pirckheimer

Zur Zeit Willibald Pirckheimers zählte Nürnberg, seine Vaterstadt und Hauptwirkungsstätte, zu den wirtschaftlich, handels- und verwaltungspolitisch sowie kulturell höchstentwickelten Städten Europas. Hier vollzogen sich die meisten der geschilderten Umbruchprozesse in exemplarischer Weise. Zeitgenossen priesen Nürnberg als die Krone aller deutscher Städte, als die glücklichste Stadt und die schönste Residenz des Reiches.

Nürnberg gewann seine herausragende Stellung unter den deutschen und europäischen Städten dank mehreren günstigen Entwicklungsbedingungen. Seine ökonomische und kulturelle Leistungskraft beruhte zunächst auf der rasch zunehmenden Bevölkerung. 1470 zählte die Stadt etwa 30 000 Einwohner; in den ersten drei Jahrzehnten des 16. Jahrhunderts dürfte ihre Bevölkerung auf 40 000 bis 50 000 angewachsen sein. Nach Köln und neben Augsburg gehörte Nürnberg zu den größten deutschen Städten.

Den Aufstieg zu einer Handelsmetropole von europäischem Rang hatte die Stadt ferner ihrer geographischen Lage im Schnittpunkt europäischer Handelswege und der Expansivkraft ihres vorbürgerlichen Handelskapitals zu verdanken. 1050 wird Nürnberg als Burgsitz erstmals urkundlich genannt, schon 1163 werden Nürnberger als Kaufleute erwähnt. Den internationalen Ruf Nürnbergs in der Handelswelt begründeten im 13. Jahrhundert solche Kaufmanns- und Patrizierfamilien wie die Waldstromer, Teufel, Holzschuher, Pfinzig, Zollner, Koler, Ebner, Geuder, Schopper, Kreß, Fürer, Muffel, Nützel, Behaim und andere. Im 14. Jahrhundert waren es die Tucher, Rumel, Volckamer, Imhoff, Tetzel, Groland, Derrer, Mendel und Pirckheimer. Nicht wenige dieser Namen tauchen als Vertreter der folgenden Generationen während des 15. und 16. Jahrhunderts, nun die Wirtschaftskraft Nürnbergs als Großhändler, Verleger, Bergbauunternehmer und Bankherrn repräsentierend, neben neuen Namen wieder auf. So erweiterten neben den Hirsvogels die Imhoffs ihre Unternehmungen zu Beginn des 16. Jahrhunderts bis nach Ostindien. Endres Imhof half der Vaterstadt im Markgrafenkrieg und vermittelte 1553 ein Darlehen von 100000 Gulden. In ihrer besten Zeit betrug das Imhoffsche Firmenvermögen eine halbe Million Gulden.

Die Weiträumigkeit und Ergiebigkeit des Nürnberger Handelsnetzes suchte seinesgleichen. Gefördert von kaiserlichen, königlichen und fürstlichen Privilegien und Zollbefreiungen in fast 70 Städten und auf Handelsplätzen, knüpften Handelsgesellschaften, Kaufleute und Gewerbetreibende der Stadt immer einträglichere Beziehungen mit entfernteren Geschäftspartnern. Im Süden mit Venedig, Genua, Mailand, Pavia, Florenz, Rom und Neapel bis in den Nahen Osten. Nach Norden mit Lübeck und Schweden; im Westen und Südwesten mit Frankfurt am Main, Mainz, Worms, Köln, Elsaß, Lothringen, der Schweiz, Südfrankreich und nach Barcelona, Valencia, Saragossa und Lissabon; nach Nordwesten mit Löwen, Brüssel, Antwerpen, Brügge und London; nach Osten mit Leipzig, Prag, Görlitz, Krakau, Lemberg und Kiew. Nach Südosten mit Wien und Ungarn; nach Nordosten mit Posen, Reval, Danzig, Riga, Nowgorod,

Pskow bis Moskau. Zwölf wichtige Handelsstraßen nahmen von Nürnberg ihren Ausgang. Nürnberger Kaufleute beteiligten sich als Kolonialeroberer zwischen 1508 und 1554 an vier großen spanischen und portugiesischen Expeditionen nach Mittel- und Südamerika. Auf allen damals bedeutenden Messen – in Leipzig, Frankfurt am Main, Straßburg und Lyon – handelten Nürnberger Kaufleute mit allem, was das städtische Gewerbe produzierte, was man auf nationalen und internationalen Handelsplätzen erworben hatte oder absetzen konnte. Überall waren die Nürnberger mit ihren Metallwaren dominierend: Nähnadeln, Fingerhüte, Nägel, Messer, Löffel, Gabeln, Scheren, Sicheln, Sensen, Sägen, Töpfe, Krüge, Schüsseln, Spindeln, Ringe, Ketten, Pflugschare, Schiffsanker, Waffen aller Art, Glocken, Gewichte, Kinderspielzeug und viele andere Produkte gingen in alle Welt. Im Handel nach Italien waren neben Gold, Silber, Kupfer, Zinn, Haushaltgegenständen und Drahtwaren besonders Altarleuchter, Messingkronleuchter, Messingschüsseln, Waagen, Klistierspritzen, Kompasse, Wasserkannen, Scherbecken, Schermesser, Zirkel, Spiegelglas, Blasmusikinstrumente begehrt. Nürnberger importierten aus Italien außer Korallen, Perlen, Edelsteinen, Seide, Damasttüchern, Samt, Brokat, Rohbaumwolle und Salpeter vorwiegend Südfrüchte und Gewürze. Nürnberg war das europäische Lagerhaus, der zentrale Markt, das Zentrum für die Reinigung und Kontrolle aller Gewürze. Über die östlichen und nördlichen Handelswege wurden Pelzwerk, Wachs, Flachs, Garn, Felle, Fische, Leder, Talg, Holz, Asche, Teer, Pech und Schlachtvieh bezogen. Englische und niederländische Tuche lieferten Nürnberger Händler nach Prag, Breslau, Krakau, Wien und Venedig. In Nürnberg entwickelte sich der Berufsstand der Frachtfuhrleute mit dem Handelsverkehr. Die wichtigsten Kaufmannszüge erhielten Geleitschutz. Über die Handelswege strömten ständig Reisende und liefen Berichte zusammen, die Stadt war ein internationales Informationszentrum; hier entstanden die ersten brieflichen Zeitungen für Handelsgesellschaften, Patrizierhäuser und Fürstenhöfe.

Wenn Augsburg mit Beginn des 16. Jahrhunderts die Spitze im europäischen Geldhandel übernahm, so blieb Nürnberg weiter führend im Umfang, in der Qualität und im Sortiment des Warenhandels. Denn von allen Städten besaß es das arbeitsteiligste, produktivste, leistungsfähigste Handwerk, das für den in- und ausländischen Absatz hochwertige Luxusgüter und zugleich preiswerte Massenartikel herstellen konnte. Unter den 131 im Jahre 1500 gezählten unterschiedlichen Handwerksgewerben gab es 54 in der Metallbearbeitung, 30 in der Lebensmittelherstellung, 26 in der Textilverarbeitung, 8 im Lederhandwerk, 5 in der Kleideranfertigung, 4 im Bauhandwerk, je 2 im Kunsthandwerk und der frühen Medizintechnik. Nürnberger Erfindungen und technische Neuerungen wie das Kupferseigern, der Erzabbau und die Förderung aus größeren Tiefen, die Grubenentwässerung und Bewetterung, das Schockenziehen in der Drahtherstellung, das Blechverzinnen, die Meisterung des Metallgusses, der Textilveredelung durch Färben, Bleichen, Walken, die Erfindung des Schraubstocks, der Taschenuhr durch den Schlosser Peter Henlein (1510), des Tretspinnrades, des Radschlosses für Gewehre (1517) und andere steigerten die Konkurrenzfähigkeit des städtischen Handwerks. Die Vorrangstellung Nürnberger Handwerker in der Bearbeitung und Veredelung von Edelmetallen, Metallen, Holz, Textilien und Tonerden war unbestritten. In der Fertigung früher Präzisionsinstrumente für Physik, Astronomie, Navigation, Musik gelang ihnen eine damals unerreichte Perfektion. Besonderes Ansehen genossen die Plattner als Hersteller kostbarer Rüstungen, die Kandelgießer, die prunkvolle Trinkgefäße anfertigten, Rotschmiede, Kupferschmiede, Drechsler, Schlosser, Brillenmacher und nicht zuletzt die Pfeffer- und Lebkuchenbäcker. Die Handwerksproduktion florierte dank dem führenden Metallgewerbe und das wiederum durch die Vervollkommnung der Waffen und deren Massenherstellung. Nürnberg galt als die größte Rüstungswerkstatt des Reiches, das Zeughaus dem Rat als städtische Zierde.

Die überlegene Leistungskraft des Nürnberger Handwerks beruhte zudem auf einer gesicherten Belieferung mit Rohstoffen und Halbfabrikaten, wofür die reichsten Nürnberger Großhändler, Geldverleiher und Verleger ihr Kapital, kaufmännisches Personal und ihre Bergbauingenieure einsetzten. Um 1500 arbeitete Nürnberger Kapital in der Goldgewinnung Böhmens, Schlesiens und Oberfrankens, für die Silber- und Bleierzeugung im sächsischen und böhmischen Erzgebirge, in Thüringen und Kitzbühel, in den Kupferrevieren Mansfelds, Böhmens, Ungarns und Tirols; Eisen bezogen die Nürnberger Unternehmer aus der nahen Oberpfalz. Stahl wurde fast ausschließlich in der Steiermark gekauft. Als die kapitalkräftigsten Kaufleute drangen sie in die erzgebirgische und ostsächsische Textilerzeugung ein. Das Kapital fungierte im Geldverlag, womit auch zahlreiche Nürnberger Gewerbe in unternehmerische Abhängigkeit gerieten; es wurden Hammerwerke, Mühlen, Hüttenwerke, Erzgruben, neue Bergstädte errichtet, ganz oder teilweise erworben. So kam es zu einer äußerst produktiven Arbeitsteilung zwischen Geldgebern und Rohstofflieferanten, zwischen Handwerksproduzenten und Händlern des Nah- und Fernhandels. Mit der Produktivkraftentwicklung des Nürnberger Handwerks konzentrierten sich immer größere Geldfonds in den Händen von Bergbauunternehmern und Fernhändlern. Infolge einer raschen Preiserhöhung verstärkte sich außerdem die Vermögensdifferenzierung, so daß sich arm und reich schroffer gegenüberstanden.

Ein wirtschaftlicher, politischer und militärischer Gewinn für die Reichsstadt war ihr durch Lehen, Kauf und Eroberung erworbenes Landgebiet mit einer Fläche von etwa

1 200 Quadratkilometern und über 22 000 Einwohnern. Hier lagen etwa 670 Orte mit 3 800 Anwesen. Der Nürnberger Rat besaß 133, kirchliche Einrichtungen 565, Patrizierfamilien 1 120 Hofstellen mit ihrem Grund und Boden. Die Stadt hatte ferner Schlösser, Güter, Probsteien erworben und 50 außerstädtische Kirchen, Pfarreien und Meßpfründe gegründet. So verfügte Nürnberg faktisch als Stadtstaat über eine erweiterte Ernährungsbasis, über die Bodenschätze des Jura, in den Reichswäldern über ein Brenn-, Baustoff- und Wildreservoir, über ländliche Steuerzahler und Warenabnehmer, über Mühlen, Schmelzhütten und Hammerwerke an der Pegnitz als Zulieferer von Halbfabrikaten.

Geleitet von dem Bestreben, Nürnbergs Stellung unter den deutschen Städten und gegen feudale Feinde zu behaupten, sowie ängstlich bemüht, zur Sicherung des Besitzstandes der Reichen die Regierungsmacht nie wieder an eine Zunftherrschaft zu verlieren, was 1348/49 zeitweilig geschehen war, hatte der Rat seither ein rigoroses, stockkonservatives Patrizierregime errichtet und ausgebaut. Mit seiner Rechtsverfassung, seinen Organen und Regierungsmethoden bestimmte er maßgeblich die Wirtschaft, das sozialpolitische Klima und geistig-kulturelle Leben der Reichsstadt und ihres Landgebietes. Nach Patrizierauffassung unterschied man seit langem zwischen dem »Ehrbaren« und dem »gemeinen Mann«. Die sich verändernden Besitzverhältnisse hatten jedoch eine differenziertere soziale Gliederung zur Folge. Zu Beginn des 16. Jahrhunderts bestand die herrschende Oberschicht der reichsten Nürnberger aus etwa 300 bis 400 Familien, den Inhabern der Fernhandelsgesellschaften, Montanunternehmern, Bankherren, nichthandwerklichen Verlegern, Großgewerbetreibenden, den reichsten Handwerksmeistern, wenigen Gelehrten, Beamten und Künstlern. In dieser mit »Ehrbarkeit« bezeichneten Oberschicht gab es unterschiedlich große Vermögen. 1504 wurden auf der vor allem von den Reichen bewohnten

St. Sebalder Stadtseite 347 Vermögen zwischen 1 000 und 15 000 Gulden, 29 Vermögen zwischen 30 000 und 100 000 Gulden und ein einziges über 100 000 Gulden gezählt. Die gesellschaftlich führenden Kräfte innerhalb dieser »Ehrbaren« waren die ratsfähigen Geschlechter, das Patriziat, von denen es 1511 bis 54 Familien gab. Aus Statusgründen legte diese Oligarchie ihr Kapital in Geldverleih und Kursgeschäften, Haus- und Landbesitz, Leibgedingen, Ewiggeldern und Bergwerkskuxen an. Ende des 15. Jahrhunderts kostete ein Haus je nach Lage, Größe und Ausstattung zwischen 100 und einigen tausend Gulden.

Als Besonderheit der damaligen Sozialstruktur Nürnbergs fällt die starke Mittelschicht auf. Dazu gehörten die mittlere und untere Kaufmannschaft, vermögende, mittlere und kleine Handwerksmeister, Verleger im Handwerk, mittlere und kleine Gewerbetreibende, Advokaten, Apotheker und andere. Die 1497 im Rat ohne Stimmrecht vertretenen Handwerksmeister besaßen Vermögen zwischen 1 000 und 3 000 Gulden. Die zur Mittelschicht gehörenden verfügten standesgemäß meist über Haus- und Bodenbesitz, über Renten- und Hypothekeneinnahmen. Den Aufstieg in die Kaste der Patrizier schaffte nur eine Familie, die Fütterer. Während die erfolgreichsten Meister nur selten zu Händlern und Verlegern emporstiegen, sanken die ärmeren häufig zu Stückwerkern und Lohnempfängern ab.

Nürnbergs unterste Bevölkerungsschicht bildeten die Ausgebeuteten, Abhängigen und Armen. Das waren alle abhängigen Lohnempfänger, meist ohne Bürgerrecht, Handwerksgesellen, Kaufmannsgehilfen, Tagelöhner, Gelegenheitsarbeiter, die meisten Stückwerker, Gesinde und Bedienstete aller Art, die unteren städtischen Besoldeten – Torwächter, Türmer, Nachtwächter – sowie alle Kranken, Siechen, Obdachlosen, Arbeitslosen, Berufsbettler, Dirnen, Bader, Totengräber und öffentliche Abortreiniger. Das unaufhörliche Steigen der Preise im 16. Jahrhundert drückte die Reallöhne immer tiefer. Bei Krisen, Mißernten und Epidemien gerieten diese Menschen sofort unter das Existenzminimum. 1524/25 haben etwa 5 Prozent der Bevölkerung der Oberschicht, 65 Prozent der Mittelschicht und 30 Prozent der Unterschicht angehört.

Angesichts dieser Klassenstruktur garantierten Wahlmodus, Zusammensetzung und Arbeitsweise des Stadtregimes die ungeteilte diktatorische Herrschaft des Patriziats. Die Wahl zum regierenden Kleinen und beratenden Großen Rat fand jährlich zu Ostern statt. 1516 wurden 42 Mitglieder in den Kleinen und durch diesen 200 Mitglieder in den Großen Rat gewählt. Später war die Mitgliederzahl größer. In den Kleinen Rat kamen 34 Vertreter aus den patrizischen Wappengeschlechtern, deren erforderliche Ratsfähigkeit dank Reichtum, Haus- und Landbesitz, Erfolge als Großhändler, Bankherr oder Bergbauunternehmer, reicher Geschäftverbindungen und Familienbeziehungen, halbadliger Lebensführung mit zahlreichen Bediensteten und öffentlicher Verdienste stadtbekannt war. Ferner wurden je ein Handwerksmeister der Metzger, Bäcker, Lederer, Blechschmiede, Schneider, Kürschner, Tuchmacher und Bierbrauer nichtstimmberechtigte Mitglieder des Kleinen Rats. Die 34 patrizischen Ratsherrn stellten die acht Genannten und die 26 Bürgermeister (13 Ältere und 13 Jüngere), von denen jeweils ein Älterer und ein Jüngerer Bürgermeister für vier Wochen die Ratsgeschäfte führten. Genannte und Bürgermeister hatten Sitz und Stimme im Rat. Aus den Älteren Bürgermeistern wurden die sieben Obersten Regenten, Ältere Herren genannt, gewählt, welche alle Staatsgeheimnisse und schwierigen Angelegenheiten in geheimer Sitzung vorab berieten, ehe sie im Plenum des Kleinen Rats behandelt wurden. Drei von ihnen erhielten die Funktion der für äußere und innere Sicherheit verantwortlichen Obersten Hauptleute, von denen zwei zu Losungern (Steuereinnehmern) ernannt wurden. Der Ältere Losunger war die einflußreichste und angesehenste Person der Stadt. Die Mitglieder des Großen Rats, für deren Wahl gleichfalls soziale Stellung, politische Rolle und städtische Verdienste entscheidend waren, bestimmten den Wahlausschuß und traten bei Steuererhebungen, Gefahrensituationen und Kriegsfällen zusammen.

Die steigenden Leistungen und Abgaben, die für Kaiser, Reich und Schwäbischen Bund zu erbringen waren, das Aufrechterhalten des Stadtregimes nach innen und außen machten die Finanzbeschaffung und -verwaltung zur zentralen Regierungsaufgabe, wozu der Rat das ihm übertragene Besteuerungsrecht der Einwohner perfekt und rigoros nutzte. Die Ratseinnahmen kamen aus den von ihm erteilten Zulassungen und der Ausübung jedweder kaufmännischen, Gewerbe- und Verkehrstätigkeit der Bürger, aus Einbürgerungs- und Niederlassungsgebühren, Häuserzins, Nutzungsgeldern für Weiher, Wald, gerodetes Land, Holz- und Fischlehen, Honiggeld, Bettlerabgaben und anderem. Auf Getränke, Bier, Wein, Met, in der Folge auch auf Salz und Getreide wurde das Ungeld als indirekte Steuer erhoben, die jeden Mittwoch und Samstag bei den Losungern abzuliefern war. Die Losung war jährlich als direkte Steuer von Kapital- und Grundbesitz und dem Einkommen der Vermögenden zu entrichten. Wer sich vom Kriegsdienst und der obligatorischen Arbeit am Stadtgraben freikaufen wollte, hatte zu bezahlen. Stadteigene Finanzquellen waren die große Waage, die Silberwaage, die Safranschau, das Schauamt als Münzprüfungs- und Wechselstelle, eine Gießerei, Kupferhütte, Ziegelei, eine städtische Mühle, die Mühle in Wöhrd, das Landpflegeamt, Einnahmen aus Gerichtsverfahren, dem Pfändamt und Strafen. Zwischen 1521 und 1525 erreichten die Einnahmen im Jahresdurchschnitt fast 200000 Gulden; davon erbrachte das Ungeld 45 Prozent, dann folgten die Losungeinkünfte, die Einnahmen aus der Gewerbetätigkeit und den städtischen Ämtern.

Die Reichskrone
Albrecht Dürer

Am teuersten kamen der Stadt die häufigen Besuche des Kaisers und die von ihm nicht zurückgezahlten Darlehen, außerdem das Errichten und Unterhalten städtischer Bauten – Stadtmauer, Tore, Brücken, Türen, Straßenpflaster –, die Bewirtung und die Ehrengaben an ständige Gäste – Gesandte, Fürsten, Herren, Städteboten –, eigene Botschaften an den Kaiser, Gesandtschaften, Städtetage, Kriegszüge, der Unterhalt eines Truppenkontingents. Dazu kam die Bezahlung der städtischen Bediensteten – Wach- und Botendienste, Torhüter, Turmwächter, Stadtpfeifer, Stadtarzt, Apotheker, Juristen, Geschützmeister, Schmiede, Stadtschreiber, Lochmeister, Rathausdiener. Mit 2000 Pfund Heller als Königssteuer gehörte Nürnberg zur Spitze aller Städte.

Nicht ohne Grund waren in Nürnberg oft Kaiser, Könige und Fürsten zu Gast, hier wurden die Reichskleinodien verwahrt und einmal jährlich öffentlich zur Schau gestellt; hier tagten zeitweilig die Reichsstände und das Reichsregiment. Die Reichsstadt galt unter den Herrschenden als das bestverwaltetste, am klügsten regierte und sicherste Gemeinwesen des Reichs. Während die Menschen anderenorts unter der allgemeinen Rechtlosigkeit und Willkür litten, vor Raub, Mord und Totschlag nie sicher sowie der Lockerung und Zügellosigkeit aller Sitten ausgeliefert waren, verlief das Nürnberger Leben patrizisch geordnet, total reglementiert und einigermaßen behütet. Es gab keine Klasse und Schicht, keinen Lebensbereich und kein städtisches oder familiäres Ereignis, für das der Rat nicht Rechtsordnungen und Bestimmungen erlassen hatte. Sie erstreckten sich von der Geschäftsordnung des Rats bis zur Straßenreinigung, von der Kleidervorschrift bis zur Auswahl der Gänge und Weinsorten bei Hochzeiten, von der Größe des Leichenschildes bis zur Höhe des Trinkgelds bei feierlichen Anlässen. Alle diese Ordnungen für Polizei, Kriegszustand, Rechtsprechung, Gewerbe- und Handwerkstätigkeit, Bauwesen, Stadtreinigung, Feuerlöschwesen, Apotheken, Lebensmittelreinheit, Armen- und Krankenfürsorge und vieles andere drückten das erreichte Zivilisations- und Herrschaftsverständnis der entstehenden Bourgeoisie aus. Es galt, die allgemeinmenschlichen Lebensgrundlagen klassendifferenziert zu verbessern, Vermögen und Privilegien der Oberschicht zu sichern und jede Radikalisierung und Oppositionsbewegung zu verhindern. So durften nur die Patrizier Schild, Helm, Wappen und Siegel als Statussymbole führen, Lehen und Domherrenstellen empfangen, bestimmte Titel erwerben, angestammte Vorzugsplätze in Kirchen einnehmen. Unter Kaiser Karl V. wurden elf Patrizierfamilien in den Adelsstand erhoben. Alle »Ehrbaren« konnten kirchliche Stiftungen tätigen, nach der für sie bestimmten Kleider-

und Luxusordnung leben, ab 1521 ihre Hochzeiten und Tänze im Rathaus veranstalten, die Herrentrinkstube über der Waage am Markt aufsuchen. Die Zugehörigkeit zur Stadtoligarchie wurde selbstbewußt und offen demonstriert.

Die Kehrseite dieser Position zeigte sich in der zunftfeindlichen Nürnberger Handwerksordnung. Den Aufstand 1348/49 hatten die wohlhabenden Meister der Metallhandwerke mit den Textilwerkern zum Teil gegen den patrizischen Rat unternommen, um die Freigabe der festgelegten Betriebsgröße durchzusetzen. Nach dem Scheitern dieser Zunfterhebung wurde das alte System mit der Sicherung des Kleinbetriebes wieder eingeführt, dessen kapitalistische Aushöhlung durch die unaufhaltsame Verlagstätigkeit der Rat nicht verhindern konnte. Der Rat erteilte die Gewerbeerlaubnis und organisierte auch die Ansiedlung neuer notwendiger Gewerbe. Während er die Ansiedlung kapitalstarker Kaufmannsfamilien aus anderen Städten und Ländern förderte, mußte im 16. Jahrhundert ein Leinenweber ein Vermögen von 50, ein Goldschmied von 100, ein Metzger von 200, ein Färbermeister von 350 Gulden nachweisen, um sich in Nürnberg niederlassen zu dürfen. Der Rat begrenzte die Anzahl der Meister, Gesellen und Lehrlinge für jedes Handwerk; er verlieh die Meisterwürde, führte Meisterlisten, bestimmte die Fertigungstechnik, schrieb die Erzeugnisqualität vor und kontrollierte sie, sorgte für die Beschaffung des Rohmaterials und den Absatz der Erzeugnisse. Gesperrte oder ungewanderte Handwerke durften nur Nürnberger Bürgersöhne aufnehmen, deren Wanderschaft war untersagt. Geschenkte oder gewanderte Handwerke verlangten die Wanderschaft. Das geschworene Handwerk war zu einer bestimmten Qualität verpflichtet; es konnte die Interessen seiner Mitglieder gegenüber dem Rat vertreten. Die freien Handwerke oder freien Künste – Glaser, Schreiner, Klingen- und Messerschmiede, Zinngießer – besaßen ein solches Vertretungsrecht nicht. Derartige Statusunterschiede der Handwerke ergaben sich aus ihrem wirtschaftlichen Gewicht und der sozialen Stellung ihrer Meister.

Die Gesellenverbände vermittelten Arbeitsplätze, unterstützten zugewanderte und erkrankte Gesellen, kontrollierten Lohnzahlungen und die Einhaltung der dreizehn- und mehrstündigen Arbeitszeit. Sie wurden weder von den Meistern noch vom Rat gern gesehen. Der Rat verbot den Gesellen aus politischen Gründen den Besuch der Schenken; Wirtshäusern war generell untersagt, größere Mahlzeiten zu verabreichen. Den Meistern war es nicht erlaubt, ihren Gesellen Essen und Baden zu gewähren. Der Rat kämpfte gegen illegale handwerkliche Vereinigungen und Selbstgerichte, gegen geheime kirchliche Bruderschaften und Trinkstuben. Zusammenkünfte der Handwerker waren nur nach Anmeldung beim städtischen Rugamt, der Gewerbeaufsicht, im Beisein ihres Vertreters und eines Rugschreibers gestattet. Den Handwerkern war es streng untersagt, mit auswärtigen Handwerksverbänden zu korrespondieren und ein Siegel zu führen. Die Geschäftsverbindungen zu Handwerkern anderer Städte unterhielt der Rat selbst.

Der sozialen Gefahren wohl bewußt, betrieb der Rat bei der sich abschwächenden Bindungsfunktion der Kirche eine Politik der Abstumpfung der sozialen Gegensätze. In der großen Anzahl von Lohnarbeitern, Tagelöhnern, Boten, Gesinde, im Heer der Armen, Bettler und Zuwanderer sah er einen ständigen Unsicherheitsfaktor. Schon Mitte des 15. Jahrhunderts hatte der Anteil der legal und illegal Zugewanderten ohne Bürgerrecht 10 Prozent der Stadtbevölkerung erreicht. Nach wie vor strömten wandernde Handwerker, verarmte Zunftgesellen, Kuppler, Bauernfänger, Säkkelschneider und Landstreicher in die Stadt. Der Rat sorgte für die Einfuhr von Fleisch, Fisch, Brot, Bier; er setzte für Brot einen Festpreis, für Fleisch Höchstpreise fest. Es wurden Kornhäuser und städtische Backöfen eingerichtet. Das vom Rat finanzierte »Herrenbrot« wurde in Notzeiten an 13 000 bis 15 000 Bedürftige ausgegeben. Arme Familien mit zwei Kindern erhielten als städtisches Almosen für 14 Tage zwei Laib Brot und zwei Pfund Fleisch, Arme mit drei und mehr Kindern empfingen das gleiche für eine Woche. Einwohner mit niedrigen Löhnen mußten zwei Drittel ihrer

Spieler in der Schenke
nach Marsilius Ficinus

Einkünfte für die Ernährung ausgeben, selbst wenn Ehefrauen und Kinder mitarbeiteten. 1490 erhielt ein Bauarbeiter als Meister 24, als Geselle 20 und als Hilfsarbeiter 18 Pfennige Tageslohn. Dazu kam noch eine Gefahrenzulage für Dachdecker und ein Vespergeld von 4 Pfennig, ein wöchentliches Badegeld von 2 bis 4 Pfennig. Ein Pfund Schmalz kostete 18, ein Huhn 38, ein Paar Schuhe 60 bis 80 Pfennige. Der Patrizier Paul Behaim mußte 1549 für seinen Haushalt mit zwei Mägden, einer Köchin und einem Knecht täglich fünf Gulden aufwenden. Seine Hochzeit hatte 570 Gulden gekostet. Für ein Abendessen mit mehreren Gästen, bei dem es kandierte Krebsaugen, gebratene Tauben, holländischen Käse, italienische Wurst, italienischen Wein und Südfrüchte gab, mußte er 15 bis 20 Gulden aufbringen; das war der Halbjahreslohn eines Hilfsarbeiters. Thomas Müntzer urteilte über die Nürnberger Patrizier: »Gute Tage tun ihnen wohl; der Handwerksleute Schweiß schmeckt ihnen süß, gedeiht aber zur bitteren Galle.«[14]

Die sich verstärkende soziale Differenzierung und die Existenzunsicherheit in den untersten Bevölkerungsschichten vermochte der reiche und mächtige Nürnberger Rat nicht zu übertünchen. Unter den Patrizierfamilien und den frühbürgerlichen Unternehmern sowie zwischen den wohlhabenden Handwerksmeistern herrschte ein reger geselliger Verkehr, eine Zurschaustellung von Modesucht, Tafelluxus, eine Jagd nach Goldschmuck, Edelsteinen und Pelzwerk. Auffällig war die Zunahme von Alkoholgenuß, Völlerei, Steigerung des Bierkonsums und des Fleischverzehrs. Es verbreitete sich eine derbe Lebenslust, weniger das Bedürfnis nach geistigen als die Jagd nach materiellen Dingen; jeder wollte nach Kräften über seinen Stand hinaus. Der Rat schickte täglich früh einen Wagen durch die Stadt, der die Betrunkenen abtransportierte, die man morgens auf den Straßen fand. Im städtischen Freudenhaus, den Warmbadhäusern und den dörflichen Spinnstuben herrschte ein ungehemmter Umgang der Geschlechter miteinander. Vornehme Besucher wurden auf Ratskosten im Frauenhaus freigehalten. Demgegenüber vermochte die städtische Armen- und Krankenfürsorge bei weitem nicht dem großen Elend der notleidenden Bevölkerungsschichten wirksam zu

[14] Zitiert in: Nürnberg, Geschichte einer europäischen Stadt, hrsg. v. G. Pfeiffer, München 1971, S. 154.

begegnen und den reichlich vorhandenen sozialen Sprengstoff zu beseitigen. Die primitiven Wohnverhältnisse für die Armen, die schlechten hygienischen Zustände, die schwache medizinische Hilfe, die verheerenden Auswirkungen von Seuchen, die enorm hohe Kindersterblichkeit gehörten zu den sozialen Gebrechen in der Morgenstunde der Bourgeoisie. In der Reichsstadt mit ihren vielen Kirchen und Klöstern wirkten fast 500 Geistliche, wurden täglich etwa 100 Messen und Gottesdienste abgehalten. Trotz des Glaubens an die Kraft von Reliquien, der Stiftungsfreudigkeit, der allgemeinen Hoffnung auf Sündenvergebung durch Ablaß und Wallfahrten wurde angesichts der Ohnmacht gegenüber dem zunehmenden Elend und der Verarmung, der Katastrophen durch Kriege und Krankheiten die Erlösungszuversicht erschüttert.

Wenn Nürnberg vor und während der Reformation und des Bauernkrieges keine die Patrizierordnung erschütternden oppositionellen Kämpfe erlebte, wie es für zahlreiche Städte zu Ausgang des 15., Anfang des 16. Jahrhunderts typisch war, so lag das am frühzeitigen diktatorischen Eingreifen, Unterdrücken und Taktieren des politisch erfahrenen Rats. Er begriff die Streiks von Freiberg 1469, die Kämpfe und Erhebungen der Bergarbeiter in Schneeberg 1496, 1501, 1511, die Tiroler Streiks 1485 und 1501, die städtischen Unruhen 1490 bis 1492 in Köln, Hamburg, Braunschweig, Osnabrück, Straßburg, Halle, Zwickau, Zittau, Stendal, Rostock, besonders den Aufstand der Handwerker und ihrer Zünfte gegen die patrizische Herrschaft in Augsburg 1476 und die städtischen Erhebungen zwischen 1503 und 1514 in Erfurt, Nordhausen, Pirna, Leipzig, Regensburg, Köln, Speyer, Göttingen, Aachen, Braunschweig als Warnung. Obwohl das auch von ihm veröffentlichte Wormser Edikt 1521 reichsrechtlich die lutherische Bewegung als ketzerisch verurteilte, tolerierte der Rat, von Humanisten und immer mehr Gläubigen unterstützt, die evangelischen Prediger.

Andererseits ließ er anfangs das Abendmahl in beider Gestalt nicht zu und schützte katholische Geistliche vor Übergriffen, um Konflikte mit dem Bamberger Bischof und den in der Stadt von 1522 bis 1524 tagenden Reichsständen und dem Reichsregiment zu vermeiden. Obwohl der Rat jede über Luther hinausgehende Forderung unterbinden wollte, geriet er unvermeidlich unter den Druck der sich ausbreitenden und sich differenzierenden reformatorischen und revolutionär-oppositionellen Bewegung. Als es im Herbst 1523 zu Zusammenstößen mit den Seilerknechten und Metzgergesellen wegen Arbeitslohn, Arbeitszeit und Arbeitsweise kam und letztere sich zu erheben drohten, griff der Rat vermittelnd ein und bewog die Meister zum Nachgeben. Unter den Tagelöhnern, Stückwerkern, Gesellen, Armen, Bettlern regten sich zum Umsturz neigende Kräfte; wegen des Zunftverbots fehlte ihnen ein geeigneter organisatorischer Zusammenhalt. Nürnberger Buchdruckergesellen druckten illegal, entgegen dem Willen ihrer Meister evangelische Flugschriften, so Thomas Müntzers »Wider das geistlose sanftlebende Fleisch zu Wittenberg«. Dem Leinenweberknecht Gallus aus Nördlingen wurde die Verbreitung seiner sozial-revolutionären Ideen untersagt, da ihm immer mehr Anhänger zuliefen. Besonders Unbequeme, wie der Anführer der Wiedertäufer Johann Denk, Schulmeister bei St. Sebald, und die »gottlosen« Maler Georg Pencz, Hans Sebald und Barthel Beham wurden zeitweilig oder für immer ausgewiesen. Als sich in der Stadt größere Unruhe anbahnte und es im Nürnberger Landgebiet im Mai 1524 zu Bauernversammlungen und Zehntverweigerungen kam, ließ es der Rat nicht bei strengen Verboten bewenden. Zur Abschrekkung wurden am 5. Juli 1524 ein Wirt aus der Vorstadt Wöhrd und ein Tuchmacherknappe öffentlich hingerichtet, nur weil sie erklärt hatten, die armen Bürger und die Bauern müßten zusammenstehen, um das Ungeld abzuschaffen und eine bessere Ordnung einzurichten. Im Oktober 1524 wurde Müntzer ausgewiesen, seine Schriften vom Rat eingezogen oder aufgekauft. Der Rat verfügte nach heutigen Begriffen eine Teilmobilmachung. Er bot 1200 Bewaffnete aus der Bürgerschaft auf, die er in der Stadt und auf umliegende Herrensitze und Ortschaften verteilte, um jede Rebellion zu ersticken. Die Bewachung der Stadttore wurde verstärkt, um das Einsickern revolutionärer Kräfte und die Verbindungsaufnahme mit aufständischen Bauern zu verhindern. Als Mitglied des Schwäbischen Bundes leistete Nürnberg im Februar 1525 zur Bekämpfung der aufständischen Bauern Schwabens mit 270 Fußknechten und zwei Feldschlangen sogenannte Bundeshilfe, die zum Teil auch in Geld erstattet wurde. Gleichzeitig versuchte die Nürnberger Obrigkeit die Bauernerhebungen von ihrem Landgebiet fernzuhalten. Jedes Aufbegehren betrachtete sie als Aufruhr gegen das Evangelium. Als im Mai/Juni 1525 die Lage für die Stadt bedrohlicher wurde, verringerte der Rat gegen den Widerstand des Bamberger Bischofs und des Schwäbischen Bundes einige besonders drückende Abgaben für seine Untertanen. So wurden der Zehnte von Hirse, Erbsen, Heu, Hopfen, Hanf und der städtische Erbzins erlassen, das Ungeld wurde durch eine verbilligte Münzberechnung erleichtert und das vierteljährlich zu zahlende große Marktgeld aufgehoben. Erst unter der Bedrohung durch den Bauernkrieg, der immer näher an die Reichsstadt herangerückt war, bekannte sich die Nürnberger Oberschicht offen und uneingeschränkt zur lutherischen Reformation. Bei Wahrung des bürgerlichen Friedens, durch Niederhalten der radikalen Kräfte und zu Lasten der plebejischen Schichten wurden Reformen durchgeführt. Im Stadt- und Landgebiet wurden evangelische Prediger eingesetzt, Privatmessen abgeschafft, die Sonntagsmessen vereinfacht, Prozessionen und Bittgänge unterbunden, der Ablaßhandel beseitigt, die Heiligenverehrung hörte auf, Mönche und Nonnen gingen ins bürgerliche Leben zurück, Priester heirateten und wurden städtische Beamte. Mit der Säkularisierung der Klöster geriet das ganze Kirchenvermögen in die Verfügung des Rats. Die Gerichtskompetenz des Bischofs von Bamberg in weltlichen Fragen war beseitigt, statt hundert kirchlicher Feiertage, die außer den Sonntagen als Arbeitstage ausfielen, gab es nur noch zwanzig. So waren die frühe junge Nürnberger Bourgeoisie und der erfahrene patrizische Rat mit zugespitzten Klassenbeziehungen konfrontiert. Durch Härte und Zugeständnisse wurden Konfliktausbrüche verhindert. Der Rat ging daraus politisch und ökonomisch gestärkt hervor. Er lieferte ein Beispiel konservativer Reformpolitik.

Willibald Pirckheimer war der letzte männliche Vertreter einer seit fünf Generationen in Nürnberg beheimateten Patrizierfamilie. Die bedeutendsten Persönlichkeiten dieses Geschlechts, das eine breitgefächerte Birke im Wappen führte, gehörten im 14. und anfangs des 15. Jahrhunderts zu den führenden Kaufmannsfamilien der Stadt, dann zu den gelehrtesten Juristen und Diplomaten im Reich; sie kamen aus einer der ersten humanistisch gebildeten Familien Nürnbergs und Deutschlands überhaupt. Das Geschlecht der Pirckheimer verzweigte sich in drei Generationslinien; eine ging von Hans I. (dem Älteren) aus; die Hauptlinie setzte mit Hans II., (dem Jüngeren) ein und endete mit Willibald Pirckheimer; eine dritte begann mit Konrad Pirckheimer.

Als der älteste bekannte Vertreter dieser Familie, Hans I., um 1359 als Kaufmann Nürnberger Bürger wurde, war er bereits ein vermögender Mann. Er erwarb 19 eigene sowie etwa 60 Lehngüter, 11 Äcker und Wiesen. In der Reichsstadt selbst besaß er fünf Häuser und Hypotheken auf 27 andere Gebäude. Er starb 1375. Die Pirckheimer Handelsgesellschaft, in der die Söhne und Enkel Hans' I. geschäftsführende Teilhaber waren, erlangte ihre Blütezeit im letzten Drittel des 14. und im ersten Viertel des 15. Jahrhunderts, also hundert Jahre vor Willibald Pirckheimer. Diese Firma war der übliche Zusammenschluß verschiedener Familien und zählte zu den bedeutendsten Handelshäusern Mitteleuropas. Ihr Fernhandel, besonders mit Gewürzen, Seidengeweben, Brokatstoffen und Edelmetallen, sowie ihre Wechselgeschäfte verliefen von Venedig bis Lübeck und Schweden, von Böhmen bis Brabant, von der Schweiz bis Osteuropa. Venedigs Münzstätte wurde von den Pirckheimern mit Edelmetallen aus den Karpaten beliefert, was ihnen hohe Bankgewinne brachte. Sie finanzierten die Kriege des luxemburgischen Herrscherhauses.

Als erster Vertreter der Familie kam Hans II. (der Jüngere) durch Heirat mit der Tochter des Ratsherrn Teufel 1378 als Bürgermeister in den Nürnberger Rat. Der Besitz an Gütern und Firmenanteilen, den er seinen Söhnen und Töchtern hinterließ, rechnete zu den vier größten Vermögen, die zu Beginn des 15. Jahrhunderts in Nürnberg verzeichnet wurden. Das wurde in Deutschland nur von wenigen erreicht. Doch bereits in der ersten Hälfte des 15. Jahrhunderts büßte die Handelsgesellschaft, besonders infolge des zeitweiligen Niedergangs der Edelmetallgewinnung in den Karpatenländern, wo sie viel Kapital investiert hatte, ihre Vorrangstellung ein. Während zwischen 1430 und 1440 die Imhoffs als Unternehmer aufstiegen, gingen die Pirckheimer, Kreß, Stromer und Mendel als selbständige Firmen in Konkurs. Nur Georg Pirckheimer, ein Enkel Hans' I., blieb Berufskaufmann über die Mitte des 15. Jahrhunderts hinaus. Georgs ältester Sohn Sebald machte 1492 mit 30 000 Gulden Schulden Bankrott und zog sich ins Kartäuserkloster zurück. Der endgültige Konkurs 1492 war ein Anzeichen für den Wechsel der wirtschaftlichen Rolle Nürnbergs und Augsburgs. Er geschah sieben Jahre nach der Gründung der Fuggerbank 1485 und sechs Jahre vor der Gründung der Welsergesellschaft. Augsburg übernahm die führende Stellung im europäischen Finanzgeschäft.

Bereits bei dem Sohn Hans' II., bei Franz I., d. Ä. (1388–1449), Willibalds Urgroßvater, vereinigten sich kaufmännische Betätigung mit humanistischem Bildungsstreben. Er hatte in Krakau Medizin studiert und trug eine Vielzahl medizinischer, naturwissenschaftlicher und alchimistischer Bücher zusammen. Damit begründete er die bedeutende Pirckheimersche Familienbibliothek. Seine Söhne eröffneten dann eine weitere Pirckheimertradition, nämlich in Italien zu studieren, wie es auch andere reiche Nürnberger Bürgersöhne taten. Franz II., Willibalds Großonkel, der spätere Nürnberger Stadtrichter, studierte 1438 in Pavia und von 1457 bis 1460 in Padua. Seine Mitstudenten waren Wilhelm von Reichenau, Johannes Roth, Ulrich Gossembrot, Sigismund Meisterlin und Johann Förnberger. Willibalds zweiter Großonkel, Doktor Thomas Pirckheimer, absolvierte sein Jurastudium in Leipzig, Padua und Pavia. Er war ein Diplomat, der von Päpsten, geistlichen und weltlichen Fürsten, Städten und Klöstern außerordentlich begehrt wurde. Dank seinem Gönner Papst Pius II. wurde er Pronotar und Referendar des päpstlichen Stuhls und stand als Kanzler im Dienst des Herzogs Albrecht III. von Bayern-München. Seine einflußreichen Stellungen hatte er zu einer erfolgreichen Pfründenjagd genutzt und eine große Sammlung von Briefen und Reden italienischer Humanisten hinterlassen. Willibalds Großvater Hans III. war Kaufmann und Jurist. Er hatte seine Kenntnisse in Köln, Perugia, Bologna und Padua erworben, gehörte über 18 Jahre dem Nürnberger Rat an und wirkte als Bürgermeister, Schöffe und Gesandter. In der vordersten Reihe der deutschen Frühhumanisten stehend, interessierte er sich für Gerichts- und Staatsverfassung, Heerwesen, Geschichte, Geographie, Topographie, Literatur und Mythologie. Für ihn hatte die Weisheit antiker Autoren bereits größeres Gewicht als die Aussage kirchlicher Autoritäten. Von seinem Vater Johann Pirckheimer (1440–1501) wurde der Lebensweg Willibalds am nachhaltigsten beeinflußt. Sein sechsjähriges Studium in Italien beendete der Vater 1465 mit dem Doktor des römischen und kanonischen Rechts. Außerdem hatte er sich eingehend mit den Schriften der antiken Philosophen und Historiker, den Naturwissenschaften und der Astrologie befaßt. Zu seinen Studienfreunden zählten die Nürnberger

Schule
Hans Burgkmair

Georg Pfinzing, Georg Tetzel, Konrad Schütz, Hartmann Schedel und Johannes Löffelholz. Johann Pirckheimer wurde bischöflicher Privatsekretär bei Wilhelm von Reichenau in Eichstätt, wo er sich in dessen Humanistenkreis mit Johann Mendel, Mathias von Kemnat und Hermann und Hartmann Schedel unter seinesgleichen befand. Als Diplomat vertrat er den Bischof auf Reichstagen, leistete für Nürnberg juristische Beraterdienste, wurde 1475 wegen seiner herausragenden juristischen Fähigkeiten, seiner Redekunst und Schreibgewandtheit von Albrecht IV. von Bayern an dessen Hof gezogen. Gleichzeitig verlangte Erzherzog

Siegmund von Tirol nach seinen Diensten, so daß er jeweils eine Jahreshälfte in München und die andere in Innsbruck zubringen mußte. Seit 1490 wohnte er als Ratskonsulent wieder in Nürnberg. 1496 wurde auf seine Initiative die Nürnberger Poetenschule gegründet. Wahrscheinlich besaß Willibalds Vater die umfangreichste juristische Bibliothek seiner Zeit nördlich der Alpen. Wie sein Großvater Franz wurde Johann am Ende seines Lebens Priester und starb im Nürnberger Augustinerkloster. Dieser hochgeachtete Jurist, gewandte Diplomat, Verehrer und Nachahmer antiken Wissens, gottgläubige Humanist wurde zum gelehrten Unterweiser und wissenschaftlichen Vorbild seines Sohnes Willibald.

Zur Tradition der Pirckheimergenerationen gehörten nicht nur die kaufmännischen Erfolge, das landesweite Ansehen als Juristen und Diplomaten, das herausragende frühhumanistische Bildungsstreben und die unvergleichlichen bibliophilen Leistungen. Von Anfang an legten sie auch Wert auf die Achtung und harmonische Bildung ihrer Frauen. Schon Willibalds Großtante Katharina war eine humanistisch gebildete Frau. Unter den Pirckheimerinnen ragte Willibalds Schwester Charitas, die Äbtissin des Nürnberger Klaraklosters, hervor, deren Bildung bekannt war und die von Humanisten wie Erasmus, Reuchlin und Celtes verehrt wurde. Es gehörte zum Standesbrauch der Patrizier und auch der Pirckheimer, daß weibliche und männliche Abkommen der Familie aus jeder Generation in ratsfähige Familien einheirateten.

Willibald Pirckheimer – ein frühbürgerlicher Humanist

Die Deutsche Demokratische Republik ehrt Willibald Pirckheimer und sein Wirken seit Jahrzehnten auch durch die vielseitige Tätigkeit ihrer im Kulturbund bestehenden Pirckheimer-Gesellschaft. In den letzten Jahrzehnten hat sich das Wissen über Leben und Leistungen Pirckheimers in der DDR dank solchen wissenschaftlichen Werken wie der »Deutschen Geschichte in 12 Bänden«, der »Geschichte der Deutschen Literatur von den Anfängen bis zur Gegenwart« sowie weiterer Einzelarbeiten von Historikern und Literaturwissenschaftlern bedeutend vertieft. Auch in der BRD wurden im Rahmen der Nürnberg-Forschung und anläßlich der fünfhundertsten Wiederkehr des Geburtstages Willibald Pirckheimers beachtenswerte Ergebnisse vorgelegt. Das gilt ebenfalls für die Forschungen in Österreich und in der Schweiz. Dennoch bleibt das Pirckheimer-Bild bis in die Gegenwart unvollständig, da noch nicht alle Originalquellen, besonders die im Britischen Museum befindlichen, erschlossen sind. Der umfangreiche, von Pirckheimer bis zu seinem Lebensende geführte Briefwechsel ist erst bis 1515 veröffentlicht; die meisten Briefe der letzten fünfzehn Lebensjahre sind noch nicht ausgewertet.

Obwohl die Pirckheimer-Forschung in ihren drei Hauptetappen im 19. Jahrhundert, im 20. Jahrhundert bis 1945 und von 1945 bis heute immer neue Tatsachen und Zusammenhänge ans Licht brachte, haben sich in der bürgerlichen Literatur, je nach der weltanschaulichen Position bestimmter Forscher und Autoren, widersprüchliche, unterschiedlich akzentuierte Wertungen zur Person und Tätigkeit Pirckheimers zählebig erhalten. Eine solche in einzelnen bürgerlichen Pirckheimer-Darstellungen auftauchende mythische

Verzerrung betrifft Pirckheimers gesellschaftliches Ansehen und seine Rolle als patrizischer Humanist im damaligen Nürnberg und darüber hinaus die Kampfbedingungen der Renaissancehumanisten in Deutschland überhaupt. Es ist nicht beabsichtigt, weitschweifige Polemiken über derartige Wertungen zu führen. Pirckheimers Autobiographie wurde mehrmals veröffentlicht. Der vorliegenden Ausgabe ist eine Übersicht der wichtigsten Lebensdaten beigefügt. Anliegen dieser Arbeit ist es, die bekannten biographischen Fakten eng mit den Lebens- und Zeitumständen zu betrachten und damit ihre Interpretation auf eine gesicherte wissenschaftliche Grundlage zu stellen.

Eine der Legenden besagt, Willibald Pirckheimer sei ein Privatgelehrter gewesen und habe geruhsam und zurückgezogen vor allem seinen literarischen Neigungen gelebt. Pirckheimer muß zweifellos zu den universell gebildetsten, zugleich aber auch zu den vielseitig praktisch tätigen Humanisten im damaligen Europa gerechnet werden. Als Nürnberger Ratsherr, Bürgermeister, Diplomat, Schulinspektor und Kaiserlicher Rat war er fest in die Politik eingebunden. Im Justizwesen betätigte er sich als Berater, Gutachter und Rechtsanwalt. Als Militär erfüllte er Funktionen als Feldhauptman im Schweizerkrieg, als Kommandant von Truppen zur Verteidigung der Stadt und als Viertelmeister für den äußeren städtischen Schutz und die innere Sicherheit. Er beherrschte das Griechische hervorragend und war ein vorzüglicher Kenner der lateinischen Sprache. Das bewies er durch Übersetzungen und Herausgabe einzelner Schriften solcher antiker Autoren wie Lucian, Plutarch, Platon, Xenophon, Cicero, Isokrates, Theophrast, Hebes, Herapollon, Ptolomäus, Thukydides, Sallust und anderer. Außerdem kannte er das Hebräische, das Italienische und wußte um die Hieroglyphik der Ägypter. Als Schriftsteller hinterließ er eine bedeutende Korrespondenz, Polemiken, Streit- und Schmähschriften, Gedichte, eine Elegie, eine Autobiographie und die vorliegenden Kriegserinnerungen. Als Gelehrter befaßte er sich mit antiker Philosophie, Ethik, Philologie, Geschichte, Theologie, Geographie, Mathematik, Astronomie, Botanik, Medizin, Bibliographie, Fechtkunst, Edelsteinkunde und auch mit Astrologie. Er war ein leidenschaftlicher, gewissenhafter Verwalter und Vermehrer seiner Bibliothek, ein Liebhaber der Buchillustration, ein Sammler seltener Kunstgegenstände, Münzen, Inschriften, Heilvorschriften und medizinische Rezepturen. In seiner Universalität stand er der italienischen Renaissance näher als die meisten deutschen Humanisten.

In erster Linie war Pirckheimer, gleich welche beruflichen Pflichten er erfüllte, welche politischen, juristischen, militärischen und gesellschaftlichen Aufgaben er löste, von welchen Liebhabereien er sich fesseln ließ, ein fortschrittlicher humanistischer Mensch, der menschliche, geistige und gesellschaftlich-organisatorische Mittelpunkt des einflußreichen Nürnberger Humanistenkreises. Zweimal zog er sich von allen Ratsverpflichtungen zurück: 1502 bis 1505 geschah es freiwillig, von 1523 bis zu seinem Lebensende 1530 zwang ihn die infolge seines Gichtleidens eingetretene Bewegungsunfähigkeit, allen staatlichen Ämtern zu entsagen. Doch dieses Ausscheiden war für ihn zu keiner Stunde ein Zurückziehen, ein Ausruhen von übernommenen Verpflichtungen und Aufgaben des humanistischen Kampfes. Für einen Humanisten vom Format Pirckheimers gab es kein geruhsames, kräfteschonendes Leben.

Als Humanist stellte Pirckheimer die geistigen Lebensgüter höher als allen materiellen Reichtum. Das Erschließen und Verbreiten des wahren, von der Theologie befreiten Wissens über das Weltall, die Erde, den Menschen und die Natur und die mit Hilfe dieses Wissens zu bessernde Moral hielt er für die entscheidenden Triebkräfte zur Schaffung einer neuen, gesünderen Welt. Kein Studium, gleich in welchem Fach, betrachtete er als unbedeutend. Das Studium der Wissenschaften war für ihn der höchste menschliche Genuß. »Wozu lebt man denn, wenn man nicht studieren kann?« schrieb er 1517 in einem Brief an Bernhard Adelmann. Pirckheimer, alles andere als ein Stubengelehrter, schätzte das Studium antiker Quellen, das Publizieren, die Redekunst und Polemik als Waffen zur Überwindung der Feinde des Humanismus, zur Erreichung des gesellschaftspolitischen Kampfzieles. Dieses Ziel sah er, übereinstimmend mit Ulrich von Hutten, darin, daß die Menschen in ein »... glückliches Zeitalter eintreten, in dem die alten Kenntnisse wieder zum Leben erwachen, die literarischen Studien erblühen und alle guten Künste beginnen zutagezutreten. Mit ihrer Hilfe wird man in Kürze alle barbarischen Feinde niederwerfen, vertreiben und gänzlich aus unserer Mitte räumen können, so daß unser Deutschland nicht allein durch kriegerischen Ruhm, durch den Adel der Ahnen und den Vorzug des Römischen Reiches, sondern durch die Wissenschaft, die Schöne Literatur, durch Bildung in allen Fächern und durch die Fruchtbarkeit der berühmtesten Talente erleuchtet, verherrlicht und geschmückt wird.«[15] Die Humanisten erwarteten nicht das Weltende, sondern den jungen Tag, das Weichen der mittelalterlichen Finsternis, den Sonnenaufgang in der bürgerlichen Morgenstimmung. Die Welt begreifen, die Dinge ergründen – das war ihr optimistisches Leitmotiv. Man suchte und erträumte ein Zeitalter der Wissenschaft und Kunst, der Humanität und Sitteneinfalt, das große Deutschland und eine friedliche Kirchenreform.

Wie alle seine humanistischen Zeitgenossen befand sich Pirckheimer während dieser unruhigen und ereignisreichen Jahrzehnte in ökonomischen, sozialen, politischen, geisti-

[15] W. P. Eckert/Ch. v. Imhoff, Willibald Pirckheimer, Dürers Freund im Spiegel seines Lebens, seiner Werke und seiner Umwelt, Köln 1971, S. 284.

gen und persönlichen Zwängen; darauf mußte er reagieren, davon hing ab, wie er seine beruflichen Verpflichtungen mit seinen persönlichen Neigungen und Liebhabereien verbinden konnte. Seine humanistischen Interessen und Bestrebungen verfolgte er unentwegt und allerorts, im Beruf und in der Freizeit, obwohl die Bedingungen dafür in den beiden Arbeitsperioden als Ratsmitglied unterschiedlich waren. Die Jahre von 1496 bis 1502 waren für ihn eine Zeit intensiver Ratstätigkeit. An den Ratssitzungen, die täglich, auch sonntags, mehrere Stunden dauerten, hatte er als Junger Bürgermeister ständig teilzunehmen, da er mit der Protokollführung beauftragt war. Er hatte Schriftstücke, Gutachten und Briefe zu verfassen. Seine Kenntnisse und Fähigkeiten waren in Verwaltungsfragen, im Finanzwesen, in der Steuererhebung, der Rechtssprechung, im Schulwesen, beim Verlags- und Bibliothekswesen, besonders auch in der Abwehr der täglichen Querelen seitens der reichsstädtischen Nachbarn begehrt. Seit Jahrzehnten lag Nürnberg mit dem Markgrafen von Brandenburg im Streit um Hoheitsrechte, Zölle, Ausfuhr- und Durchgangsverbote. Raubgierige fränkische Adlige überfielen fortwährend Nürnberger Warenzüge.

In der zweiten Periode, von 1505 bis 1523, gehörte er dem Rat als Alter Genannter an, war einer der fünf Beauftragten, die um Ostern den neuen Rat zu wählen hatten. Wie sein Großvater bekleidete er das Amt des Viertelmeisters am Salzmarkt, der Gegend um das Rathaus und den Hauptmarkt. In jener Zeit leistete Pirckheimer seiner Stadt auf zahlreichen Gesandtschaftsreisen die wertvollsten öffentlichen Dienste. Schon auf Grund seiner kräftigen, hochgewachsenen Gestalt war er eine beeindruckende Persönlichkeit. Seine weltgewandten Umgangsformen, die profunden juristischen Kenntnisse, seine humanistische Bildung und Gesinnung, der tiefe Einblick in die Ratsgeschäfte, die Sprachkenntnisse, sein außergewöhnliches Gedächtnis und die erstaunliche Rednergabe machten ihn für den diplomatischen Dienst besonders geeignet. An Fürstenhöfen, auf Reichs- und Kreistagen, den Tagsatzungen des Schwäbischen Bundes glänzte er mit seiner Beredsamkeit, schnellen Auffassungskraft, seinem ungewöhnlichen Scharfsinn und seiner Schlagfertigkeit. Auf einem Tag zu Augsburg im Jahre 1507 vermochte er achtundvierzig von pfalzgräflicher Seite am Vortag vorgebrachte Klagepunkte in freier Rede zu rekapitulieren, mit treffenden Argumenten zu widerlegen und selbst zwanzig Gegenklagen vorzutragen, worüber alle außerordentlich verwundert waren. Dabei ging es um Lebensfragen für Nürnberg, um die feindselige Politik der fürstlichen Nachbarn, die sich gern die reiche Stadt einverleibt hätten, sowie um Überfälle von Wegelagerern und Strauchdieben, die Kaufleute ausraubten. Bei diesen Zusammenkünften erneuerte und festigte Pirckheimer seine Beziehungen zu humanistischen Kampfgefährten, gewann er neue Mitstreiter. Seine Ernennung zum Kaiserlichen Rat für Maximilian I. und Karl V. verpflichtete ihn zur dauernden Unterrichtung der Monarchen, wofür er die Nachrichtenverbindung der Imhoffschen Handelsgesellschaft und die Beziehungen zu den Humanisten ausnutzte. So stand Pirckheimer im Dienste seiner Vaterstadt und zweier kaiserlichen Regenten, deren Aufträge er um so tatkräftiger und gewissenhafter erfüllte, je selbständiger er handeln konnte.

Der letzte Lebensabschnitt Pirckheimers von 1522/23 bis 1530 wird in bürgerlichen Quellen oft als eine Zeit idyllischer Zurückgezogenheit dargestellt. Dafür wird der von ihm selbst geschilderte Landaufenthalt auf dem Herrensitz seines Schwagers in Neunhof bei Nürnberg angeführt. »Früh nach der Morgenandacht beobachte ich vom Turme mit vielem Vergnügen, wie die blökenden Schafe in zwei Herden zur Weide ziehen, und vorauf und hinterher gehen Hunde von ganz gewaltiger Größe, wegen der Wölfe, mit Stachelhalsbändern versehen, und nie verlassen sie ihre treue Wache; unmittelbar darauf folgen die Rinderherden, endlich die Schweineherden, immer widerspenstig gegen ihre Hirten, truppweise bald hier- bald dorthin laufend. Darauf lese ich weit in den Tag hinein vor allem Plato, eifriger als je zuvor, da ich ja der Geschäftslast los und ledig bin. Halte meine Mahlzeit, lese Geschichte oder treibe sonst etwas Vergnügliches, zuweilen musiziere ich oder beantworte Briefe, die in Unmengen bei mir einlaufen. Dann und wann besuchen mich Freunde, die auch in Villen in der Nähe Zuflucht gesucht haben, mit ihren Frauen und Kindern. Da es hier weder an Fischen noch an Fleisch fehlt, kann ich sie aufs Köstlichste bewirten. Sind aber die Freunde nicht da, so lade ich mir Dorfleute ein, besonders an Feiertagen, und unterhalte mich mit ihnen über den Landbau und die Natur, ja mitunter lade ich alle Bauern (des Dorfes) zu einer Festlichkeit, mit ihren Weibern, Burschen und Mädchen. Darauf nehme ich wieder ein Buch zur Hand, ab und zu ein theologisches, oft etwas altklassisches, besonders gern Bücher über die Sitten der Menschen und die Herrlichkeit der Natur, so daß ich bis tief in die Nacht hinein wache, um bei hellem Himmel mit meinen Instrumenten den Lauf der irrenden Sterne zu verfolgen ... Endlich, ohne noch etwas zu genießen, gehe ich zur Ruhe.«[16] Wer so zu beobachten, empfinden und erzählen vermag, dem nichts Menschliches und Natürliches fremd ist, den das bunte, wechselvolle Leben überall fesselt, der gibt sich als echter Vertreter der Renaissancezeit zu erkennen. Dieser ruhige Landaufenthalt war für den gichtleidenden, gehbehinderten Pirckheimer eine Episode. Die Angehörigen der reichen Oberschicht konnten sich vor der 1521 in Nürnberg grassierenden Pest auf ihre Landgüter zurückziehen. Seine letzten acht Lebensjahre waren infolge des für ihn enttäuschenden Verlaufs der Refor-

[16] P. Drews, Willibald Pirckheimers Stellung zur Reformation, Leipzig 1887, S. 8.

mation, des sich verschlechternden Gesundheitszustandes und der Sterbefälle in der Familie und im Freundeskreis eine steigende Belastung. Schließlich muß ein Urteil über sein angeblich beschauliches Studiendasein berücksichtigen, daß er seine Kräfte niemals schonte. 1517 vermerkte Pirckheimer, es sei die Ansicht der Ärzte, daß sein vieles Studieren Ursache seiner Krankheit sei. Und in seiner 1517 gedruckten Verteidigungsschrift für Reuchlin stellte er fest, daß man nicht durch falsches Umschmeicheln seiner Mitge-

Das ländliche Fest
Daniel Hopser

nossen, sondern nur durch Nachtwachen, Schweißvergießen, unter Frieren, Fasten und schließlich unter ungeheuren und unendlichen Mühen den Ruf großer Weisheit erwerben könne.

Bürgerliche Pirckheimer-Darstellungen würdigen ihn als großen deutschen Humanisten; doch sind die meisten von ihnen mit der fragwürdigen Charakterkennzeichnung belastet, Pirckheimer sei reizbar, streitsüchtig, schwer verträglich und hochmütig gewesen. Die Ursachen dafür seien in seiner Psyche, seinen Erbanlagen, seiner Heißblütigkeit zu suchen. Eine Antwort, warum er sich unter bestimmten Umständen so und nicht anders verhalten hat, wird nicht zu finden versucht. Er hat seine Kräfte, Anlagen und Fähigkeiten als gläubiger Humanist mit der damals stärksten Feudalmacht, der katholischen Kirche, mit deren hochgestellten, einflußreichen Anhängern im Reich und im Nürnberger Patriziat messen müssen. Vor allem diese Auseinandersetzung hat ihn als Persönlichkeit gebildet und geformt. Im humanistischen Kämpferdasein Pirckheimers liegt offenbar der Schlüssel zum Erfassen seiner stark ausgeprägten Individualität, seiner historischen Rolle, seiner Leistungen und auch seines differenzierten Verhaltens gegenüber Gegnern und treuen Freunden und Kampfgefährten.

Die Durchsetzungsmöglichkeiten und Ausbreitungsbedingungen für den Humanismus waren in Nürnberg äußerst zwiespältig. Im Zentrum des damaligen europäischen Fernhandelnetzes war Nürnberg ein einzigartiger Treff- und Durchgangspunkt, ein natürliches Informationszentrum für die Humanisten. Alle frühbürgerlichen Lebenssphären dürsteten nach modernem humanistischem Wissen. Zwar besaß die Reichsstadt keine solche Hochburgen des Humanismus, wie es die Universitäten in Erfurt und Leipzig waren, sie beherbergte aber auch nicht solch ein reaktionäres Zentrum wie die Kölner Universität. Während in Nürnberg der Humanismus erst mit den siebziger und achtziger Jahren des 15. Jahrhunderts über Einzelpersonen hinaus seine Anhängerschaft erweitern konnte, schlossen sich unter der demokratischen Zunftherrschaft Augsburgs schon seit den fünfziger Jahren die obersten Stadtbeamten der neuen Kulturbewegung an. Der Bürgermeister selbst, Sigismund Gossembrot, wurde die Seele des Augsburger Humanistenkreises;

auch der dortige bischöfliche Hof war früh von humanistischen Bestrebungen erfüllt. Dagegen hatte die schroffe, konservative Politik des Nürnberger Rats die Ausbreitung des Humanismus erschwert und bis ins erste Viertel des 16. Jahrhunderts behindert. Die erzkonservativen Nürnberger Patriziergeschlechter hatten zunächst der Einführung römisch-rechtlicher Auffassungen hartnäckig Widerstand geleistet, indem sie in der Ratsverfassung die Bestimmung durchsetzten, daß kein Doktor der Rechte Ratsmitglied werden durfte. Diese Diskriminierung brachte Pirckheimers Vater um den Ratssitz. Willibald Pirckheimer selbst mußte, um in den Rat gewählt zu werden, auf die Promotion verzichten. Dennoch gelangte der Humanismus gerade mit den in Italien ausgebildeten Gelehrten und Juristen, auch mit den Pirckheimers, nach Nürnberg. In ihrer Heimatstadt wurden sie mit dem Vorwurf, welsche, undeutsche, antichristliche und unsittliche Auffassungen und Verhaltensweisen zu vertreten, bis zuletzt bekämpft. Doch selbst Nürnberg, die konservativste Reichsstadt, mußte allmählich humanistische Leistungen im Interesse ihrer Konkurrenzfähigkeit, zur Hebung ihres politisch-kulturellen Ansehens dulden, ausnutzen und in Grenzen fördern. So durfte Johannes Müller, genannt Regiomontanus, ein Naturforscher und Erfinder, 1471 die erste Sternwarte, eine Buchdruckerei und eine feinmechanische Werkstatt errichten. Auf den Erkenntnissen Georg Peuerbachs, seines Naturforscherkollegen, aufbauend, schuf er die Grundlagen für die Vermessungslehre als nautisches Hilfsmittel. Seine entwickelten nautischen Instrumente, in Nürnberg zur Massenproduktion geführt, wurden erfolgreich exportiert. 1485 schuf Sigismund Meisterlin eine Nürnberger Stadtchronik. 1493 erschien die von Hartmann Schedel, einem Arzt, geschriebene Weltchronik, das erste weltliche Nachschlagewerk dieser Art. Martin Behaim, ein Kaufmann und Geograph, schuf 1492 im Auftrage des Rats einen Globus und eine Weltkarte, die im Rathaus aufgestellt bzw. aufgehängt wurden. Auf dem Globus hatte er vermerkt, welche Rohstoffe und Landesprodukte wo zu erwerben seien. Konrad Celtes, der bedeutendste neulateinische humanistische Poet, von Friedrich III. als erster Deutscher auf der Nürnberger Burg zum Dichter gekrönt, verfaßte von 1493 bis 1495 seine berühmte Beschreibung Nürnbergs.

Die von Celtes schon 1491 geforderte humanistische Poetenschule, auch Philosophenschule genannt, die neben Latein und Griechisch auch Grammatik, Poesie und Rhetorik unterrichten sollte, konnte erst 1496 gegen den Widerstand der Geistlichkeit gegründet werden. Ihr erster Rektor, der Humanist Heinrich Grieninger, vom Rat auf Empfehlung Pirckheimers berufen, führte den ersten humanistischen Bildungsplan an einer deutschen Schule ein. Unter dem Einfluß der Poetenschule mußten auch die vier anderen Schulen, die an der Sebalder, der Lorenzer und der Spitaler Kirche sowie am Egidienkloster, zu einem humanistisch orientierten Lehrbetrieb übergehen. Doch die antihumanistische Opposition in Nürnberg war so stark, daß die Poetenschule ihren Unterricht 1509 einstellen mußte. Nur mit Mühe konnte Pirckheimer dafür je eine Lehrerstelle für klassische Literatur an den erwähnten Kirchen- und der Klosterschule durchsetzen. Von dem Nürnberger Ulrich Wagner stammt das erste deutsche Rechenbuch, von Johann G. Neudörfer die erste deutsche Schreibfibel. 1512 verfaßte der Historiker Johann Cochlaeus das erste Geographieschulbuch. 1518 schuf H. Grammataeus ein Lehrbuch für angewandtes kaufmännisches Rechnen. Zum Kreis der Bahnbrecher der frühbürgerlichen humanistischen Bildung und Kultur in Nürnberg gehörten der Erzgießer und Bildhauer Peter Vischer d. Ä., der Bildschnitzer, Maler und Kupferstecher Veit Stoß, der Bildhauer Adam Kraft, der Maler, Graphiker, Holzschnitzer und Kunsttheoretiker Albrecht Dürer, der Poet und Meistersinger Hans Sachs, der Kupferschmied Sebastian Lindenast. Auch der größte Künstler des deutschen Frühbürgertums Albrecht Dürer bekam die antihumanistische Haltung des Nürnberger Patrizierregimes zu spüren. Nur zwei Aufträge, das Bild Karls des Großen (1510) und Kaiser Sigismunds (1512), hat die Geburtsstadt ihrem genialen Sohn erteilt! Sie verweigerte ihm die Auszahlung der von Maximilian I. festgesetzten jährlichen Rente von 200 Gulden aus der Stadtsteuer. Er konnte froh sein, daß ihm sein Leibgeding erhalten blieb. Zu Peter Vischer und Veit Stoß verhielt sich der Rat ebenso kleinlich.

Selbst in den Nürnberger Klöstern gewann der Humanismus einzelne Anhänger. Als Willibald Pirckheimer 1496 Mitglied der Nürnberger Stadtregierung wurde, waren als namhafte Humanisten unter den Kaufleuten und Patriziern etwa sechs bis acht bekannt, unter den Künstlern sechs, den Literaten fünf, den Naturforschern vier, den Ärzten und den Geistlichen je vier, den Pädagogen drei, den Juristen zwei Persönlichkeiten, ihre Anhänger und Schüler nicht mitgezählt. In dieser kleinen Schar fortschrittlicher frühbürgerlicher Intellektueller und in ihrem mutigen Kampf zur Brechung der ideologisch-kulturellen Allmacht der Papstkirche, für eine weltliche, den Aufstiegsbedürfnissen ihrer Klasse gemäßen Bildung und Kultur nahm Pirckheimer eine Sonderstellung ein. Er wurde nicht zufällig, sondern dank einer Reihe günstiger Voraussetzungen das bei Freund und Feind bekannte Haupt des Nürnberger Humanistenkreises. Mit ihm wurde nicht ein mittelloser, auf Mäzenatentum und Pfründenjagd angewiesener Intellektueller zum Humanisten, sondern der Patriziersohn aus einer Familie, die in wenigstens drei Generationen zwischen 1356 und 1492 mit einem Vermögen von 30000 bis 50000 Gulden zu den wirtschaftlich und politisch führenden Nürnbergern gezählt hat. Willibald Pirckheimers Interessen lagen auf wissenschaftlich-humanistischem und weltpolitischem und nicht mehr auf dem wirtschaftlich-finanziellen Gebiet. Er besaß noch ein Vermögen von etwa 18000 bis 20000 Gulden. Als Eigentümer von 60 Häusern bezog er Mieteinkünfte von jährlich 500 Gulden, aus stiller Teilhaberschaft bei Handelsgesellschaften jährlich 220 Gulden. Diese 720 Gulden galten damals schon nicht mehr als Reichtum, gestatteten aber einen wohlhabenden Lebensstil. Er war mit den viel reicheren Imhoffs verschwägert und über sie mit Georg Fugger weitläufig verwandt. Ohne diese materielle Sicherheit und Unabhängigkeit wäre sein humanistisches Wirken noch schwieriger gewesen, als es ohnehin war. Von den 47 Nürnbergern, darunter 13 Patriziersöhnen, die im 15. Jahrhundert in Italien ihre Ausbildung erhielten, hatte Pirckheimer das längste und intensivste humanistische und juristische Studium betrieben. Das siebenjährige Universitätsstudium in Padua und Pavia war das Grunderlebnis seiner Jugend, das sein humanistisch-wissenschaftliches Interesse prägte. In Italien verliebte er sich, suchte den Umgang mit den nach tieferer Bildung und feineren Sitten strebenden aristokratischen italienischen Studienfreunden, statt mit seinen allzu gern zechenden, spielenden und raufenden Landsleuten.

Wegen seiner Aufgeschlossenheit für die italienische Lebensweise und Kultur und wegen seines Laute- und Orgelspiels wurde er von seinen italienischen Freunden besonders geschätzt. Das durch seinen Vater geweckte und in Italien entwickelte Bildungsstreben hat Pirckheimer mit beispielhafter Energie bis an sein Lebensende fortgeführt. Dabei konnte er sich wie nur wenige andere Humanisten dank seiner Bibliothek auf einen unerschöpflichen geistigen Fundus stützen. Schließlich nutzte er außer seinem materiellen Reichtum, seiner sozialen Stellung, seinen außergewöhnlichen geistigen Kräften, seinen Familien- und Geschäftsbeziehungen den wichtigen politischen Vorteil, daß er den humanistischen Kampf nicht von einer untergeordneten Beamten- oder Höflingsfunktion, sondern aus der Mitte der Führung Nürnbergs, gestützt auf seine Verdienste für den

Kaiser und die Reichsstadt, auf das Ansehen seiner Familie, führen konnte. Doch gerade in dieser exponierten Stellung stieß der im Staatsdienst noch junge Pirckheimer auf politisch mächtige, eigensüchtige, im Intrigenspiel erfahrene Gegner und Feinde innerhalb und außerhalb des Rats, die ihn beneideten und haßten, weil sie ihm geistig und bildungsmäßig unterlegen waren, obwohl sie mehr Lebensjahre und Macht besaßen, die ihn fürchteten und schamlos verleumdeten, weil er seinen humanistischen Grundsätzen folgend und sein juristisches integeres Ansehen hütend, gegen jede Amtsanmaßung, Korruption, Unterschlagung und Bereicherung auf Kosten städtischer Mittel konsequent auftrat. Sie kämpften mit aller Verschlagenheit dafür, ihn aus dem Rat zu drängen, von der Regierungsgewalt fernzuhalten. Dabei spielte für beide, für seine Gegner wie für Pirckheimer selbst, die Erfahrung eine Rolle, die Mitglieder seiner Familie in ähnlichen Auseinandersetzungen mit dem Nürnberger Rat gemacht hatten. Schon Hans Pirckheimer II. wurde wegen verletzender Bemerkungen in der Ratsstube eine Buße auferlegt und ihm übel nachgeredet, er habe einen tyrannischen Sinn. Willibalds Großvater Hans III., der als erster 1464 die kriminellen Handlungen des Ratsherrn Nikolaus Muffel aufdeckte – dieser wurde fünf Jahre später wegen Verrat und Unterschlagung hingerichtet –, fand zunächst kein Gehör bei seinen Ratskollegen, wurde selbst angeklagt, verlor sein Viertelmeisteramt und erhielt wegen Beleidigung eine Turmstrafe. Nach der Hinrichtung Muffels wurde er rehabilitiert. Auch Willibalds Vater mußte sich gegen Beleidigungen und Kränkungen zur Wehr setzen. Für die antihumanistischen und korrupten Kräfte innerhalb der rats- und gerichtsfähigen Geschlechter, unter denen sich eine auf unterschiedlichen Interessen fußende Cliquenbildung ausbreitete, waren die humanistischen Pirckheimer eine unbequeme Familie.

Willibald Pirckheimer war ein Politiker und Ratsherr, der

von seiner humanistischen Position aus die Bedürfnisse seiner um den Aufstieg ringenden frühkapitalistischen Klasse am besten erahnte und darum in eine neue Richtung der Ratstätigkeit drängte. Nicht zufällig fühlte er sich mit den Anfang des 16. Jahrhunderts wirtschaftlich und politisch einflußreichsten frühbürgerlichen Kräften im Reich verbunden, so mit Jakob Welser, Andreas Imhoff, Jakob Fugger, Bartolomäus Welser und Konrad Peutinger in Augsburg. Er wollte das Nürnberger Regierungssystem erneuern, die Verwaltungspraxis modernisieren. Er machte dazu, wie aus den Ratsberichten ersichtlich, Vorschläge, äußerte moderne Ideen, die der internationalen Rechts- und Kaufmannspraxis entlehnt waren. Es ging ihm keineswegs um eine Begünstigung der Zünfte, sondern um eine moralisch saubere, gemeinnützige Amtsführung. Jeder einmal geleistete Eid galt ihm unter allen Umständen verpflichtend. Sich entschieden gegen die verbreitete Unsitte wendend »Eine Hand wäscht die andere«, verlangte Pirckheimer volle Uneigennützigkeit und Unparteilichkeit von jedem Ratsmitglied. Wenn er Eigennutz, Vergehen und Mißstände feststellte, prangerte er sie unverblümt an. So führte eine unvermeidliche Auseinandersetzung mit dem ersten Losunger Volckamer zusammen mit familiären Gründen zu seinem Ausscheiden aus dem Rat im Jahre 1502; nach dem Tode dieses Widersachers wurde er 1505 mit großer Mehrheit neu in den Rat gewählt.

Mit seinen Vorschlägen und Initiativen erntete er auch weiterhin nur Ablehnung, Neid, Mißgunst und Verleumdungen. Er reagierte darauf mit Desinteresse und Zwischenrufen; man warf ihm böswilliges Stören der Sitzungen, unberechtigten Bezug von Ratsgeldern und nicht statthafte Advokatentätigkeit vor. Auch seine Übersetzungen und Veröffentlichungen wurden ablehnend aufgenommen, da die übersetzten Werke der herrschenden Staats- und Morallehre widersprachen. Trotz seiner wahrheitsgemäßen Rechtfertigung kam es 1511 zum nächsten Versuch, ihn aus dem

Rat zu entfernen. Dieser ging vom Ratsmitglied Friedrich Tetzel aus, der von einer Clique – Rauscher, Hofmann, Schütz, Wengenmayr und Praun – unterstützt wurde. »Der Neid und Haß meiner Widersacher ist dermaßen über mich hergefallen, daß mir alle Dienste und Werke zum eigenen Schaden ausgelegt werden«[17], schrieb Pirckheimer 1511. Ein dritter Versuch, Pirckheimer auszuschalten, ging 1514 von derselben Gruppe aus, wobei diesmal der erste Losunger Anton Tucher den Vorwurf erhob, Pirckheimer wolle mit seinem Anhang Aufruhr stiften. Abermals widerlegte er in einer langen Verteidigungsschrift alle Vorwürfe. Er habe keine Anhänger noch Schüler, er sei auch niemandes Schüler, »... sondern wer recht hat, dem folge ich und hänge ich an«. Viel deutlicher als zuvor warnte er 1514 den Rat, daß die praktizierten Regierungsmethoden die Stadt »in Schand und Laster« stürzen würden. Darum forderte er ein neues Regime und kündigte an, er werde mit Fakten beweisen, wie man bisher Menschen zu Unrecht behandelt, wen man sträflich begünstigt, wer sich auf Stadtkosten bereichert und Unterschlagungen begangen habe, wie man eigenmächtig mit Ratseigentum umgegangen sei, wie man an Fürstenhöfen und der kaiserlichen Residenz intrigiert habe und daß Geheimnisverrat begangen worden sei. Im Herbst 1514 wurde Tetzel wegen Verrat und Amtsanmaßung auf Lebenszeit ins Gefängnis gesperrt, wo er 1518 starb. Auch in den letzten sechs Jahren seiner Ratszugehörigkeit hörte die Hetze bestimmter antihumanistischer Kräfte gegen Pirckheimer nicht auf. Als er 1523 endgültig alle Ämter niederlegte, mußte ihm der Rat seine Ehrenhaftigkeit bezeugen. Angesichts dieser Zustände war sein mit offenen, treffenden und enthüllenden Argumenten getragenes Abwehrverhalten sowie seine Ambitionen, zu höheren politischen Ämtern und größerem politischen Einfluß in Nürnberg zu

[17] W. P. Eckert/Ch. v. Imhoff, a. a. O., S. 12.

gelangen – was ihm bis heute verübelt wird –, nur allzu verständlich. Trotz der ihm erwiesenen Ehrungen, Anerkennung und Geschenke seitens des Rates konnte er sich nicht enthalten festzustellen, daß man ihm bei den »Heiden und Türken« besser gedankt hätte, als es seine Vaterstadt tat.

Die herausragende Persönlichkeit Pirckheimers als Humanist erschließt sich im Reichtum seiner menschlichen Beziehungen, und diese verbanden ihn in erster Linie mit Nahestehenden, Freunden, mit seinen Kriegskameraden, wie er seine humanistischen Kampfgefährten bezeichnete. Darin zeigten sich seine Charakterzüge als ein von der Renaissance geprägter Mensch, die Grundsätze seiner humanistischen Gesinnung, seine Hilfsbereitschaft, seine Freude am irdischen Genuß, sein entwickelter Kunstsinn, sein Humor und Spott. Diese Beziehungen waren immer ein gegenseitiges Geben und Empfangen. Willibald Pirckheimer hatte seine Schwestern und Töchter, soweit er es entschied, standesgemäß verheiratet oder durch das Klosterleben versorgt und auf ihre humanistische Bildung unentwegt Einfluß genommen. Stets nahm er an ihrem Schicksal und Wohlergehen innigsten Anteil. Er wurde von ihnen als Vater und Bruder geliebt sowie als gelehrtes Vorbild verehrt, aber auch in manchen Briefen offenherzig ermahnt, wenn er in der Fastnachtzeit nach ihrer Meinung beim Tanzen und Buhlen über die Stränge schlug. Pirckheimer unterrichtete seine Neffen aus der Geuder-Familie in Griechisch, sorgte für ihre wissenschaftliche Ausbildung in Italien, verfaßte für sie ein Lehrmittel für das Rhetorikstudium. Der junge Hans Sachs war oft im Hause Pirckheimers zu Gast. Einem in Spanien befindlichen Neffen trug Willibald auf, ihm von den Seereisen und Entdeckungen der Spanier in Amerika immer sogleich die neuesten Nachrichten zu übermitteln. Dem jugendlichen Ulrich von Hutten galt seine Förderung, und er stellte ihn an die Seite der Humanisten Erasmus und Reuchlin. Sein Umgang mit Menschen anderer Klassen und

Schichten war für einen patrizischen Humanisten ungewöhnlich. Das betraf nicht allein Albrecht Dürer, Hans Sachs und die Bauersleute auf dem Lande; seine Klienten waren oft Kleinbürger, mittellose Menschen, die er als Advokat stets ohne Gegenleistung verteidigte.

Sein Stolz und Glück war es, als deutscher Renaissancemensch, der bereits das erwachende Nationalbewußtsein artikulierte, der internationalen Kampfgemeinschaft gleichgesinnter Humanisten anzugehören, die sich trotz mancher ideologischer, intellektueller und charakterlicher Unterschiede im Kampf mit der »Barbarei und Unwissenheit« eng verbunden fühlten. Pirckheimer beurteilte die Menschen zunächst danach, ob Worte und Taten übereinstimmten, vor allem nach ihren Werken, nach ihrem Handeln für die humanistische Bewegung. Seine humanistischen Mitstreiter hielt er für gebildete, geschickte, einsichtsvolle, gelassene in jeder rechten Wissenschaft kundige Menschen. Die Scholastiker und ihr Anhang galten ihm als barbarisch, ungebildet, träge, stupide, ungeschliffen, in allen Fächern gänzlich unwissend. Sein humanistisches Leitmotiv war kämpfen zu müssen. »Wenn du nicht kämpfst, wirst du keinesfalls den Siegeskranz davontragen.«[18] Den Scholastikern ein »vorzüglicher Feind« zu sein, galt in seinem Humanismusverständnis als Auszeichnung.

Die Freundschaft unter den Humanisten zu pflegen, sich mit ihnen auszutauschen, sie zu verteidigen und zu unterstützen schätzte Pirckheimer höher als die Gunst der mächtigsten Fürsten. Er sah in seinen Mitkämpfern Helden dieser Zeit, die kraft ihres Wissens, ihrer Bildung, vielseitigen wissenschaftlichen Betätigung und Tugend die damals den Menschen gesetzten Grenzen überschritten. Er hatte humanistische Freunde in Deutschland und in ganz Europa. Er verteidigte den Tübinger Gelehrten Johannes Reuchlin, der

[18] Ebenda, S. 260.

das Studium der hebräischen Sprache in Deutschland eingeführt hatte, durch seine Mitbeteiligung an den Dunkelmännerbriefen und eine besondere 1517 veröffentlichte Schrift gegen die Scholastiker, Dunkelmänner und dominikanischen Inquisitoren. Mit den Dunkelmännerbriefen, der schärfsten und bedeutendsten satirischen Kampfschrift des deutschen Humanismus, wurde den Dominikanern eine empfindliche moralische Niederlage beigebracht. Aus dem Humanistenkreis Pirckheimers, von ihm angeregt und mitverfaßt, ging 1520 die Satire »Der gehobelte Eck« hervor, die sich gegen den Luthergegner Johannes Eck richtete. Daraufhin wurde ihm neben Luther und anderen der Kirchenbann angedroht; 1521 wurde er tatsächlich mit dem päpstlichen Bann belegt, kam jedoch nach einigen Monaten wieder frei.

Mit großer Freigebigkeit und Hilfsbereitschaft unterstützte Pirckheimer bedürftige Gelehrte. So förderte er mit Ratschlägen, Geld und Büchern die Mathematiker Werner und Schoner, die Geschichtsschreiber Cochlaeus, Irenicus und Beatus Rhenanus, den protestantischen Prediger Venatorius, den Juristen Haloander und andere. »Du hast auf das freigebigste alle meine Wünsche erfüllt«, schrieb der von ihm beschenkte Reuchlin. »Um Silber bat ich – Gold hast Du mir geschickt und noch weiteres versprochen, wenn ich es bedürfen sollte. Auf Löschpapier, wo die Tinte durchschlug, mußte ich bisher schreiben – Du schickst mir die köstlichsten Blätter; um Pfauenfedern bat ich, um etwas Gelesenes zu schreiben – Du schenktest mir Schwanenfedern, und zwar ganz vortreffliche vom Nil oder aus Cnidus.«[19]

Es gab kein humanistisches Zentrum, keinen namhaften Humanisten, mit denen Pirckheimer nicht in mündlichem oder brieflichem Kontakt gestanden hätte. Er unterhielt

[19] F. Roth, Willibald Pirckheimer, ein Lebensbild aus dem Zeitalter des Humanismus und der Reformation, Halle 1887, S. 23.

einen der ausgedehntesten und umfassendsten Briefwechsel unter seinen Zeitgenossen. Die Kunst des Briefschreibens hatten die frühbürgerlichen Humanisten hoch entwickelt. Der Brief war ein wichtiges Bindeglied ihrer zwischenmenschlichen Beziehungen, ein Mittel der Selbstaussage, des Gedankenaustausches, des Wechselgesprächs, der Propaganda. In seinen Briefen vertrat Pirckheimer seine Auffassungen zur Durchsetzung der humanistischen Kampfziele, sein Eingreifen in die öffentlichen Angelegenheiten, in die Politik, die Bildungsreform und zur Reformation. Er verstand es, sowohl im scherzhaften Plauderton als auch mit ernsthaften, schlagenden Argumenten das Gespräch zu führen, offenherzig, aufmunternd, mahnend und kritisch zu sein. Das weitgespannte Netz seiner humanistischen Beziehungen brachte es mit sich, daß er von allen Ereignissen und Veränderungen in der humanistischen Bewegung und in ihrer Gegnerschaft auf das genaueste unterrichtet war. Von allen Seiten erhielt er Anfragen, Bitten, Ratschläge, Mitteilungen von Neuigkeiten. Im humanistischen Kampf wurde nichts Bedeutendes unternommen, ohne daß er davon gewußt, teils mittelbar, teils unmittelbar teilgenommen hätte.

Wer damals von Ost nach West, von Nord nach Süd reiste und in der Regel durch Nürnberg kam, fühlte sich geehrt, im Hause Pirckheimers zu verweilen. Er liebte heitere Geselligkeit mit gleichgesinnten Freunden; man rühmte die Symposien, die er trotz Krankheit bis in die zwanziger Jahre mit seinen gelehrten Gefährten abhielt. Celtes nannte sein Haus eine »Herberge der Gelehrten«. Pirckheimer war ein beliebter, freigebiger Gastgeber, ein geistreicher Gesellschafter, der den höchsten Nürnberger Wohlstand repräsentierte und keinen Aufwand für die Bewirtung und Unterhaltung seiner Gäste scheute. Mag er an Gelehrsamkeit von Erasmus übertroffen worden sein, an Einfluß auf die humanistische Bewegung stand er ihm kaum nach. Pirckheimer verehrte und schätzte Erasmus, dieser wiederum äußerte sich zu niemandem offener, vertraulicher und umfassender als zu seinem Nürnberger Freund.

Pirckheimers eigentlicher Herzensfreund war der Goldschmiedsohn Albrecht Dürer. Der bedeutendste patrizische Humanist war der beste Förderer und Anreger des damals

Bauerntanz
Albrecht Dürer

größten deutschen bildenden Künstlers. Diese Freundschaft durchbrach die Ständescheidung. Jeder schätzte den anderen in dessen ganzer Bedeutung und suchte sich an ihm aufzurichten. Der Maler erweiterte seine Ideen durch den Einblick in den Geist des Humanismus; der Gelehrte veredelte seinen Geschmack durch die ihn ergreifende Gedankenwelt des Künstlers. Beide besaßen dieselbe konstruktive Auffassung von der Renaissance: Nur das Leben – nicht das Vergangene – lasse sich beleben, zu einer Höhe emporraffen, die an das Maß der geschichtlichen Vorbilder heranreiche oder sie überrage. Sie arbeiteten gemeinsam an der Erforschung des Menschen, des Menschen in seiner äußeren Gestalt, wie in seinen geistigen Anlagen und menschlichen Tugenden. Dürer porträtierte den Freund, malte die Sterbeszene seiner Frau, schmückte einzelne Bücher Pirckheimers mit Bildern, schuf für ihn ein Bücherzeichen; Pirckheimer sorgte dafür, daß Dürers Arbeiten bekannt wurden, verhalf ihm zu Aufträgen, verbesserte die Reime des Künstlers und war ihm bei der Redaktion und Drucklegung von Büchern behilflich. Beide widmeten sich gegenseitig wertvolle Schriften. Sie verstanden sich im Ernst und im Scherz. Will man das eigentliche Wesen Pirckheimers erfassen, muß man sich in seine Freundschaft mit Dürer vertiefen, denn darin tritt das Menschliche, Großzügige, Freie, Unabhängige seiner Natur am klarsten zutage. In Pirckheimer und Dürer erreichten das literarische Werk der deutschen Renaissance, der humanistische Kampf die engste Verbindung mit der bildenden Kunst, die den Vorzug größerer Massenwirksamkeit besaß. Dadurch erreichte Nürnberg die damals höchste Stufe nationalen geistigen Lebens.

In einigen bürgerlichen Pirckheimer-Darstellungen findet sich die Bemerkung, er sei vor allem ein Büchernarr gewesen; die Liebhaberei, Bücher zu sammeln, bildgeschmückte Bücher zu besitzen, wird zum untauglichen Versuch benutzt, Pirckheimers angebliche gesellschaftliche Zurückgezogenheit zu beweisen. Untersucht man jedoch, welche Rolle das Buch, genauer die Wissensquelle, im Leben Pirckheimers gespielt hat, findet man Antwort auf die Frage, worin die Stärke, das Unverwechselbare in der historischen Rolle Pirckheimers bestand.

Für die Reichhaltigkeit und Kostbarkeit der Pirckheimer-Bibliothek sprach die Bewunderung der Zeitgenossen. Sie galt unter Kennern als eine Zierde Deutschlands. Als 1484 die ersten 33 Bücher humanistischen Inhalts in die Nürnberger Stadtbibliothek gelangten, existierte bereits der Grundstock der von Pirckheimers Familie geschaffenen einmaligen Büchersammlung. Die europäische Ausbreitung des Buchdrucks hat den Aufbau der Pirckheimer-Bibliothek weiter beschleunigt. Willibald Pirckheimer erwarb aus dem Nachlaß von Regiomontanus einen bedeutenden naturwissenschaftlichen Bestand. Ferner nutzte er seine weitreichenden Verbindungen, um sich von überallher, ohne Rücksicht auf die Kosten, die neuesten Drucke zu beschaffen. Wurden Ende des 15. Jahrhunderts für eine Vergil-Handschrift etwa 100 Gulden bezahlt, so wurden 25 Jahre später für den Druck noch 12 Gulden verlangt. 1504 konnte sich Pirckheimer rühmen, alle griechischen Werke zu besitzen, die in Italien gedruckt worden waren. Seine Bibliothek stand allen offen; während andere ihre erworbenen Handschriften engstirnig verbargen, machte es ihm ein Vergnügen, geeignete Herausgeber für seine Schriften zu gewinnen. Ende des 15. Jahrhunderts gab es insgesamt erst 600 deutschgedruckte Werke. Noch 1518 überwogen die lateinsprachigen gegenüber den deutschen Ausgaben um das neunfache. Für die Humanisten war das vornehmlich lateinische Buch ein Mittel der Propagierung, Verständigung, Huldigung, des Kampfes und der Bildung gegen die klerikale Scholastik. Sein wissenschaftlich geordneter Buchbestand diente Pirckheimer als unentbehrliches Handwerkzeug, als wertvolle Hilfe bei seinen Arbeiten, er war sein Stolz gegenüber Besuchern, seine private Freude. Der Aufbau und die allen zugängliche Nutzung seiner Bibliothek war angesichts des Monopols kirchlichen und theologischen Schrifttums in Deutschland eine große humanistische Leistung.

Pirckheimers Sonderstellung unter seinen Zeitgenossen, der größte humanistische Anreger seiner Epoche, einer der einflußreichsten Wortführer des deutschen frühbürgerlichen Humanismus gewesen zu sein, wird auch von DDR-Autoren auf seine langjährige, gründliche wissenschaftliche Ausbildung, seine materielle Unabhängigkeit, seine intellektuellen Fähigkeiten, sein universales Wissen, seine Hilfsbereitschaft, seine Informiertheit und seine weitreichenden Verbindungen sowie auf den Wissensschatz seiner Bibliothek zurückgeführt. Fehlt hier nicht der entscheidende Aspekt? Betrachtet man Pirckheimers wirkliche Lebensstellung, so sehen wir ihn wie kaum einen zweiten deutschen Humanisten in einer vielseitigen gesellschaftlichen und beruflichen Praxis wirken. Wer in dieser Tätigkeit, in diesem Kampf bestehen wollte – das haben alle seine Mitstreiter und er selbst erfahren –, brauchte nicht scholastische Kenntnisse, sondern echtes, anwendbares Wissen. Die junge Wissenschaft der aufsteigenden Bourgeoisie mußte praxisbezogen studiert und angewandt werden, sonst hätte die ideologische Allmacht des Klerus nicht gebrochen werden können. Leben und Wissenschaft waren bei Pirckheimer zu einer festen Einheit verschmolzen. Er suchte stets nach einer der Praxis dienenden Weisheit und Wahrheit. Er verstand es beispielhaft, den geistigen Gehalt antiker und zeitgenössischer Quellen in die Praxis des täglichen Lebens umzusetzen, diese Erkenntnisse in sich und um sich im wahrsten Sinne des Wortes zur Wirkung zu bringen. So übersetzte er für seine politische Tätigkeit im Nürnberger Rat und für die Funktion als Kaiserlicher Rat die Vorrede des Gallus zu Catalinas Buch »Über das menschliche Verhalten im Staat«; aus der Rede Ciceros »Was dem zum Handeln gebühre, der im Regiment ist«; die Unterweisung des Isokrates, wie sich Könige und Fürsten in ihrem Stande verhalten sollen. Damit überwand er das Vorurteil der Juristen, nur Rechtskenntnisse, nicht philosophisches und ethisches Wissen seien praxisnützlich. Für den Kampf gegen seine Feinde im Rat übersetzte er 1511 Plutarchs Schrift »Von der späten Rache Gottes«. Daraus zog er die Zuversicht und die Argumente, daß meineidige und lügnerische Menschen, mögen sie zeitweise auch große Macht besitzen, schließlich doch überführt und zur Rechenschaft gezogen werden. Auch das Werk des Theophrast »Spiegel der Neigungen und Leidenschaften«, von dem Pirckheimer fünfzehn Kapitel übersetzte, bestimmte sein persönliches Verhalten gegen seine Widersacher. Darin werden Speichellecker, Schwätzer, Schmeichler, Mutlose, Krämerseelen, Überhebliche, Geizige und andere Typen drastisch gegeißelt. Um sich für seine Arbeit als Geschichtsschreiber zu qualifizieren, übersetzte er unter anderem Xenophons Werk »Hellenica«. Er war der erste Deutsche, der sich mit der Theorie der Geschichtsschreibung befaßte, indem er für Maximilian I. und für sich Lucians Essay »Wie man die Geschichte schreiben müsse« studierte und übersetzte. Wie gut sich Pirckheimer in den antiken Quellen auf gefragten Gebieten auskannte und wie praktisch nutzbringend er daraus erworbenes Wissen anwenden konnte, zeigen seine Vorschläge für Texte und Gestaltung der »Ehrenpforte« und des »Triumphzuges« für Kaiser Maximilian, die letzterer an mehrere Künstler in Auftrag gegeben hatte. Für die allegorische Textgestaltung im Ehrenkranz des Triumphzuges wurde Pirckheimer von Maximilian als der gelehrteste Doktor bezeichnet, den er im Reiche besitze. Wenn Albrecht Dürer als erster Deutscher sich mit der Theorie der bildenden Kunst befaßte und über Perspektive, Proportionslehre, Anatomie und bildnerische Ästhetik erste theoretische Schriften veröffentlichte, dann ist diese Leistung auch dem maßgeblichen Einfluß Pirckheimers zu danken. Pirckheimer gab wesentliche Anregungen zur Symmetrie, Physiognomie und Perspektive aus dem Buch seiner Bibliothek »De sculptura« von Pomponius Gauricus, einem zeitgenössischen italienischen Kunsttheoretiker, an Dürer weiter. So lag die unverwechselbare wissenschaftliche Stärke Pirckheimers in seinem Bemühen und Vermögen, alle Aufgaben mit dem damals verfügbaren theoretischen Wissen, das er sich nach praktischen Bedürfnissen erschloß, anzugehen und meist erfolgreicher als andere zu lösen. Darauf beruhte in hohem Maße seine Autorität innerhalb und außerhalb der humanistischen Bewegung, sein Urteil, die Wertschätzung durch den Kaiser, die Überzeugungskraft seiner Argumente und Vorschläge.

Das »echte« und »wahre« Wissen, auf das sich Pirckheimer berief, hatte seine philosophischen Wurzeln vor allem im objektiven Idealismus Platons und in dessen ethischen Auffassungen. Die historisch bedingten Grenzen seiner Erkenntnisfähigkeit zeigten sich auch in seiner Beschäftigung mit der Astrologie; allen seinen Kindern stellte er das Horoskop. Die Philosophie hatte für Pirckheimer durchaus praktische Bedeutung. Sie sei das Gesetz des Lebens und des Daseins, welches lehre, wie man handeln müsse. Er faßte die Philosophie als Studium der Tugend auf; nichts mache den Menschen glücklicher als die Tugend. Unabhängig vom Schicksal helfe die Tugend, gut und glücklich zu leben. Drei Dinge seien dazu erforderlich: Genuß, Beschaulichkeit und Tätigsein. Die Freude am Leben und den Genuß des Daseins ließ er sich von niemandem streitig machen. Der Mensch habe von Gott nichts Herrlicheres und Höheres erhalten als die menschliche Natur und das menschliche irdische Leben. Formell bejahte er eine Übereinstimmung von antiker Gedankenwelt mit dem Christentum; dennoch war ihm Platon eine höhere Autorität als das Evangelium. In seinem Streben nach Wissen und Wahrheit ließ er sich von niemandem behindern. Glauben und Wissen standen nebeneinander, Philosphie und Theologie waren für ihn getrennte Autoritäten. Keiner unter allen deutschen Humanisten hatte die kirchliche Bindung so weit abgestreift wie Pirckheimer. Ihm war an einer ungestörten Bildungsreform mehr gelegen als an der Reformierung der Kirche. Als er sah, wie die lutherische Reform dem humanistischen Bildungsstreben schadete, kehrte er ihr den Rücken, ohne sich zu den Altgläubigen zu bekennen. Von den Lutheranern wurde Pirckheimer, obwohl er nie fest zu ihnen stand, als Verräter betrachtet und als solcher verfolgt; als Humanist wurde er von den Katholiken niemals akzeptiert. Er starb ohne Beichte und Sakramente.

Pirckheimer und der Schweizerkrieg von 1499

Zu Pirckheimers Leistung als Schriftsteller und Publizist zählen neben seinem Briefwerk, den Streit- und Verteidigungsschriften sowie den kampfbezogenen Übersetzungen auch thematisch eigenständige Arbeiten, wie seine ergreifende Elegie auf Dürer, die Satire »Lob der Gicht«, eine Autobiographie und das militärhistorische Werk »Der Schweizerkrieg«. Das Erlebnis dieses Krieges, an dem er im Alter von 28 Jahren als Feldhauptmann an der Spitze des Nürnberger Truppenkontingents teilnahm, hat ihn verständlicherweise lange Zeit gedanklich und arbeitsmäßig beschäftigt. Damals bestand er seine erste Kriegsbewährung, prägte sich aus unmittelbarer Erfahrung seine humanistische Position zum Krieg und zum Frieden. Seit jener Zeit datiert seine persönliche Beziehung zu Maximilian I.; hier mußte er gegen Unterstellungen und falsche Anschuldigungen durch hochrangige Adlige und Höflinge aus der Umgebung Maximilians die Nürnberger Interessen und sein persönliches Verhalten verteidigen.

Naturgemäß ist unser heutiges Wissen über den Schweizerkrieg, den die Eidgenossen als Schwabenkrieg bezeichneten, umfassender und tiefer als zur Zeit Pirckheimers, was die zeitgeschichtliche Leistung des Autors in keiner Weise mindert. Durch ihre geographische Lage befanden sich die Schweizer seit Beginn ihrer staatlichen Entwicklung im Schnittpunkt der Interessen ihrer österreichischen, deutschen, französischen und italienischen Nachbarn. Für die Vorgeschichte des Krieges von 1499 war die unterschiedliche Entwicklung der Klassenkräfte und -interessen zwischen Habsburg–Österreich und den eidgenössischen Gebieten ausschlaggebend.

Der kriegerische Zusammenstoß von 1499 war der militärische Endpunkt der über zwei Jahrhunderte währenden meist mißtrauischen, unfriedlichen, ja feindlichen Beziehungen zwischen beiden Rivalen. Schon die Vereinigung der Urkantone Uri, Schwyz und Unterwalden 1291 zur Urschweiz erfolgte im Kampf gegen die Landeshoheit der Habsburger, die im Aar- und Thurgau Feudalbesitz, Grafschaftsrechte über Bauerngemeinden und Vogteirechte über kirchliche Besitzungen hatten. Durch ihren Sieg 1315 bei Morgarten über das habsburgische Ritterheer erreichten die drei eidgenössischen bäuerlich-demokratischen Kantone die Reichsunmittelbarkeit. Ihnen schlossen sich zur Abwehr der habsburgischen Bedrohung Luzern (1332), Zürich (1351), Glarus und Zug (1352) sowie Bern (1353) an. So entstand die Eidgenossenschaft der »acht alten Orte«, deren bündische Eigenständigkeit die Habsburger nach den Niederlagen von Sempach (1386) und Näfels (1388) anerkennen mußten. Das Bürgertum der Stadtkantone, unterstützt von den bäuerlichen Waldkantonen, hatte den österreichischen Adel besiegt; die schweizerische Fußvolktaktik zeigte sich der österreichischen Reitertaktik überlegen. Im 15. Jahrhundert erweiterten die Eidgenossen ihren Territorialbesitz durch Käufe und Kriegszüge. Die revolutionären Appenzeller Bauern erkämpften die Selbständigkeit gegen die St. Gallener Klosterherrschaft; die mit ihnen verbündeten Schwyzer eroberten den noch österreichischen Teil der March. Im Süden nahmen die Berner Walliser Gebiete in Besitz. Gegen österreichische Interessen waren im Südosten drei parlamentarisch regierte Sonderbünde entstanden, der Gotteshausbund, der Obere oder Graue Bund und der Zehngerichtebund, die sich föderalistisch zusammenschlossen. Uri eroberte 1440 das mailändische Livinental, Berner und Luzerner besetzten Teile des Aargaus, Zürich dehnte seinen Besitz durch Käufe und Eroberungen aus. 1454 wurden St. Gallen und Schaffhausen Mitglieder des eidgenössischen

Bundes. 1460 wurde Thurgau erobert und zur Vogtei der Eidgenossenschaft erklärt. Nicht der »unbändige eidgenössische Freiheitstrieb«, sondern wirtschaftliche, finanzielle, handelspolitische und militärische Klasseninteressen zwischen der Kirche und dem Adel einerseits und dem Städtebürgertum und der Bauernbevölkerung andererseits waren die Triebkraft dieser Expansion. Die freien Bauern der Waldstätte, Handwerker und Kaufleute der Städte kamen ans Ruder. Sie befreiten das Volk vom fremden Joch und nahmen es unter die eigene Herrschaft, die eroberten Gebiete wurden Untertanenlande. Die Vögte der Habsburger und anderer Fürstengeschlechter wurden durch Vögte der Eidgenossen ersetzt, und ihre Herrschaft war meist strenger, herrischer und gewalttätiger als die des Adels.

Aus dem Bestreben Herzog Sigmunds von Österreich, in Frankreich Hilfe gegen die Expansionspolitik der Schweizer zu erhalten, entwickelten sich die Burgunderkriege 1474 bis 1477. Für ein Darlehen von 50000 Gulden und die Verpflichtung des Beistandes gegen die Schweizer verpfändete der Habsburger das Elsaß, den Breisgau und den Schwarzwald an Karl den Kühnen von Burgund, der an Ländern und Reichtum mächtiger war als der französische König. Handelspolitische Interessen und die vorherrschende Stellung Berns innerhalb der Eidgenossenschaft führten die Schweiz an die Seite des französischen Hofes und gegen Burgund. Der französische König Ludwig XI. versöhnte 1474 Österreich mit den Eidgenossen, indem Sigmund für sich und seine Erben auf alle von Schweizern eroberten österreichischen Gebiete verzichtete und die Schweizer einwilligten, keinen weiteren österreichischen Besitz zu okkupieren. Weiter stiftete er einen Bund zwischen den Eidgenossen, Österreich und den Rheinstädten zur Rückeroberung der Pfandlande zugunsten Österreichs. In einem Sondervertrag mit den Schweizern verpflichtete sich Ludwig XI., in dem bevorstehenden Krieg gegen Burgund an jeden der acht

Schweizer Kantone sowie an Freiburg und Solothurn 2000 Goldfranken und künftig an jedes Bundesmitglied jährlich 20000 Goldfranken zu zahlen. Dafür waren die Schweizer bereit, für die Kriege und Fehden des französischen Königs, so oft er es fordern würde, 6000 Schweizer Söldner zu stellen. Die Siege der Eidgenossen bei Héricourt (1474), Grandson und Murten (1476) und Nancy (1477) versetzten dem burgundischen Feudalstaat den Todesstoß.

Mit der Verselbständigung der Eidgenossenschaft und infolge ihres Zusammengehens mit Frankreich wurde die Bindung zum Reich schwächer. Maximilian, der 1486 zum römischen König gewählt wurde und 1493 die Regentschaft des Hauses Habsburg und im Reich antrat, versuchte aus Respekt vor der Kriegstüchtigkeit der Eidgenossen zunächst mit diplomatischen Mitteln, ihre Einbindung in den Reichsverband zu sichern, ihr nationales Selbständigwerden zu verhindern. Für ihn war das nur ein untergeordnetes Vorhaben im Rahmen seiner viel größeren unrealistischen Pläne. Den 1488 gegen die Ausdehnungsbestrebungen der großen Territorialfürsten entstandenen Schwäbischen Bund, eine Vereinigung des süddeutschen niederen Adels mit der patrizischen Oberschicht der Städte, wollte Maximilian als Druckmittel gegen Bayern sowie gegen die Expansion der Schweizer nutzen. Die Eidgenossen fühlten sich vom Schwäbischen Bund bedroht, besonders von seiner wachsenden Truppenmacht. Als Rottweil, Konstanz, Basel und andere aufgefordert wurden, dem Schwäbischen Bund beizutreten, entstand eine gespannte Lage. Sie verschärfte sich infolge der Reformbeschlüsse des Wormser Reichstages von 1495. Nach diesen Beschlüssen sollten ein Landfriedensgesetz die Erhebung des Reichspfennigs als Kopf- und Vermögenssteuer sichern und der Reichstag als eine von den Fürsten beherrschte Ständevertretung wirksam werden. Die Schweizer waren nicht gewillt, sich diesen Festlegungen zu unterwerfen. Dafür erneuerten sie wegen des reichen Zuflusses französischer Gelder das Bündnis mit Karl VIII. Maximilian vermochte Mülhausen im Elsaß auf seine Seite zu ziehen und Konstanz 1498 zum Eintritt in den Schwäbischen Bund zu veranlassen. Von Tirol aus versuchte der Habsburger durch Kauf von Herrschaftsrechten in Graubünden Fuß zu fassen, und Ende 1498 rückten Tiroler Truppen in das wegen seiner vorteilhaften Gebirgspässe wichtige Münstertal ein. Die Innsbrucker Regierung rief den Schwäbischen Bund zu Hilfe, die Graubünder erhielten die Unterstützung der Eidgenossen. So kam es zum Schweizerkrieg.

Dieser Krieg im Jahre 1499 war nach den Orten der Handlungen ein reichsinterner Grenzkrieg zwischen den Kräften Maximilians I., die sich aus Truppen seiner vorderösterreichischen Erblande, des Schwäbischen Bundes und Teilen des fürstlichen und städtischen Reichskontingents zusammensetzten, und den Kräften der schweizerischen Wald- und Stadtkantone, der eidgenössischen Zugewandten, des Zehngerichtebundes sowie Freiburgs und Solothurns. Die Frontlinie war der Rhein auf der ganzen Länge von der tiroler-bündischen Grenze bis Basel. Im Laufe der Kampfhandlungen, die vom Februar bis Juli stattfanden, dürften von den kaiserlichen Kräften bis 45000, auf der Schweizer Seite bis 30000 Mann eingesetzt worden sein. Wegen des ausgedehnten Frontverlaufs mit meist schwierigem Gelände und wegen der Zersplitterung der Kräfte kam es nur zu sieben Schlachten oder größeren Gefechten, außerdem zu zahlreichen kleineren Treffen und größeren Raub- und Vernichtungszügen in schwachgesicherte gegnerische Gebiete.

Pirckheimer erlebte als Augenzeuge, wie in diesem Krieg mit unbeschreiblicher Erbitterung, Grausamkeit, mit Haß und einer entfesselten Raub- und Zerstörungslust sondergleichen gekämpft wurde. Das entsprang nicht der angeblich schweizerisch-schwäbischen Unverträglichkeit, sondern der mit dem Krieg fortgesetzten Klassenpolitik. Die frühbürgerliche republikanische Eidgenossenschaft, die vom Adel gesäuberten ländlichen und städtischen Kommunen waren schon ohne und erst recht mit der schweizerischen militärischen Überlegenheit eine sozialpolitische Gefahr für die Adelsherrschaft. Als Maximilian im April 1499 zum Reichskrieg aufrief, stellte er unter anderem fest, daß es erschreckend und eine große Schande sei, »wenn den bösen, groben und schnöden Bauersleuten, in denen ja keine Tugend, kein adelig Geblüt, keine Mäßigung« herrsche, sondern Üppigkeit, Untreue, Haß gegen ihre natürliche Herren und die deutsche Nation, nicht entgegengetreten würde.[20] Die Schweizer dagegen verstanden, daß man ihnen wieder die vertriebenen Adligen als Herren vorsetzen wollte. So hatte der Kampf der Eidgenossen um ihre nationale Selbständigkeit einen fortschrittlichen, antifeudalen, bürgerlichen Inhalt. Der Krieg der Kaiserlichen richtete sich gegen die erste unabhängige frühbürgerliche Republik in Europa und ihre frühbürgerlichen Klassenverhältnisse.

Dieser offene sozialpolitische Inhalt des Kampfes beeinflußte weitgehend den militärischen Charakter, Verlauf und Ausgang des Krieges. In beiden Kriegsetappen – vom Februar bis Ende April und von Aprilende bis Kriegsschluß – mußten die Kräfte Maximilians am östlichen und westlichen Kriegsschauplatz wie bei Hard (20. 2.), im Bruderholz südlich Basel (22. 3.), bei Schwaderloh (11. 4.), bei Frastenz (20. 4.), an der Calven (22. 5.) und bei Dornach (22. 7.) militärische Niederlagen hinnehmen. Nur zu Beginn des Krieges bei Konstanz und später bei Rorschach (20. 7.) waren die Kaiserlichen erfolgreich. Der militärische Verlauf und Ausgang des Kampfes war für Maximilian I. ein blamabler Mißerfolg. Schonungslos wurden durch den Krieg die Stärken und Schwächen der Rivalen bloßgelegt. Den Eidgenossen gelang es meist mit ihrem funktionierenden Mahnungs-,

[20] E. Dürr, Schweizer Kriegsgeschichte, Heft 4, Bern 1933, S. 502.

Hilfs- und Bundsystem sowie mit dem allgemeinen Landaufgebot, einer allgemeinen Wehrpflicht, die erforderlichen Truppen in ausreichender Stärke aufzubieten. Für weite, lang währende Auszüge war das Volksaufgebot nicht geeignet; dafür mußten Söldner eingesetzt werden. Trotz wiederholter Aufforderung, Mahnung und Drohung Maximilians an die Reichsstände, Truppen zu entsenden, blieb die deutsche Heeresstärke weit unter dem erforderlichen und möglichen Stand. Obwohl Fürsten und Ritter Maximilian gegen die Schweizer aufbrachten, man müsse den »stinkenden Kuhstall« ausräumen, versagten sie ihm die notwendigen Truppen, hielten Versprechungen nicht ein oder schickten versprochene Krieger in geringerer Zahl und verspätet. Ähnlich verhielten sich auch die meisten Reichsstädte. Die städtischen Aufgebote setzten sich häufig aus unerfahrenen, schlecht ausgerüsteten Mannschaften zusammen, darunter Menschen, die man loswerden wollte. Die Nürnberger bildeten eine Ausnahme. Die rasch ausgehobenen Bauern waren nicht besser ausgebildet, und die Söldnertruppen hatten sich oft nach den ersten Mißerfolgen zerstreut. Ein geplanter Rachefeldzug nach der Niederlage an der Calven mußte aufgegeben werden, bevor er begonnen hatte, weil die neuaufgestellten Truppen dazu untauglich waren. Der Kriegsrat des Schwäbischen Bundes hatte am 7. Juni beschlossen, bis 1. Juli 20 000 Mann neu aufzustellen; am 10. Juli standen nur 10 000 Mann Fußtruppen und 250 Reiter. Die Macht Deutschlands sei groß, aber man könne sich ihrer nicht bedienen, stellte damals Machiavelli fest.

Beide Seiten besaßen keinen vorbereiteten Kriegsplan, in der ersten Etappe auch keine zentrale militärische Führung. Ein einheitliches strategisches Vorgehen scheiterte auf beiden Seiten an unterschiedlichen Interessen höchster Kriegsherrn. So konnte in der ersten Etappe der schweizerische Plan, mit einem Heer über den Hegau und mit einem zweiten südlich des Bodensees nordwärts nach Oberschwaben vorzustoßen und eine Entscheidung herbeizuführen, wegen des Widerstandes der Berner nicht verwirklicht werden. Maximilian I., der auf Drängen der Reichsstände in der zweiten Etappe die oberste Führung des Reichsheeres übernahm, überwarf sich, keinen Widerspruch duldend, mit dem obersten Feldhauptmann, Herzog Albrecht von Bayern. Der Bayernherzog legte seine Funktion nieder und zog heim. Maximilians Feldherrntätigkeit litt an Unentschlossenheit, einer auf Habsburger Interessen orientierten Planung, mangelhafter Vorbereitung, verspäteter Rüstung und ungenügender diplomatischer Absicherung. Die Reichskräfte konnten in keiner Phase zum geeigneten Zeitpunkt an entscheidendem Ort für eine militärische Entscheidung zusammengefaßt werden.

Maximilian I. hatte als erster Kriegsherr die Erfahrungen der Schweizer Bewaffnung und Taktik aus den Burgunderkriegen übernommen. Doch das taktische Vermögen der Schweizer beim Einsatz der Gevierthaufen, in der Beweglichkeit, im Manövrieren, in der Ausnutzung des Geländes und des Überraschungsmoments wurde nicht erreicht. So konnten die Eidgenossen in den meisten Gefechten – zum Beispiel im Bruderholz, bei Schwaderloh und an der Calven – mit geringeren Kräften und Verlusten militärische Siege erringen. Die größte Wirkung auf Verlauf und Ausgang der Kämpfe übte die Moral der militärischen Führer und der Truppen aus. Das Militärwesen beider Seiten war von der frühkapitalistischen Geldwirtschaft, also vom Söldnertum mit seinem demoralisierenden Einfluß erfaßt. In beiden Streitkräften regelten einander ähnliche Feldordnungen das Verhalten im Gefecht, gegenüber dem Feind und der eigenen und fremden Bevölkerung. Die Schweizer machten keine Gefangenen; schon deshalb waren sie gefürchtet. Bei den Reichstruppen gab es damals noch keine Eidesleistung. Der moralische Zusammenhalt der aufgebotenen Schweizer Knechte und freiwilligen Söldner – freie

Bauern und Städter – war stärker als in den Ritter- und Städtekontingenten des deutschen Heeres. Zur Verteidigung und zum Schutz der Höfe, Orte und Landschaften gegen die »Herren« war jeder Schweizer bereit. Die erfolgreiche Beherrschung der Taktik des Fußvolks gab zusätzliche Kraft. Als Maximilian I. nach den Niederlagen in der ersten Kriegsetappe den Oberbefehl übernahm, fand er das Heer in folgendem Zustand: Der Schwäbische Bund war in Auflösung, die Adligen waren kampfesmüde, die Truppen desertierten, die Fürsten rührten keinen Finger, die Kriegskasse war leer, Lebensmittel fehlten, und die schwäbische Ritterschaft erklärte rund heraus, sie werde ihr Leben nicht den schnöden Bauern preisgeben. Dem Kaiser fehlte während des ganzen Krieges eine disziplinierte Kerntruppe. Er hatte die Illusion, den neuen Fußtruppen könne militärischer und moralischer Halt gegeben werden, wenn man ihnen ritterlichen Geist und ritterliches Standesbewußtsein einpflanze. Deshalb sollten Ritter zu Hauptleuten, Offizieren, ja zu Fußknechten gemacht werden. Bei den deutschen Landsknechten gab es niemals eine echte Bindung an Kaiser und Vaterland. In den damaligen Söldnerheeren, in denen Truppenstärke, Kampfwille, Kampfdauer, Erfüllung des Sturmbefehls vom Lohn abhing, in denen zum Lohn nicht nur der Sold, sondern auch die Beute und die Bevölkerung mit ihrem Hab und Gut zählten, in denen die Aussicht auf Beute Marschrichtung und Marschtempo bestimmten und die Dauer der Kampfpausen vom Genuß abhing, konnte von Disziplin und Moral keine Rede sein. Bei den Schweizern galt zwar die Festlegung, erst nach dem Gefecht die Beute zusammenzutragen und zu verteilen, doch schon in den Burgunderkriegen kam es zu individueller Jagd auf Beute, und im Krieg von 1499 war eine allgemeine Verteilung der Beute kaum noch möglich.

Der die Kräfte beider Gegner auszehrende Krieg endete nach langwierigen Verhandlungen mit dem Baseler Frieden vom 22. September 1499. Er hatte mehr als 20000 Tote gefordert, über 2000 Ortschaften, Kleinstädte, Burgen und Schlösser eingeäschert, ganze Landstriche verwüstet, die Menschen in Armut und Elend gestürzt. Den Schweizern fiel das Landgericht über den Thurgau zu, andere Eroberungen mußten sie aufgeben. Seither waren die Eidgenossen nicht mehr Glieder, sondern »Schutzverwandte« des Reichs mit eigener Gerichts-, Steuer- und Kriegshoheit. Ihre nominelle Reichszugehörigkeit währte noch bis 1648. 1501 wurden Basel und Schaffhausen, 1513 Appenzell Glieder des Eidgenössischen Bundes. Mit dem Krieg wurde die schweizerische Expansion nach Norden gestoppt. Längs des Rheins und Bodensees war ein machtpolitisches Gleichgewicht entstanden; an dieser Linie bildete sich die Schweizer Grenze heraus.

Pirckheimers Beteiligung fiel in die zweite Etappe des Krieges. Mit der Begründung, Nürnbergs Handel nicht gefährden zu wollen, hatte der Rat die von Maximilian geforderten Truppen zwei Monate zurückgehalten. Nicht aus Feindschaft zu den Schweizern, sondern dem Regenten zuliebe kam man der Aufforderung schließlich nach. Am 1. Mai 1499 führten Pirckheimer als Feldhauptmann und der ihm beigeordnete Ritter von Weichsdorf das Nürnberger Kontingent von 300 Mann Fußvolk, 32 Reitern, 4 Feldschlangen und 6 Wagen ins Feld. Ende Juli wurde ein zweites 300 Fußknechte starkes Aufgebot entsandt und Pirckheimer unterstellt. Für ihn war dieser militärische Auftrag, von dem ihm seine Freunde abrieten, ehrenvoll. Der patrizische Rat hielt ihn für diese militärische und diplomatische Mission besonders geeignet, denn es galt, die Interessen Nürnbergs in den zu passierenden Orten und vor Maximilian zu vertreten. An den beiden größeren Schlachten der letzten Etappe – an der Calven und bei Dornach – hat Pirckheimer mit seinen Truppen nicht teilgenommen. Ende Juni vollbrachte er mit 100 Nürnberger und 30 Trientiner Fußsoldaten unter den ungewohnten Hochgebirgsverhältnissen mit ihrer ständigen Lawinen- und Steinschlaggefahr eine ungewöhnliche Marsch- und Transportleistung. Auf Befehl Maximilians sollte eine angeblich in Bormio bereitgestellte Verpflegungskolonne abgeholt und dem Reichsheer zugeführt werden. Statt der Kolonne brachte Pirckheimer mit seinen Leuten 50 eilig mit Lebensmitteln beladene Tragtiere in einem halsbrecherischen Aufstieg zu den eigenen Truppen zurück. Danach war er an den Rückzugskämpfen der ins Engadin eingefallenen und ausgehungerten Reichstruppen beteiligt. Ein weiteres Treffen bestand er bei der Überrumpelung des Bodenseehafens Rorschach von See her. Hier erlebte er, wie sich die Reichstruppen wegen angeblich herbeigeeilter Eidgenossen panikartig auf die Schiffe zu flüchten suchten,die schon abgelegt hatten, und viele dabei umkamen.

Pirckheimer schrieb sein Werk »Der Schweizerkrieg« nicht unmittelbar nach dem Krieg als ein vom Kaiser und dem heimatstädtischen Rat geehrter Feldhauptmann und junger Patrizier. Er schuf es 20 bis 28 Jahre später, als reifer Humanist und Historiker. Er hatte sich auf diese Arbeit besonders durch spezielle Studien und Übersetzungen antiker Historiker theoretisch vorbereitet. Während seiner letzten Gesandtschaftsreise 1519 in die Schweiz besuchte er auch zur Auffrischung seiner Erinnerung und zur Verarbeitung unmittelbarer Eindrücke von ihm beschriebene Kampfplätze. Er hat diese Arbeit nicht mehr selbst veröffentlichen können. Das mag daran gelegen haben, daß er sie noch nicht für druckreif hielt. Mit seinem Schreibmotiv und seiner Arbeitsposition bewies Pirckheimer abermals, daß er ein Pionier seines frühbürgerlichen Zeitalters war. Er fühlte sich verpflichtet, der Nachwelt Zeitgeschichtliches zu überliefern. Er fand es lächerlich und tadelnswert, daß deutsche Historiker mit ihrer Geschichtsschreibung stets bei den Urzeiten anfingen und den ganzen Erdkreis behandelten, jedoch die Geschichte der Deutschen und der eigenen Zeit entweder mit Stillschweigen übergingen oder das Wichtigste wegließen. Er wollte, daß über deutsche Kriegstaten humanistisch aus deutscher Feder berichtet werde. Der entscheidende, letzte Anstoß für seine Niederschrift war sein eigenes Kriegserlebnis. In seinem historischen Herangehen an die Entstehung dieses Krieges, in der systematisierten Darstellung der Ereignisabläufe spürt man das für die damalige humanistische Geschichtsschreibung typische Erkenntnisprinzip, daß die Geschichte den Zusammenhang der Ereignisse, den Sinn der Zeit und ihrer Begebenheiten richtig erklären müsse. Mit der Forderung, man müsse die Taten der tapfersten Männer, von Städten und Völkern sorgfältig aufzeichnen, ging er über seinen Lehrer Lucian hinaus. Die frühbürgerlichen Geschichtsschreiber erklärten offen, sie fühlten sich der Wahrheit als dem obersten Prinzip verantwortlich. Eine Geschichtsschreibung ohne Wahrheit löse sich in Märchen und Fabeln auf. Natürlich vermochte damals noch niemand, auch nicht Pirckheimer, die Triebfeder der Handelnden auf ökonomische, politische und klassenmäßige Ursachen zurückzuführen. Für alle Geschehnisse wurden nur subjektive Gründe gesehen, die Charaktereigenschaften der Kämpfenden, Macht- und Raubgier, Rachebedürfnis, Haß oder die Zügellosigkeit der Gemüter. Doch gerade in entscheidenden Fragen bringt Pirckheimer seine humanistische Einstellung am deutlichsten zum Ausdruck. Er verwünschte die Furie des Krieges angesichts der elternlosen, Gras essenden Kinder, die am Verhungern waren, die Demoralisierung und Verwilderung der Soldaten angesichts verbrannter Dörfer, zerstampfter Fluren, verwüsteter Weinberge. Über Adlige und Ritter fällte er ein vernichtendes Urteil: »Diese Heimtücker haben auch nichts, darauf sie pochen oder trotzen könnten, als allein ihren Adel und ihre Ritterschaft, da sie doch an tapferem Gemüt oder an Taten kaum den Vergleich mit einem schlechten Soldaten standhalten.«[21] Mit großer Offenheit gab er die Stimmung unter den Reichstruppen wieder; er stellte Kriegsleiden und Greueltaten bloß. Er äußerte eine kritische Haltung zur Tätigkeit verantwortlicher Führer: Es sei oft gegen alle Kriegserfahrungen gehandelt und entschieden worden; Erfolge hätte man aufgebauscht, Mißerfolge vor dem Kaiser verschwiegen oder entstellt. Die Ursachen der deutschen Mißerfolge sah er in der Unterschätzung des Gegners und der Überschätzung der eigenen Kräfte, vor allem aber in der schlechten Disziplin. Er hielt viel vom Opfermut und der besseren Disziplin der Schweizer. Beim Lesen kann man den Eindruck gewinnen, daß Pirckheimer für seine Gegner eher Sympathie als Abneigung hatte. Trotz unbegründeter mehrmaliger Verdächtigungen, die Nürnberger hielten es mit den Eidgenossen, die er entschieden zurückwies, besaß er das Vertrauen Maximilians, der ihn mehrere Male ins Gespräch zog. In seinen Schilderungen des Erlebten, in dieser allgemeinen, hellwachen menschlichen Empfindsamkeit und Urteilskraft werden die neue in der Person Pirckheimers verkörperte humanistische Bildung, Denkweise und Anteilnahme besonders deutlich.

Den historischen Stoff gliederte Pirckheimer in zwei Teile (Bücher); im ersten, einleitenden Teil gab er zum Verständnis der Entstehung des Krieges einen knappen Überblick über die Geschichte der Schweizer Eidgenossenschaft von den Anfängen bis 1499. Hierbei stützte er sich weitgehend auf die Beschreibung des Luzerner Geschichtsschreibers Petermann Etterlin. Im zweiten Teil berichtete er vom Ablauf der Kriegsereignisse, einschließlich der von ihm erlebten Geschehnisse. Als Quellen für alle Ereignisse und Fakten, die er nicht selbst bezeugen konnte, dienten Erzählungen, Berichte und Überlieferungen von Zeitgenossen. Zur Wiedergabe der Vorgänge vom Mai bis September 1499

[21] W. P. Eckert/Ch. v. Imhoff, a. a. O., S. 11.

stützte er sich vor allem auf sein Erinnerungsvermögen. Leider hat er Schweizer Quellen nicht ganz exakt gebraucht. Angaben über Truppenstärken und Verluste stimmen teilweise mit anderen Quellen nicht überein; Zeitangaben für bestimmte Ereignisse fehlen, Ortsbezeichnungen sind nicht immer präzise. Nach Art der antiken Geschichtsschreibung nannte er die Namen der mithandelnden Führer häufig nicht. Diese Mängel ergeben sich vor allem aus dem Abstand zwischen der Schreibzeit und der beschriebenen Zeit sowie aus dem frühen Stadium der Zeitgeschichtsschreibung.

Als frühbürgerlicher Humanist war Pirckheimer der erste deutsche Historiker, der in seiner im damaligen Gelehrtenlatein verfaßten Schrift über den Schweizerkrieg Allgemeingeschichtliches, Zeitgeschichte und Memoirenhaftes in eine originelle monographische Einheit brachte. Er verstand es, den humanistischen historisch-dokumentarischen Inhalt in eine gemäße ästhetisch-literarische Form zu bringen, und beherrschte eine flüssige, bildhafte, mit Anekdoten angereicherte Erzähl- und Darstellungsweise. Jene Abschnitte, in denen er eigene Erlebnisse und Taten als Feldhauptmann des Nürnberger Kontingents mit überzeugender Wahrhaftigkeit erzählt, gehören noch heute zu den unersetzlichen Quellen über die Geschichte dieses Krieges. Für den Engadiner Zug bieten Pirckheimers Erinnerungen die einzige dokumentarische Grundlage. Mit seiner Monographie über den Schweizerkrieg des Jahres 1499 zählt er zu den Begründern der deutschen Zeitgeschichtsschreibung. Er ist der erste deutsche frühbürgerliche humanistische Militärhistoriker, der Begründer des Genres der deutschen humanistischen Militärmemoiren. Sein Werk gehört zum fortschrittlichen humanistischen Erbe und zur humanistischen Geschichts- und Militärgeschichtstradition.

Pirckheimers Originalhandschrift wurde 1636 mit seiner Bibliothek vom damaligen Besitzer seines Nachlasses, dem

Nürnberger Patrizier Johannes Hieronymus Imhoff, an den englischen Grafen von Surrey, Thomas Arundel, verkauft. Heute liegt sie im Britischen Museum. Bisher sind sieben Ausgaben dieses Werkes, sechs lateinische und eine deutsche, bekannt. Die Ausgaben in lateinischer Sprache stammen aus den Jahren 1610, 1611, 1717, 1735, 1737 und 1895. Ernst Münch brachte 1826 in Basel die erste deutsche Übersetzung heraus, die dieser Ausgabe zugrunde liegt. Willehad Paul Eckert und Christoph von Imhoff – ein Nachfahre Pirckheimers – haben in ihre 1971 erschienene Arbeit »Willibald Pirckheimer, Dürers Freund im Spiegel seines Lebens, seiner Werke und seiner Umwelt« den letzten, die Memoiren umfassenden Teil des Werkes in einer modernen Übersetzung aufgenommen.

Um die Eigenart und den historischen Wert der deutschen Erstübersetzung von Ernst Münch zu erhalten, wurde in der vorliegenden Ausgabe sein Text inhaltlich unverändert und ungekürzt, mit Erläuterungen in eckigen Klammern und Anmerkungen versehen, wiedergegeben. Rechtschreibung und Zeichensetzung berücksichtigen heute gültige Regeln. Personen- und Ortsnamen wurden, soweit erforderlich, korrigiert.

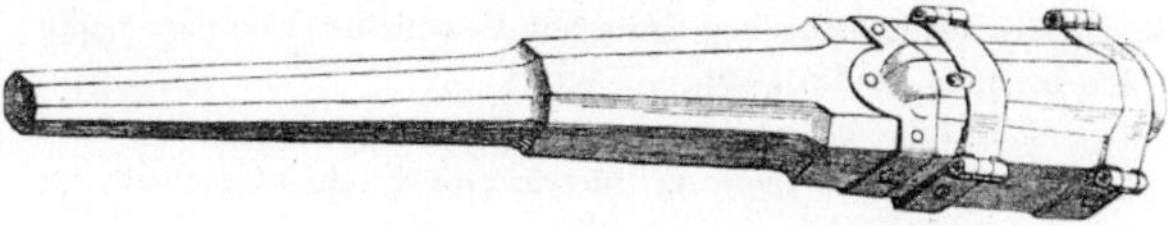

Literatur zur Studie

Engels, F., Der Schweizer Bürgerkrieg, in: MEW, Bd. 4, Berlin 1959

Marx, K./Engels, F., Manifest der Kommunistischen Partei in: MEW, Bd. 4, Berlin 1959

Engels, F., Der deutsche Bauernkrieg; in: MEW, Bd. 7, Berlin 1960

Engels, F., Kriegführung im Gebirge einst und jetzt, in: MEW, Bd. 12, Berlin 1961

Engels, F., Aus dem handschriftlichen Nachlaß. Varia über Deutschland, in: MEW, Bd. 18, Berlin 1962

Engels, F., Aus dem handschriftlichen Nachlaß. Zum »Bauernkrieg«, in: MEW, Bd. 21, Berlin 1962

Ammann, H., Die wirtschaftliche Stellung der Reichsstadt Nürnberg im Spätmittelalter, Nürnberg 1970

Andreas, W., Die Kulturbedeutung der deutschen Reichsstadt zu Ausgang des Mittelalters, in: Deutsche Vierteljahresschrift für Literaturwissenschaft und Geistesgeschichte, 6. Jg., Bd. VI, Halle/Saale 1928

Bächtold, H., Die schweizerische Volkswirtschaft in ihren Beziehungen zu Deutschland in Vergangenheit und Gegenwart, Leipzig 1927

Barthold, F. W., Geschichte der Kriegsverfassung und des Kriegswesens der Deutschen, Leipzig 1855

Beiträge zur Wirtschaftsgeschichte Nürnbergs, 2 Bde., Nürnberg 1967

Bezold, F. v., Geschichte der deutschen Reformation, Berlin 1980

Biographisches Lexikon zur deutschen Geschichte. Von den Anfängen bis 1945, Berlin 1970
Brosch, M., Machiavelli am Hofe und im Kriegslager Maximilian I., in: Mitteilungen des Instituts für österreichische Geschichtsforschung, Bd. XXIV, Innsbruck 1903
Delbrück, H., Geschichte der Kriegskunst im Rahmen der politischen Geschichte, Berlin 1907–1909
Deutsche Geschichte in zwölf Bänden, Bd. 3, Berlin 1983
Die Chroniken der deutschen Städte vom 14. bis 16. Jahrhundert, Nürnberg, Bd. 1–5, Leipzig 1862–1914
Dierauer, J., Geschichte der Schweizerischen Eidgenossenschaft, Gotha 1913
Drews, P., Willibald Pirckheimers Stellung zur Reformation, Leipzig 1887
Dürr, E., Schweizer Kriegsgeschichte, H. 4, Bern 1933
Eckert, W. P./Imhoff, Ch. v., Willibald Pirckheimer, Dürers Freund im Spiegel seines Lebens, seiner Werke und seiner Umwelt, Köln 1971
Endres, R., Zur Einwohnerzahl und Bevölkerungsstruktur Nürnbergs im 15./16. Jahrhundert, in: Mitteilungen des Vereins für Geschichte der Stadt Nürnberg, Bd. 57, 1970
Fuchs, W. P., Willibald Pirckheimer, in: Jahrbuch für fränkische Landesforschung, Bd. 31, Neustadt/Aisch 1971
Geschichte der deutschen Literatur von 1480 bis 1600, hrsg. v. J. G. Boeckh u. a., Berlin 1960
Geschichte der Weltliteratur in neun Bänden, Bd. 3, Moskau 1985, (russ.)
Grimm, R., Geschichte der Schweiz in ihren Klassenkämpfen, Bern 1920
Hagen, K., Deutschlands literarische und religiöse Verhältnisse im Reformationszeitalter, Frankfurt/M. 1868
Hagen, R., Willibald Pirckheimer in seinem Verhältnis zum Humanismus und zur Reformation, in: Mitteilungen des Vereins für Geschichte der Stadt Nürnberg, H. 4, 1882
Hermann, M., Die Reception des Humanismus in Nürnberg, Berlin 1898
Hidber, B., Der Schwaben- und Burgunderkrieg, Berns Stellung dazu und Mannschaftsrodel, mit Urkunden, Bern 1857
Hobohm, M., Machiavellis Renaissance der Kriegskunst, Berlin 1913

Hoyer, S., Das Militärwesen im deutschen Bauernkrieg 1524/1526, Berlin 1975
Illustrierte Geschichte der deutschen frühbürgerlichen Revolution, Berlin 1982
Joachimsen, P., Geschichtsauffassung und Geschichtsschreibung in Deutschland unter dem Einfluß des Humanismus, I. Teil, Leipzig und Berlin 1910
Kaemmel, E., Willibald Pirckheimer, Marginalien, Blätter der Pirckheimer-Gesellschaft, H. 3, Berlin 1958
Kellenbenz, H., Nürnbergs Wirtschaftsleben im Zeitalter von W. Pirckheimer, in: Jahrbuch für fränkische Landesforschung, Bd. 31, Neustadt/Aisch 1971
Kurzmann, G., Kaiser Maximilian I. und das Kriegswesen der Österreichischen Länder und des Reiches, Militärgeschichtliche Dissertation, Wien 1985
Laube, A., Die Herausbildung von Elementen einer Handels- und Manufakturbourgeoisie und deren Rolle in der deutschen frühbürgerlichen Revolution, in: Jahrbuch für Geschichtsforschung, Bd. 1, Berlin 1977
Leitner, Qu. v., Das Kriegswesen des heiligen römischen Reiches deutscher Nation unter Maximilian I. und Karl V., Leipzig 1859
Lochner, G. W. K., Lebensläufe berühmter und verdienter Nürnberger, Nürnberg 1861
Markwart, O., Pirckheimer als Geschichtsschreiber, Diss., Basel, Zürich 1886
Maximilian I., Weisskunig, Leipzig 1985 (Reprint)
Mendheim, M., Das reichsstädtische, besonders Nürnberger Söldnerwesen im 14. und 15. Jahrhundert, Leipzig 1889
Mone, F. J., Über das Kriegswesen im 14. bis 16. Jahrhundert, in: Zeitschrift für die Geschichte des Oberrheins, Bd. 6, Karlsruhe 1885
Münch, E., Willibald Pirckheimers Schweizerkrieg und Ehrenhandel mit seinen Feinden zu Nürnberg, nebst Biographie und kritischem Schriftenverzeichnis, Basel 1826
Nabholz, H. u. a., Geschichte der Schweiz, Bd. 1, Zürich 1932
Nell, M., Die Landsknechte, Entstehung der ersten deutschen Infanterie, Historische Studien, H. 123, Berlin 1914
Nemilow, A. N., W. Pirckheimer und seine Stellung unter den deutschen Humanisten zu Anfang des 16. Jahrhunderts, in: Das Mittelalter, Bd. 28, Moskau 1965 (russ.)

Pfeiffer, G. (Hrsg.), Nürnberg, Geschichte einer europäischen Stadt, München 1971

Priester, E., Kurze Geschichte Österreichs, Bd. I, Wien 1946

Rasin, J. A., Geschichte der Kriegskunst, Bd. II, Berlin 1960

Reicke, E., Geschichte der Reichsstadt Nürnberg, Nürnberg 1896

Reicke, E., Willibald Pirckheimer, Leben, Familie und Persönlichkeit, Jena 1932

Reicke, E. und Reimann, A., Pirckheimer, Willibald, Briefwechsel, Bd. I, München 1940

Reicke, E., Willibald Pirckheimers Briefwechsel, II. Bd., München 1956

Reicke, E., Willibald Pirckheimer und die Reichsstadt Nürnberg im Schwabenkrieg, in: Jahrbuch für Schweizerische Geschichte 45 (1920)

Reimann, A., Die älteren Pirckheimer, Geschichte eines Nürnberger Patriziergeschlechts im Zeitalter des Frühhumanismus (bis 1501), Aus dem Nachlaß hrsg. v. H. Rupprich mit einer Einführung v. G. Ritter, Leipzig 1944

Rosenthal, E., Dürers Buchmalereien für Pirckheimers Bibliothek, in: Jahrbuch der Preußischen Kunstsammlungen, Beiheft zu Bd. 49, I. Teil, Berlin 1928

Roth, F., Willibald Pirckheimer, Ein Lebensbild aus dem Zeitalter des Humanismus und der Reformation, in: Schriften des Vereins für Reformationsgeschichte, H. 21, Halle 1887

Rück, K., Willibald Pirckheimers Schweizer Krieg, Nach Pirckheimers Autographum im Britischen Museum, München 1895

Rupprich, H., Willibald Pirckheimer und die erste Reise Dürers nach Italien, Wien 1930

Rupprich, H. (Hrsg.), Humanismus und Renaissance in den deutschen Städten und an den Universitäten, Leipzig 1935

Rupprich, H., Willibald Pirckheimer, in: Fränkische Lebensbilder, Bd. 7, 1967

Schaufelberger, W., Spätmittelalter, in: Handbuch der Schweizer Geschichte, Bd. 1, Zürich 1972

Sigrist, H., Reichsreform und Schwabenkrieg, Ein Beitrag zur Geschichte der Entwicklung des Gegensatzes zwischen Eidgenossenschaft und dem Reich, in: Schweizer Beiträge zur Allgemeinen Geschichte, Bd. 5, Aarau 1947

Stahlschmidt, R., Das Messinggewerbe im spätmittelalterlichen Nürnberg, in: Mitteilungen des Vereins für Geschichte der Stadt Nürnberg, Bd. 57, Nürnberg 1970

Steinmetz, M., A. Dürer, Künstler der frühbürgerlichen Revolution, Berlin 1971

Stenzel, G. A., Versuch einer Geschichte der Kriegsverfassung Deutschlands vorzüglich im Mittelalter, Berlin 1820

Telle, J., Medizinische und handwerkliche Aufzeichnungen von Willibald Pirckheimer und Nürnberger Zeitgenossen, in: Mitteilungen des Vereins für Geschichte der Stadt Nürnberg, Bd. 57, Nürnberg 1970

Toch, M., Die Nürnberger Mittelschichten im 15. Jahrhundert, Schriftenreihe des Stadtarchivs Nürnberg, Bd. 26, Nürnberg 1978

Trillitzsch, W., Der deutsche Renaissancehumanismus, Leipzig 1981

Ulmann, H., Kaiser Maximilian I., Stuttgart 1884

Ulmann, H., Das Leben des deutschen Volkes bei Beginn der Neuzeit, in: Schriften des Vereins für Reformationsgeschichte, X. Jg., H. 41, Halle 1893

Vogler, G., Nürnberg 1524/25, Studien zur Geschichte der reformatorischen und sozialen Bewegung in der Reichsstadt, Berlin 1982

Voigt, J., Blicke in das kunst- und gewerbereiche Leben der Stadt Nürnberg im 16. Jahrhundert, Berlin 1861

Wegele, F. X. v., Geschichte der Deutschen Historiographie seit dem Auftreten des Humanismus, München und Leipzig 1885

Wiesflecker, H., Kaiser Maximilian I., Das Reich, Österreich und Europa an der Wende zur Neuzeit, Bd. 2, München 1975

Willibald Pirckheimer 1470–1970, Eine Dokumentation in der Stadtbibliothek Nürnberg, Nürnberg 1970

Winker, W., Kaiser Maximilian I, Zwischen Wirklichkeit und Traum, München 1950

Wörterbuch der Geschichte, Berlin 1983

Würdinger, J., Kriegsgeschichte von Bayern, Franken, Pfalz und Schwaben von 1347–1500, München 1868

Vorfahren und Familie Willibald Pirckheimers

Hans I. d. Ä.
(verst. 1375)
Seiden- und Brokathändler
verh. mit Anna Gundelfinger
(verst. 1386)

Hans II. d. J.
(verst. 1408)
Erster Ratsherr des Geschlechts
verh. mit 1. Katharina Grasser
verh. mit 2. Katharina Teufel

Urgroßeltern
Franz I. d. Ä.
(1387/88–1449)
verh. mit Klara Pfinzing 1417

Großeltern
Hans III.
(verst. 1492)
Ratsherr
verh. mit 1. Barbara Holzschuher 1436
(verst. 1447)
verh. mit 2. Walburga Dönninger

Eltern

Doktor Johann
(um 1440–1501)
verh. mit Barbara Löffelholz 1466
(verst. 1488)

Willibald
(1470–1530)
verh. mit Crescentia Rieter von Kornburg 1495
(verst. 1504)

Kinder

Felicitas verh. mit 1. Hans Imhoff 1515 2. Hans Kleberger 1526	Katharina Äbtissin St. Klara in Nürnberg	Crescentia Klosterfrau St. Klara in Nürnberg	Barbara verh. mit Hans Straub

Charitas Klosterfrau zu Bergen	Sohn totgeboren	Sebastian Mutter: Barbara Grätz

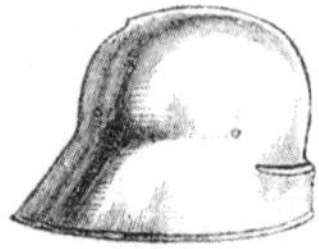

Aus den Lebensdaten Willibald Pirckheimers

1470	Willibald Pirckheimer in Eichstätt geboren
5. Dezember	Vater: Dr. Johannes Pirckheimer (um 1440 bis 1501), Jurist und Diplomat im Dienste des Fürstbischofs von Eichstätt Wilhelm II. von Reichenau, des Herzogs Albrecht IV. von Bayern-München und des Erzherzogs Sigismund von Tirol. Mutter: Barbara Pirckheimer, geborene Löffelholz, (gestorben 1488); außer dem Sohn Willibald gebar sie 5 Töchter
1481 und 1484	Mit dem Vater auf Gesandtschaftsreisen in Italien
1487	in der Schweiz
1487–1488	Ritterliche Ausbildung beim Fürstbischof Wilhelm II. von Reichenau in Eichstätt
1488–1491	Studium in Padua, Philosophie, Geschichte, Musik, Dichtung, Geographie, Mathematik, Astronomie, Jurisprudenz, Medizin, Theologie
1491–1495	Studium in Pavia, vor allem Jurisprudenz
1492	Begegnung mit Albrecht Dürer in Italien
1495 Februar	Reise nach Rom, wahrscheinlich mit Dürer
1495 13. Oktober	Verheiratung mit der Patriziertochter Crescentia Rieter von Kornburg

1496–1499	Erste Periode der Ratstätigkeit in Nürnberg
1496 Ostern	Wahl in den Nürnberger Rat
ab März	Jüngerer Bürgermeister
Juni	Viertelhauptmann
	Als Mitglied des Rats Teilnahme an der Durchführung des von Kaiser Maximilian I. verfügten Mandats über die Ausweisung der jüdischen Einwohner aus Nürnberg und die Aufteilung ihres Besitzes
1499	Teilnahme am Schweizerkrieg
1. Mai	Auszug mit den Truppen des Nürnberger Kontingents
8. Mai	Erreichen von Ulm
14. Mai	Ankunft in Lindau am Bodensee
21. Mai	Besichtigung der Reichstruppen einschließlich des Nürnberger Kontingents durch Maximilian I. bei Feldkirch
24. Mai	Entschluß Maximilians I., Pirckheimer mit 100 Nürnbergern und 30 Trientinern nach Bormio zu entsenden, um von dort eine Proviantkolonne zu holen
1.–5. Juni	Marsch Pirckheimers mit seinen Soldaten nach Bormio und zurück
5. Juni	Im Livignotal und Rückmarsch über den Casanapaß (2692 m)
6. Juni	Ankunft der Reichstruppen im Engadin
8. Juni	Rückzug aus dem Engadin
9. Juni	Überqueren des Ofenpasses
10. Juni	Rückkehr ins Oberinntal
13. Juni	Pirckheimer fordert im Auftrage Maximilians I. von Nürnberg die Entsendung eines weiteren Kontingents
	Rückmarsch nach Lindau über den Arlbergpaß
26. Juni	In Lindau
30. Juni	Rechtfertigung vor dem Kaiser
7. Juli	Teilnahme am Reichstag in Übelingen
20. Juli	Teilnahme am Überfall auf Rorschach
22. Juli	Fahrt mit Maximilian I. von Lindau über den Bodensee nach Konstanz

	Begutachtung der Erinnerungen Maximilians durch Pirckheimer
25. Juli	Eintreffen des zweiten Nürnberger Kontingents, das Pirckheimer unterstellt wird
4.–6. August	Friedensverhandlungen zuerst in Schaffhausen, dann in Basel
19. September	Entlassung der Nürnberger Truppen aus dem Kriegsdienst durch Maximilian I.
22. September	Friedensschluß in Basel
1501	Auseinandersetzung Pirckheimers mit Paul Volckamer, dem Vordersten Losunger
1502–1505	Pirckheimer zieht sich aus der Ratstätigkeit zurück
1502	Militärischer Mißerfolg Pirckheimers an der Spitze
Juni	Nürnberger Truppen gegen Markgraf Kasimir im Scharmützel bei Affalterbach
1503	Pirckheimer-Kohlezeichnung von Albrecht Dürer
1504	Ableben seiner Frau
	Nürnberg gewinnt durch Teilnahme am bayrischen Erbfolgekrieg an der Seite Maximilians I. bedeutende Teile seines Landbesitzes
1505–1522	Zweite Periode der Ratstätigkeit in Nürnberg als Alter Genannter
1505	Als Gesandter des Nürnberger Rats nach Köln
1506	Als Diplomat Nürnbergs nach Forchheim
Jahresanfang	
April	In Ulm auf dem Städtetag des Schwäbischen Bundes
	Ernennung zum Kaiserlichen Rat Maximilians I.
März und Juni	Im Auftrage des Nürnberger Rats in Würzburg
	Übersetzung der »Hellenica« von Xenophon
September	Als Gesandter des Nürnberger Rats in Donauwörth, wegen Tätlichkeiten gegen einen Donauwörther Bürger zu Arzt- und Gerichtskosten und zwei Tagen Haft verurteilt
1507	Als Diplomat Nürnbergs in Augsburg
Januar bis April	Viertelmeister im Salzmarktviertel Nürnbergs
November	Im Auftrage des Nürnberger Rats in Landshut
1509	Kontrolle des humanistischen Unterrichts an Nürnberger Schulen

1511	Als Gesandter Nürnbergs in Ansbach
	Übersetzung »Von der späten Rache Gottes« von Plutarch
1512	Im Auftrage Nürnbergs in Bamberg, Köln, Schweinfurt und Trier
	Fehde Nürnbergs mit Götz von Berlichingen
	Beginn der Tagebuchaufzeichnungen über seine Gichtanfälle
1513	Als Gesandter in Augsburg, Bamberg, Donauwörth, Forchheim und Nördlingen
1514	Im Auftrage des Nürnberger Rats in Forchheim, Innsbruck, Linz, Nördlingen und Schwabach
	Beginn der persönlichen Freundschaft mit Erasmus von Rotterdam
	Übersetzung der Abhandlung »Über den Wucher« von Plutarch
	In Linz Überreichen der Übersetzung »Hieroglyphica« von Herapollon an Maximilian I.
	Ehrenhandel mit dem Zweiten Losunger von Nürnberg, Anton Tetzel
1515	Als Gesandter in Bamberg
16. Oktober	Brief von Erasmus von Rotterdam über Pirckheimers vielseitiges humanistisches Wirken
	Übersetzung von Lucians Essay »Wie man die Geschichte schreiben muß«
1517	Erscheinen der Verteidigungsschrift für Reuchlin
	Möglicher Beginn seiner Arbeit am »Schweizerkrieg«
1518	Martin Luther als Gast im Hause Pirckheimers
25. Oktober	Autobiographischer Bekenntnisbrief Ulrich von Huttens an Pirckheimer
1519	Seiner Schwester Charitas das »Streitgespräch zwischen der Liebe und der Wahrheit« gewidmet
	In Begleitung Albrecht Dürers letzte Gesandtschaftsreise in die Schweiz; Besichtigung von Kampfplätzen der Schweizer
1520	Mitverfasser der Satire »Der gehobelte Eck«
	Übersetzung »Rhetorum praeceptor« von Lucian

Juni	Pirckheimer in die Bannandrohungsbulle gegen Martin Luther mit aufgenommen
1521 Januar	Pirckheimers Name in der Päpstlichen Bannbulle
August	Pirckheimer vom Bann befreit
1521/1522	Aufenthalt auf Schloß Neunhof bei Lauf, da in Nürnberg die Pest wütete.
	Schilderung seines Landlebens im Brief an Bernhard Adelmann
	Verfassung der satirischen Schrift »Lob der Gicht«
1522	Geburt des Sohnes Sebastian; Mutter Barbara Grätz
1522/1523	Teilnahme am Nürnberger Reichstag
1524	Pirckheimer-Kupferstich von Albrecht Dürer
1525	Veröffentlichung seiner Übersetzung der Erdkunde des Ptolomäus
1525/1526	Philipp Melanchthon als Gast im Hause Pirckheimers
	Auftreten seines Steinleidens
1526	Ernennung zum Kaiserlichen Rat Karls V.
	Weiterarbeit am »Schweizer Krieg«
1527	Veröffentlichung des »Spiegel der Neigungen und Leidenschaften« von Theophrast von Eresos
	Seine Autobiographie entsteht
1528 April	Elegie auf den Tod Albrecht Dürers
1529 Mai	Tod seiner Tochter Felicitas
	Schutzschrift für das Kloster St. Klara in Nürnberg, in dem seine Schwester Charitas als Äbtissin lebt
1530 22. Dezember	Willibald Pirckheimer stirbt in Nürnberg

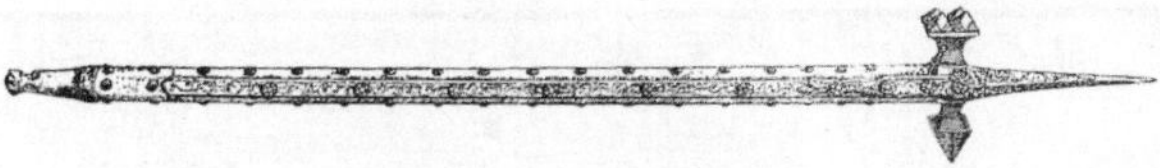

Schauplatz von Kampfhandlungen im Unabhängigkeitskampf der Schweiz

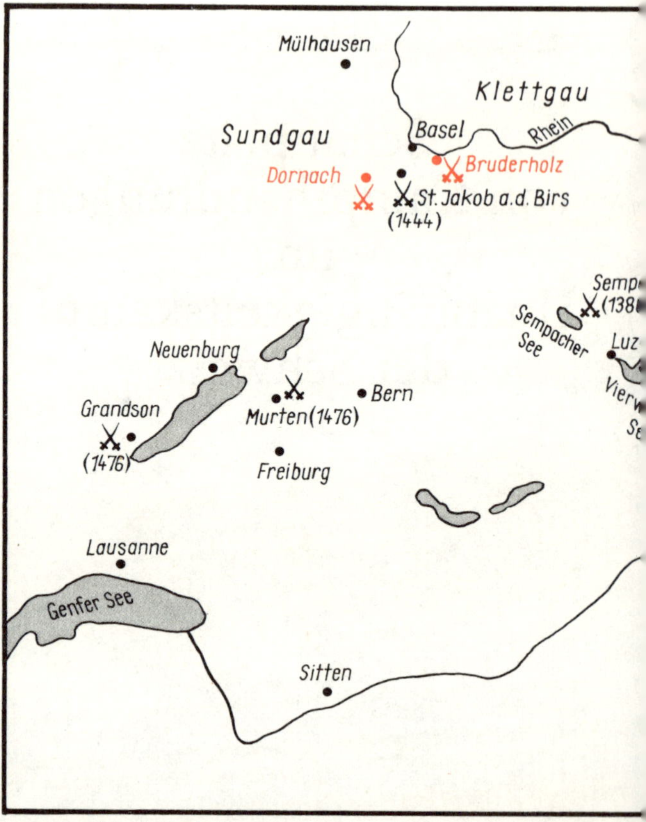

vor 1499

während des Schweizerkrieges

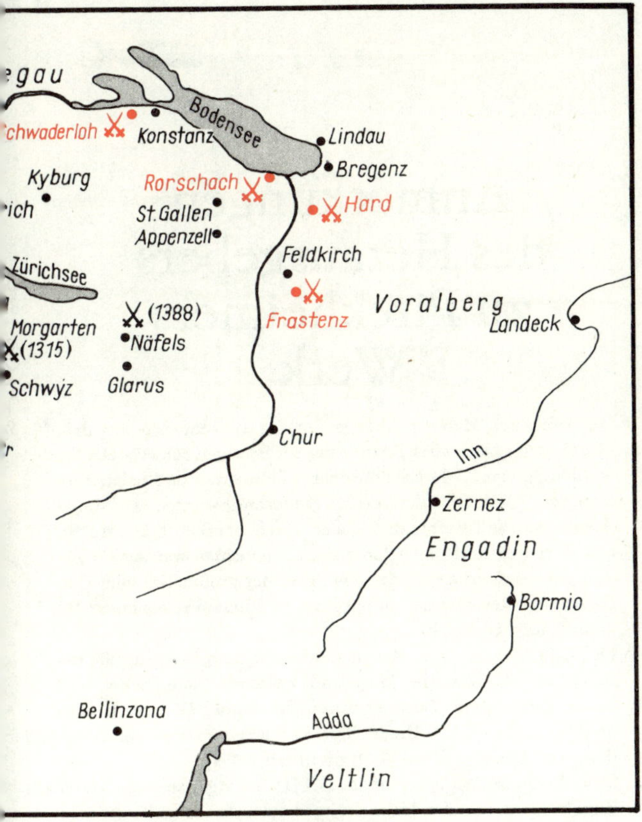

gau
Bodensee
chwaderloh
Konstanz
Lindau
Bregenz
Kyburg
Rorschach
ich
St. Gallen
Hard
Appenzell
Feldkirch
Zürichsee
(1388)
Frastenz
Voralberg
Landeck
Morgarten
(1315)
Näfels
Schwyz
Glarus
Chur
Inn
Zernez
Engadin
Bormio
Bellinzona
Adda
Veltlin

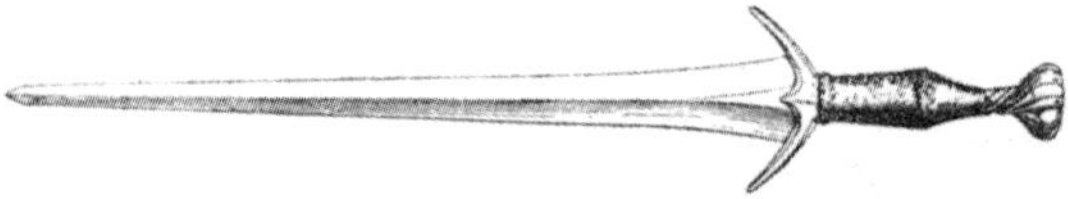

Anmerkungen des Herausgebers zu Pirckheimers Werk

1 Die keltischen Helvetier drangen in der La-Tène-Zeit aus dem Mittelrheingebiet in das Territorium der heutigen Schweiz ein. Sie wurden 58 v. u. Z. durch die Römer unterworfen und nahezu romanisiert. Während der Völkerwanderung wurden sie durch Alemannen und Burgunder, später durch Franken heimgesucht. Seit dem Sieg Karls d. Gr. über die Langobarden war das Gebiet Teil des Fränkischen Reiches. 842 kam der größte Teil zum Ostfränkischen Reich, später zu Burgund, mit diesem zusammen 1033 zum Deutschen Reich.

2 Die Zähringischen Herzöge stammten aus dem Breisgau. Sie beherrschten das zentrale Mittelland zwischen Aare, Sense und Saane. Ihre letzten Vertreter waren Berchthold IV. und Berchthold V. (1152–1218). Unter ihrer Herrschaft kam es zur Gründung von Freiburg (etwa 1170) und Bern (1191).

3 Schlacht bei Morgarten vom 15. 11.1315 am Ägerisee im Kanton Zug. Mit dem Sieg der drei Urkantone Schwyz, Uri und Unterwalden erreichten sie die Reichsunmittelbarkeit. Es war der erste Sieg eines Bauernheeres über Ritter. Die Schweizer setzten eine neue Waffe ein, die Hellebarde, eine Kombination von Axt, Spieß und Haken.

4 Die Schlacht bei Laupen im Kanton Bern fand am 21. Juni 1339 statt. Es siegte die Stadt Bern über den Adel der Westschweiz, die Stadt Freiburg und die Bischöfe von Basel und Lausanne.

5 Englische und französische Söldnerbanden – die Gugler – unternahmen 1375/76 in das Gebiet des mittleren Aargaus bis zum Neuenburger See einen Raub- und Plünderungszug. Mit der militärischen Kraft Berns, das mit Habsburg und Zürich verbündet war, wurden sie zum Rückzug gezwungen.

6 Der revolutionäre Aufstand der Appenzeller Bauern richtete sich gegen die wirtschaftliche, politische und richterliche Feudalherrschaft des Klosters von St. Gallen.

7 Das geschah um 1415. Die adligen Herrschaftsgebiete wechselten ihre Besitzer, schweizerische Landvogteien wurden eingerichtet. Die feudalen Besitztümer wurden durch bürgerlich-städtische und ländlich-demokratische Gemeinwesen abgelöst.

8 Mitte des 9. Jahrhunderts hatte sich aus dem Gebiet zwischen Schelde, Rhein, Maas und Saône der gleichnamige Staat unter Lothar II. gebildet. Nach 870 wurde Lotharingen etwa entlang der Sprachgrenze zwischen dem ostfränkischen Königtum Ludwigs des Deutschen und dem Gebiet des westfränkischen Herrschers Karl dem Kahlen aufgeteilt.

9 Die Bezeichnung Landsknecht erhielten die deutschen einheimischen Fußsöldner, zum Unterschied von den ausländischen Söldnern, die meistens Schweizer und Böhmen waren.Sie rekrutierten sich anfangs – vom letzten Viertel des 15.Jahrhunderts an – aus besitzlosen Bauern, verarmten Adligen, Handwerksgesellen und Plebejern. Sie ließen sich von Städten, Fürsten und Königen für Sold und auf Zeit anwerben und kämpften für jene, die am besten zahlten.

10 Maximilian mußte als Erzherzog bis zum Frieden von Senlis 1493 einen Kampf um die Erbfolge in Burgund führen; nach außen gegen Frankreich und gegen die Habsburg feindlichen Kräfte innerhalb Burgunds.

11 Der ungarische König Matthias I. Corvinus hatte bis 1485 niederösterreichisches Gebiet einschließlich Wien erobert. 1489 in das Reich zurückgekehrt, begann Maximilian 1490 nach dem Tode des Ungarnkönigs, die österreichischen Gebiete zurückzuerobern. Mit dem Frieden von Preßburg 1491 sicherte er sich das Erbrecht über Ungarn. Nach dem Tode Friedrichs III. übernahm Maximilian I. 1493 die alleinige Herrschaft. Mit der 1495 entstandenen Liga von Venedig, der auch Maximilian beitrat, begann der Kampf zwischen Aragon-Kastilien, Frankreich und dem

Hause Habsburg um die Herrschaft in Italien, die 1516 durch den Vertrag von Brüssel beendet wurde.

12 Der Schwäbische Bund bestand von 1488 bis 1534. Er war zunächst eine Vereinigung der Rittergesellschaft des St. Georgenschildes mit schwäbischen niederen und mittleren Adligen sowie mit schwäbischen Reichsstädten. Sie hatten sich zur Sicherung ihrer Herrschaft gegen die Expansion der großen Territorialfürsten, vor allem Bayerns, gegen die revolutionäre Bauern- und die städtische oppositionelle Bewegung zusammengeschlossen. Mit dem Beitritt einiger Großfürsten änderte sich dieser Charakter. Der Bund wurde ein Erpressungsinstrument gegen den Kaiser; sein Bundesheer war die wichtigste Kraft zur Niederschlagung der Adelserhebung von 1523 und der revolutionären Bauernaufstände 1524–1526. Er führte die Strafaktionen gegen die geschlagenen Bauern. Die Schweizer fühlten sich von seiner militärischen Stärke bedroht.

13 Die Ehen von Maximilians I. Tochter Margarete mit dem spanischen Thronfolger Don Juan und von Maximilians I. Sohn Philipp dem Schönen mit der spanischen Prinzessin Johanna der Wahnsinnigen bereiteten die spätere Vereinigung Spaniens mit der habsburgischen Hausmacht vor.

14 Mit Bündnern sind die Bewohner Graubündens gemeint; es war ein loses föderatives Zusammengehen von faktisch freien Bauernrepubliken: der Gotteshausbund mit dem Zehngerichte-Bund (1450) und letzterer mit dem Oberen Bund (1471). Seit 1440 war die Stadt Chur mit dem Gotteshausbund verbündet.

15 Es war der erste größere Zusammenstoß bei Hard in der Nähe des Bodensees um den 20.2.1499. Nach diesem Schweizer Erfolg schloß sich der Zehngerichte-Bund den Eidgenossen an.

16 Der Herzog Karl von Geldern, einer niederländischen Provinz, war mit Frankreich verbündet. Maximilian I. wollte dieses Gebiet dem Einfluß Frankreichs entreißen, was ihm mißlang.

17 Das vom Nürnberger Rat laut Beschluß vom 13. 4. 1499 aufgestellte Kontingent war kleiner als Pirckheimer angibt: 300 Mann zu Fuß, 32 zu Pferde, 4 Feldschlangen und 6 Wagen.

18 Außer dem Markgrafen Friedrich d. Ä. von Ansbach waren auch verschiedene Mitglieder des Schwäbischen Bundes Nürnberg feindlich gesonnen und intrigierten bei Maximilian I. gegen die Stadt.

19 Die Tiroler Truppen erlitten am 22. 5. an der Calven gegen die Graubündner eine Niederlage. Beide Seiten hatten empfindliche Verluste.

20 Ludovico il Moro; er erhielt 1495 bei der Vermählung seiner Nichte Bianca Maria mit Maximilian I. die Reichsinvestitur mit dem Herzogtum Mailand.

21 Der Herzog von Mailand hatte Maximilian I. zugesagt, er werde in Bormio Proviant bereitstellen.

22 Der Weg sollte über den Ofenpaß durch das Münster- und Taufertal ins obere Vintschgau führen. Der Aufbruch begann wahrscheinlich am 9. Juni.

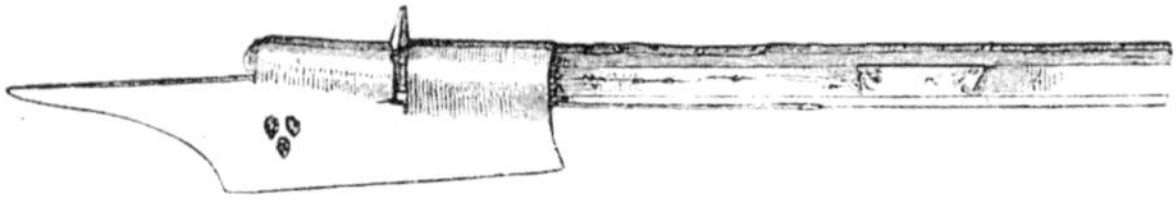

Inhaltsverzeichnis

Für diese Ausgabe stellte die Sächsische Landesbibliothek – Abteilung Fotothek – 20 Illustrationen zur Verfügung. Der Verlag dankt ihr sowie den Staatlichen Kunstsammlungen Dresden – Kupferstichkabinett – (12) und der Sächsischen Landesbibliothek (1) für die Genehmigung, aus ihren Beständen Arbeiten veröffentlichen zu dürfen. Weitere Illustrationen entnahmen wir dem Band »Deutsches Leben im 14. und 15. Jahrhundert« von A. Schultz, Prag – Wien – Leipzig 1892 sowie dem »Weisskunig«, Leipzig 1985. Die Karte der Schweiz (Vorsatz) stammt aus der »Geographie des Ptolemäus«, Straßburg 1513. Der Nachdruck wurde uns von der Kartensammlung der Sächsischen Landesbibliothek gestattet. Die Deutschland-Karte stammt aus dem bereits genannten Band von Schultz.

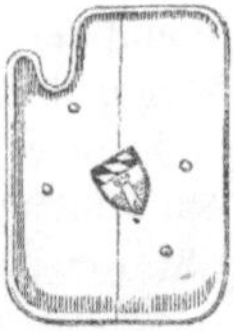

ISNB 3-327-00633-4

1. Auflage

Militärverlag der Deutschen Demokratischen Republik
(VEB) – Berlin, 1988
Lizenz-Nr. 5
Printed in the German Democratic Republic
Gesamtherstellung:
INTERDRUCK Graphischer Großbetrieb Leipzig,
Betrieb der ausgezeichneten Qualitätsarbeit, III/18/97
Gesamtgestaltung: Wolfgang Ritter
Karte: Ingrid Neumann
LSV 7103
Bestellnummer 747 103 7
01980

VSLANT
IBERNIA
SCOCIA
ANGLIA
OCEANVS GERMANICVS
LVNDEA
OCCIDENT
HOLAND
FRISIA
Calis FLANDRIA
GELRIA
WESTVALIA
Colonia
NOR MANDIA
FRANCIA
PICARDIA
BRABANCIA
MARCHA
BRITANIA
Marburg
FRANCONIA
Franckfurt
Mentz
Spier
Bamberg
Argentina
BVRGVNDIA
Basilea
SWEVIA
SVEVIA
BAVARIA
Constancia
Lion
Bern
SVEITZER
Genf
PROVINCIA NASSILIA
LONGOBARDIA